LA BRÚJULA
PARA EL MINISTRO
EVANGÉLICO

por 23 destacados dirigentes evangélicos de la América Latina

La misión de Editorial Vida es ser la compañía líder en comunicación cristiana que satisfaga las necesidades de las personas, con recursos cuyo contenido glorifique a Jesucristo y promueva principios bíblicos.

LA BRÚJULA PARA EL MINISTRO EVANGÉLICO
Edición en español publicada por
Editorial Vida

©1979 por Editorial Vida

Diseño de cubierta: *Sara Wenger*

ISBN: 978-0-8297-0877-6

CATEGORÍA: Iglesia cristiana / Liderazgo

IMPRESO EN ESTADOS UNIDOS DE AMÉRICA
PRINTED IN THE UNITED STATES OF AMERICA

HB 01.10.2024

INDICE

INTRODUCCION

La brújula es un instrumento que sirve para orientar al hombre cuando viaja por tierra, por mar o por aire. Hemos intitulado esta obra "La Brújula para el Ministro Evangélico", porque esperamos que en sus páginas se halle la orientación necesaria para desempeñar con más éxito la misión de comunicar el sagrado Evangelio. Cada uno de los escritores de estos capítulos ha ejercido el ministerio evangélico durante muchos años, y escribe con conocimiento de causa. Pero aunque los une a todos un acervo lingüístico y una fe comunes, es posible que por razones geográficas y de otra índole perciban la realidad en forma distinta. Es por ello que este libro solamente aspira a dar orientación. Cada ministro, cada obrero, deberá aplicar los principios enunciados en estos capítulos, a su situación particular.

Que Dios te bendiga ricamente, estimado lector, y te dé una cosecha abundante de almas, en este campo tan fructífero para el Evangelio que es la América Latina.

PROLOGO

Mas de 500 años de experiencia se reflejan en este libro, conclusión a que llegamos después de sumar el número de años que cada uno de los autores ha pasado en el ministerio evangélico. Estos siervos de Dios representan muchos países diferentes. Lo que escriben lo han vivido en carne propia en su mundo latino. Conocen a su gente y hablan con el corazón en la mano.

La idea de invitar a Ministros de todo el mundo latinoamericano para aconsejar a obreros del mismo ambiente nació en el alma de Verne A. Warner, Coordinador del Programa de Educación Cristiana para la América Latina y las Antillas de las Asambleas de Dios. El comité gestor, viendo la genialidad de la idea, se dio cuenta de que era una inspiración divina.

Tanto el Ministro anciano como el principiante se beneficiará con la lectura de las páginas de este libro. El que desea ser lector activo puede tomarse la molestia de realizar los ejercicios al final de cada capítulo que se han preparado con dos objetivos principales: (1) servir de repaso y fijar en la mente algunos de los datos importantes del capítulo y (2) estimular al estudiante aplicado a examinar los consejos en forma activa y llegar a tomar decisiones para ser mejor obrero del Señor.

Los ejercicios están diseñados de acuerdo con principios pedagógicos recomendados por autoridades reconocidas en la América Latina. Muchas veces requieren que el estudiante analice las verdades desde un punto de vista diferente, lo que le sirve para penetrar en el tema más profundamente.

La última parte de los ejercicios tiene la mira de proveer al profesor de la materia Teología Pastoral con diferentes sugerencias para organizar actividades en la clase. Cada una tiene el propósito de estimular a los alumnos a dejar de ser pasivos. Tiene también, el fin de hacer más amenas las horas pasadas en el aula. Difícilmente alcanzaría el tiempo para llevar a cabo cada actividad sugerida, pero el profesor hará una selección de lo que mejor supla las necesidades de sus alumnos y proporcione una variación de actividades. Los alumnos aprenden más con un programa que no siga la misma rutina día tras día. Por supuesto que en cada caso las ideas son sólo sugerencias. El profesor sabe mejor que nadie qué actividades contribuirán más para alcanzar sus objetivos. Probablemente deseará emprender proyectos muy diferentes de vez en cuando.

Reciba Dios la gloria si en alguna manera los deseos de los escritores, los que integran el Programa de Educación Cristiana y el equipo de la Editorial Vida, llegan a cumplirse.

—Guadalajara, 1977

CONTENIDO

PARTE PRIMERA:

LA PERSONA DEL MINISTRO

ALBERTO SCATAGLINI nació en la ciudad de Rosario, Argentina. Está casado con doña Isabel Modesta Rebuffo y tienen 3 hijos. Ha ejercido los cargos de Superintendente Nacional de la Unión de las Asambleas de Dios en el país, Secretario Tesorero de CADSA y actualmente es Presidente de dicha entidad. Ha ejercido el pastorado en Ezeiza, Progreso y Santos Lugares. En la actualidad es Pastor de la Iglesia Evangélica Pentecostal de La Plata y además presta servicios como Vice-Superintendente de la Unión de las Asambleas de Dios de su país. Hace 25 años que ejerce el ministerio evangélico.

El hermano Scataglini declara que las luchas y controversias han influido poderosamente en su ministerio y que su vida se ha moldeado en el crisol de la experiencia.

Capítulo 1

EL MINISTRO ORA EN PRIVADO

Por *Alberto Scataglini*

"SI TU NO PUEDES HACER nada que sirva, por lo menos puedes orar." El que así dice da a entender que el ministerio de la oración es algo de tan poco valor que se relega a las personas que tienen poca capacidad. Cierto es que cualquier persona puede aprender a orar, pero igualmente cierto es que el Ministro de más capacidad, de todas maneras será un fracasado si no mantiene constante su comunión con el Señor. Tanta importancia tiene esta fase del ministerio, que se comienza este libro con el tema de la oración privada del Ministro. Aunque aprenda bien los temas de todos los otros capítulos, aun cuando pudiera llevar a la práctica todo lo demás que se aconseja en este libro, si no es fiel en la oración, no podrá ser fiel a Dios en el desempeño del ministerio que se le ha encargado. Vamos a pedir al que nos ha llamado, pues, que nos ayude a *aprender a orar*.

I. *La importancia de la oración privada*

¿Qué hubiera sido Moisés si no hubiera pasado tiempo en comunión con su Jefe? Después de sus conversaciones privadas con el Eterno, podía bajar con la autoridad de la palabra que Jehová había dicho y actuar de acuerdo con ella. Así construyó el tabernáculo. Había oído claramente la recomendación divina: "Mira y haznos conforme al modelo que te ha sido mostrado en el monte." Exodo 25:40.

El mismo Hijo de Dios, siendo divino, pasó más tiempo en la oración privada que nadie. La comunión con su Padre era vital para mantener su ministerio. Pasó más tiempo en la oración antes y después de momentos de crisis: cuando escogió a sus doce discípulos, cuando multiplicó los panes y los peces, cuando lo traicionó Judas, y aún en la cruz oró.

Los discípulos se impresionaron en gran manera con la costumbre de Jesús de orar. "Señor, enséñanos a orar", fue tal vez su primera petición. Se ve que aprendieron la lección. Más tarde, en una crisis los encontramos reclamando dirección y poder, para ministrar con denuedo a la humanidad. Hechos 4:23-31.

El apóstol Pablo aprendió la importancia de la oración. ¡Cuántas veces menciona que ora día y noche por las iglesias! Y pide que los hermanos lo eleven a él en oración también. Colosenses 4:3.

Si no fuera suficiente el ejemplo de los representantes de Dios para convencernos de la importancia de la oración, la misma lógica lo haría. Si el representante de una nación tiene que mantenerse en contacto con los dirigentes de su país, así también los representantes de la patria celestial, tenemos el deber y la absoluta necesidad de escuchar la voz del Gobernante supremo, de hablar con él, de abrir el alma ante él con toda sinceridad.

Recordemos que la oración privada es de suma importancia, sencillamente porque somos insuficientes para enfrentar lo que nos espera cada día. Necesitamos fortalecernos para combatir al enemigo. Solamente por medio de la oración podremos alcanzar el conocimiento y sabiduría divinos para adoptar mejores decisiones ministeriales.

Otra razón por la cual la oración tiene una importancia singular en la vida del Ministro, es el hecho de que Dios merece nuestro reconocimiento, gratitud y adoración. Casi instintivamente el ser humano siente el impulso de expresar a uno que le ha sido un benefactor, su gratitud. Al Ministro que no halla el tiempo para decirle a Dios lo mucho que le agradece sus múltiples favores y su gran misericordia, una palabra le queda bien: ingrato.

II. *El pecado de la poca oración*

Vivimos frustrados por la falta de tiempo. Pero a veces llegamos a emplear el mismo problema, como una excusa que nos libre de nuestra obligación y necesidad de practicar la oración. No es asunto de ver si uno encuentra el tiempo para orar o no. La orden es categórica: "Orad sin cesar." El que no la cumple se secará, 'se volverá profesional. Será débil, sin fe, sin valor, lleno de incertidumbre y temor. La paz y gozo se le esfumarán.

No se puede dejar de respirar por mucho tiempo, aunque no tenga deseos de respirar o que le falte el tiempo para hacerlo. La oración es la respiración del alma que nos permite tomar aire puro y vivir sanos, disfrutando una vida espiritual plena. El Ministro que no procura siempre ese "aire puro", se morirá tan seguro como el que deje de respirar el oxígeno. Pregunte a los que han terminado en fracasos vergonzosos, si habían mantenido la costumbre de orar con toda el alma antes de caer. El agotamiento espiritual muchas veces no se nota al empezar a faltar la comunión diaria con Dios, por eso es más peligroso.

Si el orar es presentarse a Dios y reconocer que es el Ser supremo, dejar de orar significaría dar poca importancia a su soberanía, darle poca importancia a su voluntad. ¿Quién será tan necio como para ignorar al Eterno Ser supremo y echar a un lado sus maravillosos propósitos? Dios nos libre de semejante insurrección.

Dios nos manda orar no solamente porque necesitamos algo o porque nos viene bien para esa circunstancia, sino en todo momento. Estemos en pruebas o no, en gozo o sufrimiento, en victoria o luchando por ella, tenemos la obligación de mantenernos en comunión con nuestro Hacedor.

No orar es desconocer lo que Dios quiere hacer. ¿Cómo podremos cumplir fielmente con nuestro Jefe si no sabemos lo que
él desea realizar, si ignoramos sus planes? Poco éxito tendría el
empleado que se pusiera a trabajar sin saber lo que se propone
hacer su patrón. Muy pronto sería despedido. Es inconcebible
que el embajador de un país actuara sin conocer los deseos de su
gobierno. Muchos enviados, sin embargo, del Comandante Celestial salen a realizar las obras sin realmente estar enterados de
lo que él desea que hagan. ¡Qué atrevimiento! ¡Qué falta de respeto y consideración!

III. Dificultades en orar

Entre los muchos peligros que acechan al Ministro, el mayor
es: no sentirse motivado para orar. Jesús les preguntó a sus discípulos por qué no habían podido quedarse despiertos para orar.
Habían preferido quedar en el monte de la transfiguración por
más tiempo; pero ahora en el momento en que más necesitan orar,
no sienten el deseo de hacerlo.

Las grandes batallas espirituales, físicas y económicas que
tiene que afrontar el Ministro, se tornan en victorias mediante
la oración.

Uno de los obstáculos en la oración es esa impresión de "sentir" la presencia de Dios. Pero Dios no se aleja de sus siervos.
El Maestro dijo: "Yo estaré con vosotros todos los días." Falta
solamente reconocer su presencia que se hace real cuando creemos.
El que ora, puede hacerlo creyendo en la promesa divina de que
Dios lo oirá. "...pero tienes que pedirle con fe, sin dudar nada..." Santiago 1:6.

Otra dificultad en la oración: el pedir mal. Si uno ora con
motivos impuros, cuando utiliza las promesas bíblicas con fines
egoístas se engaña a sí mismo y la oración llega a ser infructuosa. A veces sentimos la tentación de hacer trueque o negocio con
Dios. Decimos por ejemplo: "Si me concedes esta petición, te
prometo que voy a..." Tal oración no es digna de uno que quiere vivir para la gloria de Dios. Sirve solamente para estorbar la
comunión y debilitar la vida espiritual.

La oración verdadera requiere consagración, una entrega total y sin reservas. De lo contrario se contrista al Espíritu Santo.
Por eso el Señor dice: "Bienaventurados los de limpio corazón,
porque *ellos verán* a Dios." Mateo 5:8. El que ora con engaño,
dualidad, espíritu no perdonador, falta de amor, pecado no con-
fesado, no cumple el requisito mínimo para mantener esa comunión constante y vital con el Altísimo. "...vuestras iniquidades
han hecho división entre vosotros y vuestro Dios, y vuestros pecados han hecho ocultar de vosotros su rostro para no oír."
Isaías 59:2.

La oración impositiva que fija pautas al Soberano y le insiste cómo debe obrar, es una osadía. No se puede exigir que el
Todopoderoso responda a nuestra voluntad o a nuestro modo de

pensar, encasillando su libertad de actuar. Jesús mismo dijo: "No sea como yo quiero sino como tú." Mateo 26:39. Dejemos de obrar al Señor. Mantengamos la actitud de María que dijo: "He aquí la sierva del Señor, hágase conmigo conforme a tu palabra." Lucas 1:38.

IV. *La eficacia de la oración*

La eficacia de la oración radica fundamentalmente en la voluntad de Dios. El es soberano y hace como quiere, pero obrará en respuesta a nuestra oración. Muchas veces la oración nuestra determina la acción suya. Fíjese cuántas veces las promesas en la Biblia hablan de una respuesta. "Pedid, y se os dará." Mateo 7:7. "Pedid todo lo que queréis, y os será hecho." Juan 15:7. La verdadera oración es eficaz porque tiene respuesta de Dios.

La oración cambia la situación. Si tenemos pensamientos de temor o incertidumbre, pueden ser cambiados si Cristo conversa con nosotros. La oración alimenta el pensamiento, siembra la buena semilla en la mente. Todo pensamiento que se anida en el corazón tarde o temprano será puesto en acción. Cristo es quien llena el corazón con sus pensamientos; él controla así la mente y dirigirá nuestro ministerio. Dios guardará nuestros corazones y pensamientos. Filipenses 4:7-9.

La oración se convierte en un medio por el cual Dios nos guía. Cuando al pueblo de Dios le faltó agua y pan en el desierto, Moisés fue guiado y enseñado por Jehová en la oración. Josué fue dirigido en las tácticas de la conquista, por la oración.

La oración es eficaz también para ayudarnos a resistir al enemigo y sus asedios. Orando encontramos la fortaleza divina que nos asegura la victoria. Seamos muy prontos para clamar en oración, cuántas veces sentimos que las corrientes malignas nos arrastran.

V. *Cómo ser un hombre de oración*

Hace algunos años un médico le dijo a una joven paciente luego de diagnosticar que su desgano para trabajar y estudiar podía ser motivado por deficiencias vitamínicas y que se recuperaría rápidamente con un sencillo tratamiento. Pero añadió que si la causa del desgano era la falta de voluntad, estaría fuera de su competencia profesional resolver el problema. Así es la oración. Se llega a ser un hombre de oración por el camino de la voluntad persistente. Si no existe la mínima disposición sería inútil toda regla para tener éxito.

El más interesado en que tengamos una vida de oración, sin embargo, es el diseñador de ella, Cristo Jesús. Hallamos un cuadro conmovedor de este intenso deseo del Señor de participar en una verdadera comunicación con una iglesia en Apocalipsis 3:20. La misma figura bien puede ilustrar el caso en la vida de algunos Ministros. Cristo llama, golpea, busca llamar nuestra atención. Da tristeza pensar que golpea a la puerta del corazón de un Ministro para tratar de interesarlo en una participación más íntima de Dios con él (entraré), y en una comunión (cenaré con él). Pero todo depende de la voluntad del Ministro. (Si alguno oye mi voz.)

El Ministro no llegará a ser hombre de oración si no aprende a adorar. Si Dios se esfuerza por encontrar verdaderos adoradores es porque considera de mucha importancia la adoración. Juan 4:23. De gran importancia en el desarrollo de una vida de oración es, por lo tanto, la práctica de rendir culto a Dios en privado.

Para entrar en una actitud de tributar homenaje al Eterno, es maravilloso dedicarse a la meditación y contemplación. Martín Lutero pasaba horas en constante meditación en los dichos de Dios; sólo así pudo emprender la misión histórica que cambió la iglesia. Si uno verdaderamente medita en los atributos de Dios y en su Palabra, se percatará del grado de dependencia que tiene en el Señor. Verá la grandeza de él y su propia pequeñez. Se esfumará todo orgullo y comprenderá mejor lo que significa para su persona la gracia de Dios.

Cultivemos la costumbre de meditar en todo momento. Mientras viajamos o realizamos tareas en nuestro cuarto o en el templo, mientras leemos o escribimos, contemplemos continuamente la hermosura de nuestro Señor. Tal vez nos haga dejar por un momento el lapicero o el martillo para introducirnos en el éxtasis de la adoración nos haga oír su voz, sentir su gloria, su fuerza, su ayuda y la seguridad de que El nos acompaña. En tales momentos se aclaran los pensamientos. Llegamos a ver lo que antes estaba encubierto. Cuando estamos frente al espejo de la adoración, el Señor nos indica los errores de carácter y personalidad. Nos corrige, nos mueve al arrepentimiento.

Algunas veces he sido despertado en la noche con algún pensamiento. Al escribirlo me he percatado de que no era mío sino de Dios. El Señor había llegado nuevamente a la puerta para llamarme. Me había llamado y esperaba que le respondiera. (Cenaré con él y él conmigo.)

La práctica de la meditación puede ayudar cuando la mente se cansa y divaga en los contratiempos de la vida, antes que en las cosas que dan vida. Lo que tenemos que hacer es persistir una y otra vez en volver al pensamiento espiritual, a esa meditación en la bondad de Dios. Así forjamos el hábito de apartarnos de toda trivialidad que nos rodea y nos concentramos en el Señor. Así quedamos libres de interferencias, en la comunión con nuestro mejor Compañero.

La meditación adquiere la sensibilidad de captar las ondas más sublimes del cielo; hace revivir las experiencias, evaluarlas, sacarles provecho. Como Moisés, Pablo y otros recibieron revelaciones maravillosas de Dios, así el Espíritu Santo nos quiere cautivar en la meditación y contemplación para llevarnos a la adoración. Nos arrebata y nos muestra los secretos de Dios. "Esto es lo que las Escrituras quieren decir cuando afirman que ningún simple mortal ha visto, oído ni imaginado las maravillas que Dios tiene preparadas para los que aman al Señor. Nosotros las conocemos porque Dios envió a su Espíritu a revelárnoslas. Su Espíritu escudriña y nos revela los secretos más profundos de Dios." I Corintios 2:9, 10, Versión Nuevo Testamento Viviente.

La meditación es la parte de la adoración, en que uno se ocupa más bien en escuchar que en hablar. Los verdaderos adoradores esperan silenciosos, expectantes, hasta que Dios les hable. La oración consiste tanto en callarse como en expresarse.

El que adora deseará dedicar algo al Señor porque reconoce la superioridad de Dios y sus derechos totales sobre todo. Adorar es entregar toda la vida, el ministerio y el tiempo. Es reconocer que todo es de El y para El. Jehová le dio un hijo a Abraham, pero más tarde se lo reclamó en sacrificio. El que adora en verdad, se rinde en el altar del sacrificio, también.

Luego de la adoración brota espontáneamente la alabanza. En cierta ocasión me vi envuelto en grandes dificultades. Me parecía que todos los caminos estaban cerrados. El panorama que se me ofrecía era totalmente contrario a mi felicidad y paz. Había orado muchas veces sobre el asunto. Un día, conversando con el Señor a solas, traté de establecer prioridades para solicitarle en primer término que me librara del más terrible y urgente de los problemas. El Espíritu Santo tomó mis pensamientos y mi espíritu, trayendo a mi memoria las experiencias gloriosas recibidas del Señor como el día de mi conversión, el día que me sanó, el momento cuando me llenó de su Espíritu y me dio ministerio. Me hizo reconocer que había sido tan misericordioso conmigo. Comencé a alabarlo por cada una de estas experiencias y por tantos beneficios de él recibidos. "Te alabo por el hogar que me diste, por mi esposa, por mis hijos", le dije. Sentía luego que era transportado al monte de la gloria de Dios, alejándome del valle. Observando mis pruebas desde arriba, las vi insignificantes. Allí en la nube de la alabanza comprendí cuánto había recibido de Dios, entendí bien que era su hijo y que mis problemas estaban en sus manos.

Debemos alabar al Señor por la paz recibida y las victorias obtenidas por el gozo y la salud. La alabanza expresa hechos concretos, agradeciendo a Dios sus virtudes a través de la vida práctica, en la iglesia, en el cuarto de oración y en todo lugar. Viviendo así, el Ministro verá que podrá elevar al Señor un continuo perfume de loor. Dios habita en medio de un pueblo que lo alaba. Salmo 22:3.

Pero el Ministro no debe alabar a Dios solamente por lo bueno que ha recibido. La instrucción clara de Pablo es que demos gracias a Dios en todo. El Ministro tiene que ser el primero en recordar que todo obra para bien de aquellos que aman a Dios. Si tiene fe en que Dios todo lo hace bien, aprenderá a alabar a Dios por las pruebas, por los contratiempos, por los que le llevan la contracorriente. En los momentos en que no siente la más mínima motivación para alabar al Señor, hay que hacerlo con más ahínco que nunca. Sea el Ministro uno de aquellos que encuentran su delicia en el Señor y que lo alaban continuamente.

El que desea ser un hombre de oración practicará también la confesión sincera. ¿Qué es la confesión? La idea del vocablo es reconocer algo. Tiene que ver con nuestro testimonio personal, lo que decimos o hacemos según sea bueno o malo. Nuestra confesión señala a Cristo o lo niega. El verdadero hijo de Dios confesará, proclamará que reconoce a Cristo como Señor. Dará testimonio al mundo de que Jesús es el Hijo de Dios y no se avergüenza de El.

Pero la idea de la confesión en la oración es reconocer delante de Dios con verdadero arrepentimiento las faltas cometidas. Se hace con el fin de pedirle perdón y que le ayude a ser victorioso. No alcanzaremos el perdón sin la confesión.

No hay felicidad más grande que sentir el perdón del Señor. Salmo 32:1, 2. Los ángeles hacen fiesta en los cielos por los arrepentidos y confesos. Cristo expió nuestras culpas para que tengamos gozo permanente. Ninguna falta debe empañar este gozo. Si la hubiere, debemos confesarla para que el Señor la quite.

El no confesar reporta tristeza. Por eso muchos Ministros viven espiritualmente secos, sin ánimo para glorificar a Dios en todo. Viven como si una nube negra hubiese cubierto el sol. Para que nuestro gozo sea cumplido, debemos estar a cuenta con Dios indicando todas las faltas que puedan separarnos. La confesión no es sólo un reconocimiento de las faltas y pecados, sino también el medio para apropiarse del perdón que trae gozo y paz al alma.

Los Ministros haremos bien en hacer un sincero examen de nuestra vida y ministerio, dando cuenta de los hechos, palabras, pensamientos, sentimientos y aun de lo correcto que dejamos de hacer. Tenemos que confesarlo todo a Dios a quien hemos ofendido. Los que aconsejamos tanto a los hermanos a que se examinen antes de participar de la Santa Cena, ¿lo haremos nosotros mismos? 1 Corintios 11:28-31.

Tenemos que pensar seriamente que si habrá pasado algo entre nosotros y otro hermano para ir a confesárselo. La Biblia admite que lleguemos a enojarnos con alguien, pero que el enojo no dure mucho tiempo. Si nos enojamos, no pequemos — es decir, no permitamos que el enojo dure todo el día. Efesios 4:26, 27. El hombre de oración es el que confiesa sus faltas a Dios y a quien ha ofendido.

El hombre de oración será también un intercesor. Una de las funciones más importantes del sacerdote en el Antiguo Testamento era la de ser mediador entre Dios y el pueblo. La verdad es que el vocablo "pontífice" tiene la idea de servir de puente. Esta hermosa parte del ministerio hace que el Ministro se olvide de sí mismo para mirar y compartir la necesidad del otro. Abraham oró, interviniendo a favor de su sobrino hasta recibir la respuesta del Señor. Interceder es entrar en el lugar santísimo para implorar como abogado de las personas a quienes uno ministra. Es estar ante el mismo trono del Omnipotente para pedir por otros.

Jesucristo es nuestro máximo ejemplo de intercesor. Es el único mediador entre Dios y los hombres. Intercedió por sus discípulos. Rogó por Pedro para que su fe no declinara, por los que lo crucificaron. En su aspecto sacerdotal entró en el lugar santísimo obrando la redención. Pidió que el Espíritu Santo fuera enviado a sus seguidores. Intercedió por nosotros en su oración de Juan 17:20. Lo continúa haciendo hoy. Hebreos 7:25.

Una de las glorias más grandes del Ministro es unirse con Cristo en esta obra sagrada de la intercesión. Mientras lloramos por el pueblo, sabemos que no estamos solos. Y podemos contar también con la ayuda del Espíritu Santo quien intercede por nosotros conforme a la sabiduría de Dios. Romanos 8:26, 27.

Este ministerio de la intercesión es el más secreto, el más angustioso. Nadie lo ve. Pero todos sienten sus efectos. La intercesión por otros era la práctica normal de los apóstoles y quiera Dios que se pueda decir lo mismo de nosotros hoy día.

Todo el mundo está familiarizado tal vez más con la parte de la vida de oración que tiene que ver con las peticiones, que con cualquier otra parte. Necesidades abundan por todas partes sin que sepamos cómo suplirlas. Pero lo que es imposible para el Ministro, para Dios es posible. El Señor enseñó a pedir y nos aseguró que podemos presentar nuestras necesidades espirituales, morales y materiales. Dejó promesa de que si algo pidiéramos en su nombre, lo haría.

La oración de petición, sin embargo, debe cumplir ciertos requisitos para ser contestada. En principio debemos estar seguros de que lo que pedimos esté dentro de la voluntad de Dios. Debemos orar dispuestos a que Dios conteste tal vez no como pensamos nosotros, sino como le place a El. El dará lo que nos conviene aunque al momento no nos parezca bueno. La promesa hecha a la virgen María de dar a luz un hijo, bajo el punto de vista humano, no era nada agradable. Ella era señorita y sería avergonzarla. Pero según el punto de vista divino, era la salvación para todos los hombres. Debemos pedir para que el Reino de Dios se adelante y su nombre sea glorificado.

La petición tiene que hacerse, también, con fe. La fe es paciente. Saber esperar es la cualidad para recibir. A veces no recibimos porque nos retiramos de la "puerta" que Dios se demoró en abrir. El hombre de oración presentará las peticiones no como una oración más de oficio, sino con toda el alma porque sabe que Dios lo oye, aunque tarde en contestar.

El Ministro pocas veces pierde la costumbre de orar en público porque todos lo miran y esperan oírlo. Sería el escándalo del siglo si delante de una congregación se negara a orar, si dijera que no tenía deseos de hacerlo o si no tenía tiempo. Pero es tan diferente la oración privada del Ministro. Parece que nadie sabrá si es hombre de oración privada o no. Pero en el momento de crisis sí se verá si el Ministro ha sabido desarrollar su vida de oración privada. Y sobre todas las cosas, el que lo ha llamado sabrá hasta dónde haya sido fiel en lo que más importa en el cumplimiento de su ministerio — en la comunión íntima y privada entre los dos.

BOSQUEJO DEL CAPITULO

La comunión del predicador con su Creador

I. Es una parte imprescindible del ministerio
 A. Ejemplos de personas que se daban a la oración
 B. Ilustrada en el oficio de uno que representa a otro
 C. El medio para orientarse
 D. El medio por el cual rendir homenaje a Dios

II. La afrenta de orar poco
 A. La orden de orar siempre
 B. La oración es necesaria para la sobrevivencia espiritual
 C. El equivalente a un desprecio del mayor Mandatario
 D. El pecado de solamente orar cuando estamos en dificultades
 E. Una ignorancia de los propósitos divinos

III. Obstáculos en la oración
 A. Falta de ánimo
 B. La idea equivocada de estar lejos de Dios
 C. El egoísmo
 D. Ser exigente con Dios

IV. El potencial de la oración ferviente
 A. Una colaboración del hombre con Dios
 B. Un proceso de transformación
 C. Un medio de dirección divina
 D. Una defensa contra Satanás

V. Consejos para desarrollar una vida de oración
 A. Una cuestión de voluntad
 B. El deseo del Señor de tener comunión con los suyos
 C. La costumbre de rendir homenaje a Dios
 D. El ensalzamiento y agradecimiento a Dios
 E. El reconocimiento de las faltas
 F. La responsabilidad de ser intermediario entre Dios y el hombre
 G. La presentación de necesidades

UN ENCUENTRO CON LAS VERDADES

Respuesta alterna. Subraye la palabra que completa cada expresión. Ejemplo: Los discípulos pidieron al Señor que les enseñase a (*orar*, pecar).

1. Por muchas otras habilidades que tenga el Ministro, necesita desarrollar una vida de constante (actividad, comunión) con el Señor.
2. Cristo pasó (más, menos) tiempo en oración que nadie.

3. Dios merece nuestra (queja, adoración).

4. Es un (ingrato, buen creyente) el que nunca expresa al Señor su agradecimiento.

5. El Ministro que no ora se volverá (profesional, laico).

6. La (predicación, oración) es la respiración del alma.

7. Dejar de orar equivale a dar poca importancia a la (paciencia, soberanía) de Dios.

8. El hecho de no sentir la presencia de Dios no quiere decir que Dios se haya (alejado, reído) de uno.

9. (Siempre, nunca) debemos exigir a Dios cómo El ha de responder a nuestra oración.

10. Aunque Dios es (espíritu, soberano), se digna escuchar el ruego de sus hijos.

11. El Ministro puede ser hombre de oración por medio de una (fórmula mágica, entrega total).

12. Para desarrollar una vida de oración, el Ministro tiene que tener una (disposición, oficina).

13. Cristo tiene un ardiente deseo de (comunicarse, competir) con el creyente.

14. Para orar debidamente hay que aprender a (rogar, adorar) al Señor.

15. La (meditación, autoconmiseración) puede motivar al creyente a adorar al Señor.

16. El verdadero adorador deseará (pedir, dedicar) algo a Dios.

17. Tenemos que dar (gracias, informes) a Dios no solamente por lo que nos ha agradado, sino también por todo.

18. El que desea ser hombre de oración (esconderá, confesará) sus faltas a Dios.

19. El Ministro en la oración de (intercesión, lenguas) se parece al sacerdote del Antiguo Testamento.

20. Una de las (glorias, pesadumbres) más grandes es poder unirse a Cristo en la intercesión.

DE LA TEORIA A LA PRACTICA

1. Explique por qué algunos materialistas critican el cristianismo diciendo que la oración es solamente un calmante para el creyente.

2. ¿Por qué será que algunos creyentes se interesan en la oración únicamente como un medio para "sacar" lo que desean con el fin de adelantar sus propósitos egoístas?

3. ¿Qué se puede hacer para remediar los conceptos erróneos de los números 1 y 2?

4. ¿En cuál ocasión recurrió usted recientemente a la oración no como acto de adoración y comunión, sino solamente en busca de soluciones de problemas personales?

5. ¿En qué se parecen algunas oraciones nuestras a los rezos?
6. ¿Cómo puede llegar nuestra oración a consistir en repeticiones mecánicas?
7. ¿Hasta qué punto es el tiempo pasado en la oración un fiel índice de la eficacia de nuestra oración?
8. ¿Qué pasos ha decidido dar usted para superarse en el ministerio de la intercesión?
9. Redacte un párrafo dirigiéndose a sí mismo sobre lo que tendrá que hacer para asegurar que su vida de oración sea todo lo que el Señor desea.

PROYECTOS PARA LA CLASE

1. Considerar y evaluar lo que los miembros de la clase han hecho en los ejercicios de las secciones UN ENCUENTRO CON LAS VERDADES y DE LA TEORIA A LA PRACTICA.
2. Celebrar una mesa redonda acerca del énfasis que se debe dar a la oración privada en las reuniones nacionales, tales como los concilios y retiros de Ministros. Considerar la provisión que se hace por cuartos de oración en tales reuniones, el interés de los asistentes en la oración particular. Decidir lo que se puede hacer para dar más importancia a esta fase de la salud espiritual.
3. Presentar un cuadro dramatizado de un Ministro que por la presión de sus responsabilidades comienza a dejar su costumbre de tener comunión con Dios.
4. Presentar algún miembro un informe sobre el capítulo VIII titulado "El pastor y su cuarto de oración" de *El Pastor* por Melvin L. Hodges que edita ISUM.
5. Que un estudiante presente un informe breve sobre un libro que trata de la oración.

GABRIEL ORTIZ RAMIREZ, de nacionalidad mexicana, ejerció las funciones de Secretario Nacional de los Embajadores de Cristo, fue Presidente Nacional de las Escuelas Dominicales, Presbítero de la Región, y actualmente desempeña el cargo de Vice-Superintendente Nacional de las Asambleas de Dios en la República Mexicana.

A los cinco años de su conversión, comenzó su ministerio. Ha sido co-pastor del templo Gethsemaní en la ciudad de México y Pastor de La Puerta Abierta en Guadalajara, del mismo país. Actualmente ejerce el pastorado de la congregación del templo Resurrección de la capital de Jalisco. "Creo que el Dios que puede usar mi insignificancia", dice el hermano Gabriel, "es capaz de usar a todo hombre que quiere implícitamente colocarse en sus manos."

Capítulo 2

EL CARACTER DEL MINISTRO

Por Gabriel Ortiz R.

VIVIMOS EN UN MUNDO que adolece de una verdadera carencia de hombres de carácter firme. Nadie tiene más necesidad de una firmeza de carácter que el Ministro mismo, dadas las características de su misión pastoral, que lo conducen a encontrarse con la miseria humana todos los días. Es del todo indispensable que sobre el hijo de Adán, se edifique el Ministro de Cristo con un carácter equilibrado.

Al tratar el tema del carácter en este capítulo, hablamos de una parte de la persona humana cuyo análisis involucra problemas complejos. En cuanto se intenta reducir la personalidad, la misma se pierde en gran parte. La suma de sus diversos elementos, resulta siempre menor que el total de lo que tratamos de analizar. Podemos obtener la noción de lo que es un cadáver, haciendo sucesivamente la disección de la cabeza, el cuello, los brazos, las piernas. Pero la personalidad no puede sujetarse a este método.

I. ¿Qué es el carácter?

En un sentido amplio, la palabra "carácter" viene del griego *charasso*, que quiere decir grabar. El sustantivo griego *carakter* era una herramienta para grabar, o se usaba también en el sentido de lo que quedaba grabado. Esta voz en castellano nos habla del modo de ser peculiar y privativo de cada persona. El carácter no es la persona, sino una propiedad de la misma. Es la señal distinta de la manera de pensar y obrar de un ser humano que lo hace distinto, reconocible, único, inconfundible. Alfredo Adler lo llama "su estilo de vida". En ese sentido todos los hombres tienen carácter. Puede ser éste fuerte o débil, constante o inconstante, iracundo o manso. Como tal, el carácter se convierte en una creación original en cada individuo. Con el cuño distintivo que se haya escogido, se cruzará por las sendas de la vida, influyendo bien o mal en las personas que se mueven a nuestro alrededor. Por tal razón, se necesita un carácter humanamente equilibrado y perfeccionado divinamente. Tal es la meta que tenemos que alcanzar los que servimos en la Iglesia.

II. La génesis del carácter

Todos los seres humanos somos, al nacer, el producto de innumerables antepasados, cada uno de los cuales ha contribuido en nuestra herencia genética de alguna forma. Estos rudimentos fisiológicos y las predisposiciones a las cualidades psíquicas de nuestros padres, en unión de los factores ambientales, sociales y de profesión, ejercen poderosa influencia en la formación de nuestro carácter, pero nunca lo determinan. El significado que imprimen dichos factores sobre nuestro carácter dependerá de la valorización individual que nosotros mismos le demos. Esta es una de las razones por las cuales dos hijos del mismo padre y de la misma madre, que gozan de idéntico ambiente familiar y cultural, son tan distintos el uno del otro. Cada uno tomó por su cuenta el tipo de carácter que tiene.

El proceso de la formación del carácter se inicia en los albores de la vida. ¡Cuán importantes son los primeros años de la vida de un niño, y cuán decisivos en el proceso de conformar el carácter y los rasgos de la personalidad del futuro hombre! "La niñez anuncia al hombre como la mañana anuncia el día", escribió Milton.

El carácter nace en sus posibilidades al venir la criatura a la vida. Se principia a perfilar en la niñez, se desarrolla en la juventud, se estabiliza en la madurez.

III. *Los componentes del ser necesitan la dirección de la voluntad*

El ser humano es un organismo vivo que necesita ser guiado. Está constituido psicosomáticamente; es decir, de alma y materia. Las pasiones y sentimientos que son parte del compuesto humano no son buenos ni malos. Son simples fuerzas a la manera de la electricidad, el vapor, el viento. Toman su carácter moral, esto es, de buenos o malos, cuando voluntariamente las dirigimos a un fin virtuoso o pecaminoso. La dote del Amor, Odio, Ira, Paz, Tristeza, Aversión, Esperanza, Desesperación, Miedo, Valentía y el legado del temperamento, esto es, Sanguíneo, Linfático, Colérico y Melancólico que en la alquimia del ser humano se mezclan, pueden ser ordenadas en el cuño del carácter cristiano que participa de la mente de Cristo. Son semejantes al brioso corcel cuyo jinete peligra si el caballo domina. Pero si es controlado y dirigido, llevará a su jinete donde éste quiera ir. Así es el carácter que traduce el "quiero" por el "hago", sin dilaciones ni cortapisas.

Ser un Ministro de Jesús no garantiza la posesión de un carácter plenamente equilibrado. Numerosos servidores de Dios lamentan haber actuado varias veces conforme a las vivencias del viejo hombre, haciendo fracasar los mejores deseos evangélicos. Los que así llegamos a quejarnos, no tenemos que hacerlo más que de nosotros mismos. Es muy importante ser sinceros en este renglón del comportamiento, para no echar mano continuamente de la técnica de los mecanismos de escape.

Resulta obvio que, siendo estructurado el carácter por la herencia, el ambiente del hogar, así como por el medio en que hemos vivido, nuestro comportamiento es casi el mismo pese al tiempo transcurrido, a menos que demos los pasos necesarios para cambiarlo. A los cinco años el niño llama la atención por medio de un fuerte llanto; a los cincuenta años hace rabietas exhibicionistas con el mismo objeto. A los cuatro años quería salirse a toda costa con su capricho; a los cuarenta aún no le gusta perder, aunque no tenga razón. A los cinco años temía principiar un trabajo por sentirse incapaz de realizarlo; a los cincuenta años no quiere encargarse de empresas importantes por no tener la persistencia necesaria en acabarlas. Niño o adulto, se trata de lo mismo, aunque sea distinto el escenario. Sólo que ahora hemos aprendido el refinado secreto de transferir el resultado de nuestras acciones a los objetos y subjetos que intervinieron en la cuestión. Muy distintos y complejos son los mecanismos de estos resortes de escape que usamos con mucha frecuencia. Como Ministros de Dios tenemos que estar decididos a dar los pasos necesarios para ir sanando tales deficiencias de nuestro carácter.

IV. *La toma de decisiones*

El Ministro es un hombre racional y cristiano, pero hay mucha dificultad en poder calificar con estos adjetivos a una gran cantidad de las acciones que realiza. Por racional, entendemos la evaluación de las relaciones existentes entre los medios que se cuentan y los fines que se desean. O podría ser la consideración de opciones que permitan actuar cohcrentemente en la toma de una decisión. Por cristiano entendemos que se actúa en estricto apego a las normas morales enseñadas en el Evangelio de Jesucristo.

No obstante, muchas veces el Ministro obra contrariamente al justo juicio cristiano al tomar una decisión debido a que afloran motivaciones recónditas y propias. El modo más común de justificar el hecho de no actuar como verdadero creyente es escudarse en un hecho antecedente como la causa de la determinación. En otras palabras, le echamos la culpa a ese hecho como si fuera el único responsable.

De ahí, la urgente necesidad de conocer nuestro carácter para descubrir los motivos que influyeron en la toma de pasadas decisiones. De lograrlo, comprenderemos más ampliamente a las personas que están bajo nuestra responsabilidad. La consigna griega: "Hombre, conócete a ti mismo", toma particular importancia en la formación del carácter del Ministro. Es una tarea ardua, pero bien recompensada.

V. *El carácter en la edad adulta*

Grandes obras en la literatura universal toman su trama en esta edad. El Fausto, de Goethe así la explica: "...en esta menguada existencia terrenal soy demasiado viejo para contentarme con juegos y demasiado joven para no sentir deseos. ¿Qué puede ofrecerme el mundo?" La realidad de su madurez le hace concertar un pacto con Mefistófeles para poder volver a vivir su juventud. "La Divina Comedia" principia con estas palabras: "A la mitad del camino de la vida me encontré en una selva oscura, perdido el camino."

Tal parece que la edad madura es un drama que se acerca a su clímax. Todas las palabras, sujetos y acciones cobran una importancia nunca antes tenida. Es en este tiempo en el cual muchos creyentes se lamentan: "¡Si yo pudiera tener una vez más quince años!" Pero el tiempo es irreversible. No vuelve atrás ni para los Ministros del evangelio. Las actitudes asumidas en el otoño de la vida, deben ser tomadas con la plena conciencia del momento en que se vive. En esta etapa, el Ministro no está en el principio de la siembra, sino en el inicio de la cosecha.

Los cambios físicos de la edad adulta no son tan notables como en la pubertad. Con todo, tienen una significación enorme. Durante la madurez se ha dejado atrás el cenit de la agilidad física. El cuerpo resiente las caídas o golpes recibidos en la mocedad. Las enfermedades latentes en el organismo van apareciendo con mayor intensidad. Los descuidos de la salud de antes vienen a cobrar las cuentas. Las piernas se mueven con más lentitud. Los huesos duelen más fácilmente. La vista reclama la ayuda de los anteojos. La magistral descripción que hace el autor del libro de Eclesiastés en referencia a esta edad no tiene paralelo.

> ... temblarán los guardas de la casa, (los brazos), ... se oscurecerán los que miran por las ventanas, (los ojos), ... las puertas de afuera se cerrarán, (los oídos), ... todas las hijas del canto serán abatidas, (las cuerdas vocales), ... florecerá el almendro, (el cabello que encanece), ... porque el hombre va a su morada eterna ... [1]

Es una característica de esta edad hacer una reevaluación de lo vivido. ¿Cuánto se ha adquirido? ¿Cuántas satisfacciones se lograron? ¿Qué cosas se hicieron? ¿Qué debimos haber hecho mejor? ¿Qué decisiones jamás debimos tomar? ¿Qué empresa debimos acometer? ¿Dónde estamos realmente ahora? La actitud que se asuma ante la realidad de este balance debe ser sumamente sincera, especialmente para los que servimos en el ministerio.

Se podrá comprobar que no cristalizaron todos los sueños que acariciamos en la banca del seminario. Quien soñó la conquista de toda una ciudad para la gloria de Dios, ve cada día más difícil dicha posibilidad. El Ministro que aspiró a pastorear en un gran templo en la capital de su país todavía se encuentra pastoreando en una capilla rural. Quien pensó reunir multitudes para la administración de la verdad bíblica, sólo tiene una grey que no pasa de la centena.

Esta mirada retrospectiva a lo pasado, el balance del mismo presente y la especulación cruda de la perspectiva deberá hacernos sabios en la elección del mejor camino de bajada. La reacción dependerá muchísimo del carácter. Habrá quienes principian a agonizar lentamente, cesando completamente en su espíritu de lucha. Otros procurarán recuperar el tiempo perdido ante la realidad de que se vive una sola vez. Querrán subsanar lo que no se ha conseguido y realizar lo que no se ha hecho. Muchos más se quedarán donde están, ya porque están satisfechos con lo obtenido, ya porque están frustrados con los resultados. Las decisiones tomadas a esta edad serán como una radiografía que expone la verdad de nuestro estado interno.

La edad madura trae consigo una tensión sumamente peligrosa. En ella se suceden tantos o más fracasos que en la edad juvenil. Los conflictos suscitados en esta época se dan en todos los niveles, y son escandalosos en cualquier capa social. La reflexión de lo que somos y el reconocimiento de los problemas críticos que conllevan al otoño de la vida, reclama del Ministro, mayor cordura en su manera de ser, más vigilancia de la intrincada maraña de la conducta y más diligencia para no cometer más errores.

Lógico que nuestras reacciones no pueden ser las mismas ante sucesos casi idénticos que nos pasaron en otros tiempos. Una cosa es perder el trabajo a los veinticinco años y otra ser despedido del empleo a los cincuenta. No tener en la edad juvenil seguridad económica es muy distinto al llegar al crepúsculo de la vida sin tener en qué apoyarse. ¡Seguro que nuestra actitud será muy distinta ante las circunstancias peculiares que acontezcan en esta edad!

¿Qué actitudes se asumirán ante situaciones muy propias de la vida pastoral, cuando se ha llegado a la cresta de la montaña y principia el descenso? La crítica mordaz, la interpretación del éxito, el sabor de la derrota aparente, el apetito de los aplausos, la emoción de la adulación, lo plácido de la pereza, el sentido del profesionalismo, la necesidad de los privilegios — todo dependerá de nuestra madurez alcanzada, del carácter forjado. Quizá en algunos casos seamos todavía un dibujo de la fantasía infantil realizado en el papel amarillento de los años. Si en algún momento hay que corregir el rumbo, es a todas luces crucial, hacerlo cuando está sonando la campanada de las once de la noche.

Ante la crítica de la que se ha sido objeto, y que atribuimos fácilmente a la envidia o irreflexión, interesa hacer un análisis desapasionado para precisar cuán razonable haya sido. Juiciosamente aprendamos con Rochefoucauld: "Es mejor preferir la crítica que construye al elogio que traiciona." Es muy posible que el que nos hace observaciones esté interesado profundamente en nuestro ministerio. Nuestra susceptibilidad debe ser a estas fechas muy sensata.

Muchos pastores quizá hayan llegado a este penúltimo kilómetro de la vida exitosa, y son afortunados desde el punto de vista humano. Es posible que se esté al frente de una grey de considerable tamaño, se predique todos los domingos en un bello templo, se posea un puesto en la administración de la Iglesia Nacional, sea respetado por la sociedad en que vive. Tal vez los logros excedieron a lo que se esperaba y a las posibilidades de la persona. Cualesquiera que hayan sido las medidas del éxito, nunca debe significar la cesación de labores. La meta de los servidores de Jesús siempre será la cima excelsa del conocimiento de Dios. Así lo expresó Pablo: "No que lo haya alcanzado ya... prosigo a la meta." Nuestra estrella polar está en las alturas gloriosas de Dios y sin complejo de superioridad llegaremos.

Otro problema es la actitud del Ministro en esta edad que cree haber fracasado. La medida del éxito y del fracaso según la Divinidad, es muy diferente a los cánones de esta sociedad en que vivimos. ¿Quién osaría llamar a Noé un fracasado? No tuvo múltiples conversos, no obtuvo el respeto de sus contemporáneos. Con todo, es un atrevimiento situarlo en la fila de los fracasados. No debemos olvidar que el cristianismo mismo se levanta de la aparente derrota de un Viernes Santo hasta la victoria de un Domingo de Resurrección. En la parábola de los talentos sólo fue recriminado el que no hizo nada. No existe el adjetivo de fracasado para el que sólo logró ganancias medianeras en la transacción de los talentos.

Es posible que alguien se considere como un fracaso ministerial y esto lo turbe sicológicamente. Hay que huir del estado de amargura porque de lo contrario se podría complicar más el problema. Se puede llegar a hacer víctimas del tormento a los seres queridos que Dios nos ha dado. Hay que evitar evasiones ridículas que nada solucionan. No echemos mano de la transferencia de la culpabilidad. Tomemos los hechos como son, rehagamos nuestro carácter y crucemos la frontera del fracaso a la utilidad.

El deseo de ser reconocido, se acentúa en la madurez de la edad. Así como el jefe de la familia tiene apetito de ser comprendido y elogiado por todos los esfuerzos que llevó a cabo en la crianza de los hijos y el sostenimiento del hogar, también en todos los niveles se espera escuchar los aplausos y los elogios. "El mejor pago a los artistas es el aplauso." Quien corre en la pista espera el estímulo de las tribunas. Quien ha desplegado intensa actividad ministerial no espera menos.

La falta del aplauso ha traumatizado a muchos consiervos al grado de no trabajar más. ¡Qué desdicha la del pastor cuya valía y dinamismo en el trabajo del Señor va en descenso por no llegar a ser reconocido como hubiera deseado! ¿Para quién hemos trabajado y de quién esperamos la recompensa? Toda la vida hemos creído que trabajamos para el Señor, que nos hemos gastado en las labores de la organización, que trabajamos para la iglesia local, para los demás.

De hecho hemos trabajado también para nosotros mismos. Nadie recibirá la corona que ha ganado Pablo más que él mismo. Nadie recibirá el premio por el trabajo realizado por nosotros más que nosotros mismos. Tuvo mucha razón Francisco de Asís al decir: "Es tan poco el trabajo, y tan inmensa la gloria." Aunque el canto adulador de las sirenas tiene una fascinación que embriaga los sentidos, la ecuanimidad en el carácter es indispensable ante esta insidia.

En el cuarto acto de la vida, sucede un interesante fenómeno biológico que afecta el grado de diligencia humana. Los años transcurridos nos desgastan físicamente con la consiguiente atenuación del dinamismo. Las acciones se ejecutan con mayor lentitud. La indolencia se acentúa a la falta de vigor juvenil. Esta pereza fisiológica es de esperarse y se comprende. Pero ¿qué diremos acerca de la falta de diligencia producida por la práctica de la filosofía que dice "yo ya hice lo que pude; ahora que trabajen otros"? Si por estas razones se reduce el ritmo de las actividades hasta llegar a un ministerio ocioso, es a todas luces recriminable tal actitud en un varón de Dios. Es aquí donde se necesita cultivar un carácter firme que ayude a dominar estas fuerzas disgregadoras, unificando todo el potencial anímico para seguir sirviendo con toda plenitud en la vocación a la cual fuimos llamados. Reunamos todas las fuerzas que nos quedan para seguir salvando almas, mientras llega el ocaso de nuestra existencia terrenal o el amanecer de la venida del Hijo del Hombre.

¿Podemos convertirnos en meros profesionales del púlpito? Ha sucedido. Tal afirmación quizá escandalice a novicios en el ministerio. No obstante, siempre ha sido una cruda realidad. La continua repetición de las funciones pastorales trae consigo el riesgo de la mecanización de ellas. Aunque se trabaja con la más noble materia prima que es el alma humana, las llagas y miserias que a diario tiene el Ministro que enfrentar, hacen que él sea menos sensible y más profesional. Si dicha acusación la lanzáramos en una sala de conferencias, muchos pastores protestarían vigorosamente. Al llegar, sin embargo, a las postrimerías del vivir, hay mucho profesionalismo en las oraciones pronunciadas, en la elaboración de los mensajes, en el trato pastoral, en un sin fin de cosas que ajustamos inconscientemente a patrones fríamente calculados. Al médico se le impide mezclarse emocionalmente en los casos clínicos que le toca tratar. Pero al pastor de almas se le demanda un carácter firme que de todas maneras no impida llorar con los que lloran, sufrir con los que sufren. ¡Que siempre poseamos la sensibilidad de Jesucristo ante los problemas humanos!

VI. *Indices de un carácter equilibrado*

Mostramos un buen grado de madurez cuando valientemente nos abocamos a hacer un análisis de nosotros mismos. Esta tarea es más difícil que meramente clasificar y definir las cualidades y defectos. Al respecto, J. D. Lagorreta dice que no tenemos problema para dar todos los datos generales de nuestra personalidad, tales como la nacionalidad, edad, estado civil. Podemos explicar cómo es nuestro trabajo con facilidad. Pero si nos preguntan cómo somos en lo íntimo, nuestro interior, por qué reaccionamos así o asá, "la respuesta no viene fácilmente, o nunca viene", dice dicho escritor.

Esta no es una tarea sencilla. Aunque la abordemos, lo más probable será que nunca lleguemos a saber cómo somos realmente. Es comprensible a todas luces que el compendio psicosomático que nos constituye no lo podremos analizar sin llegar a equivocarnos por más de un palmo. Con todo, es signo de madurez en el carácter tratar de saber cómo somos. Dijo Caleb Colton: "El que se conoce a sí mismo conoce a los demás, y el que se desconoce a sí mismo no podrá imprimir enseñanzas profundas en la cabeza de los hombres."

Quizás tres frases nos ayudarían a tener una aproximación del tipo de persona que hemos llegado a ser en el ministerio cristiano: (1) Cómo creo que soy, (2) Cómo creen los demás que soy y (3) Cómo soy en realidad. Haciendo una comparación ecuánime, del "cómo creo que soy" con el "cómo creen los demás que soy", tendremos un acercamiento a la realidad. No importa que la gente tenga un concepto áspero de nosotros. Theodore Leschizky precisó: "Se aprende mucho de las cosas desagradables que nos dice la gente, pues nos hacen pensar, mientras que las cosas buenas sólo nos satisfacen." El Apóstol Pedro aprendió mucho cuando Pablo de Tarso lo reprendió duramente. Descubrimos muchísimo más cómo somos nosotros en la crítica que en la lisonja.

Otro índice de un equilibrio de carácter es no tener celos. Con esto no me refiero al celo que nos vuelve intrépidos en la proclamación del mensaje y en la defensa de la fe cristiana, sino al tipo de celo que oculta muchas pasiones bajo su máscara. Detrás de este pérfido disfraz, se oculta el malestar sentido por los éxitos de nuestros consiervos, la envidia por el crecimiento de alguna grey; la mordedura venenosa al alma por los logros en la viña del Señor del algún condiscípulo del seminario; la codicia de los bienes materiales que nosotros no poseemos y que ya son patrimonio de otros coadjutores en la iglesia de Cristo. Dicha pasión de los celos nos hará naufragar con los riesgos de ahogarnos. Un carácter maduro tiene celos por Dios, pero no lo tiene de los triunfos de los demás pastores. Dichas victorias sólo servirán de acicate para redoblar nuestros esfuerzos en el trabajo por Jesucristo.

Un tercer índice de madurez es no tener orgullo excesivo de la denominación. Hace poco escuché decir a un líder de la iglesia lo siguiente: "Siempre he creído que la denominación en la cual servimos no es una empresa única, sino un cauce por el cual nos desarrollamos en el ministerio y a través del cual servimos a Dios." Tal posición revelaba la lealtad de este siervo a su denominación y el respeto a los demás grupos que echan su red en la mar para pescar toda clase de peces. Es una demostración de madurez en los Ministros del Señor. A la fecha, ninguna denominación por extendida que esté, por organizada que sea, por laboriosa y dedicada a la proclamación del mensaje que se vea, lograría por sí sola en los próximos quinientos años cumplir la misión encomendada por el Señor. Cuando los discípulos censuraron a otro que predicaba el mismo mensaje, el Señor de la mies los reprendió. Ahora el Señor Jesús mantiene la misma actitud al respecto.

El último índice de una madurez que voy a mencionar es no dejarse desanimar. Toda la iglesia, nacional o local, tiene sus mañanas resplandecientes y sus tardes grises. En cualquier nivel se dan estas variantes. La historia de la iglesia contada por Lucas las describe. Quien ha vivido sus años en el ministerio no censuraría jamás a Marcos por su desánimo, ni a los émulos que él ha tenido a través de los siglos. Nos parecemos mucho al peregrino de Juan Bunyan que se encontró en el cieno del desánimo.

La fuerza de los elementos curte la piel del pescador. De la misma manera las experiencias pasadas en las lides ministeriales deben habernos conformado un carácter más templado para saber qué hacer ante los ataques insidiosos del desánimo. Ya las muchas lecciones aprendidas deben imprimir en nuestra personalidad, el estilo de cada desánimo y por consiguiente estaremos más avezados en la toma de nuestras decisiones ante tales acontecimientos. El árbol tiene más dura su corteza en el sitio donde recibió las tempranas heridas. El carácter del Ministro que ha alcanzado buen equilibrio estará mejor forjado para resistir, con la gracia de Dios, el desánimo.

Para concluir podemos decir que el hombre es racional, y por lo tanto es dueño de sus actos dentro de los límites de su conciencia y libertad. Sobre estas bases puede mejorar su carácter el Ministro. La constancia en el objetivo del Bien forma el carácter equilibrado. No es fácil. Se consigue con rudo trabajo, sometiendo las tendencias psíquicas y fisiológicas al ideal propuesto. Los héroes no se improvisan, ni tampoco el carácter. El llegar a tener un buen carácter es la obra cumbre del ser humano. El examen personal es de mucha ayuda porque al darnos cuenta cabal de nuestras miserias y nuestras grandezas, podemos dirigir nuestros esfuerzos para alcanzar el puerto a donde deseamos arribar.

Necesitamos el apoyo de algún director espiritual, un hermano maduro. La experiencia nos ha demostrado que la mayoría de los hombres no se bastan a sí mismos para fortalecer su vida. Dicho director conocerá defectos que no hemos descubierto y nos hará las indicaciones pertinentes.

Al nacer, el hombre es como un campo en el que brotan a la vez buenas y malas inclinaciones. La obra de mejorar cada día nuestro carácter recae sobre cada uno de nosotros contando en cada ocasión con la gracia de Dios. Los que quieren podrán hacer de su vida una suma de logros al Bien. Se nos ha entregado una noble arcilla para que efectuemos la mejor vasija que podamos concebir. Pero nada ni nadie podrá suplir el interés vital en esta obra para llevarla a cabo sino nosotros mismos.

[1]Eclesiastés 12:1-5.

BOSQUEJO DEL CAPITULO

El modo de ser del Ministro

I. Definición del término "carácter"
  A. Origen griego
  B. La totalidad de cualidades y costumbres que hacen que la persona sea diferente a los demás
  C. Debe ser bien proporcionado el carácter

II. El desarrollo del modo de ser
  A. Las influencias
  B. El molde creado en los primeros años

III. La mezcla de elementos a la disposición de la voluntad
  A. Los integrantes del ser en necesidad de ser dirigidos
  B. La necesidad de las personas de imponer la voluntad para poder enmendar el carácter

IV. El proceso de hacer determinaciones
  A. Los problemas de la falta de sabiduría
  B. La tendencia de excusarse a sí mismo por decisiones mal tomadas
  C. El valor de examinar lo que motivó una decisión

V. La edad de la madurez
  A. Lo crítico de esta etapa
  B. Las alteraciones fisiológicas
  C. La tendencia hacia la autocrítica
  D. Una etapa de riesgos
  E. La postura deseable del Ministro ante diferentes situaciones
  F. El peligro de tomar el ministerio como una mera vocación

VI. Los signos de una madurez de carácter
  A. Poder hacer una evaluación de sí mismos
  B. No sentir envidia
  C. Tener lealtad a su denominación sin dejar de apreciar otras
  D. Mantener buen ánimo ante todo problema

UN ENCUENTRO CON LAS VERDADES

Selección múltiple. Lea la primera parte de la frase y las cinco diferentes terminaciones con que se podría completar la frase. Escoja la terminación que mejor la complete. En algunos casos podría servir más de una de las terminaciones, pero el alumno debe seleccionar la que *mejor* complete la idea. Aunque ninguna de las cinco le satisfaga del todo al estudiante, hay que escoger siempre la que más pudiera servir. Subraye la terminación escogida.

    1. El carácter de una persona es...
       (A) su temperamento que resulta de la disciplina impuesta en el hogar.

(B) su firmeza ante la tentación o la falta de firmeza.

(C) el modo de ser resultante de la interacción de muchos factores que hacen único el individuo.

(D) lo que ha grabado en la historia con sus hechos.

2. El carácter es el resultado...
   (A) de las características heredadas de los antepasados.
   (B) del medio ambiente en que la persona se ha criado.
   (C) del valor que uno dé a los diferentes factores de la vida.
   (D) una combinación de (A), (B) y (C).

3. Las pasiones y sentimientos en sí...
   (A) son buenos.
   (B) son malos.
   (C) no son ni buenos ni malos.
   (D) toman su carácter moral cuando la persona llega a ser mayor de edad.

4 Las deficiencias del carácter se subsanan...
   (A) al recibir el Ministro la plena ordenación.
   (B) al dar pasos decisivos la persona para enmendarse.
   (C) al llegar a la madurez.
   (D) milagrosamente por una intervención divina.

5. El Ministro que llega a comprender su propio carácter...
   (A) comprenderá mejor a los demás.
   (B) es culpable de pensar demasiado en sus propios problemas.
   (C) está en peligro de desanimarse.
   (D) echa la culpa a cosas del pasado.

6. La edad de la madurez...
   (A) es el período de más fuerzas físicas.
   (B) es el período de estar menos propenso a caer en el pecado.
   (C) es la edad más empleada en los argumentos de las novelas.
   (D) es una etapa de crisis.

7. El Ministro que ha llegado a la madurez tiende a...
   (A) quejarse de todo.
   (B) ser muy sincero.
   (C) tener más cuidado de consagrarse al Señor.
   (D) hacer un inventario de su vida.

8. Las reacciones del Ministro en la etapa de la madurez dependen de...
   (A) su carácter.
   (B) las circunstancias.
   (C) su seguridad económica.
   (D) su capacidad para predicar.

9. El Ministro que ha alcanzado lo que el mundo llamaría el "éxito" debe . . .
   (A) darse cuenta de su carácter maravilloso que ha sido el secreto de su triunfo.
   (B) enseñar al fracasado su fórmula para alcanzar el éxito.
   (C) recordar que todavía no ha alcanzado lo que debe.
   (D) descansar y disfrutar sus logros.

10. El Ministro que se cree haber fracasado debe . . .
   (A) recordar que Dios tiene para juzgar bases muy diferentes a las ideas humanas.
   (B) buscar vengarse.
   (C) dejar el ministerio.
   (D) hacer un análisis para determinar qué persona ha sido la culpable de su derrota.

11. El que se deja amargar con sus problemas . . .
   (A) se hace muy feliz.
   (B) afecta negativamente a los seres que lo rodean.
   (C) se venga así de los que le hicieron mal.
   (D) lo hace porque no tiene remedio y no le queda otra salida.

12. El que trabaja para el Señor . . .
   (A) no recibirá nada para sí
   (B) puede esperar el aplauso del público, porque Dios es fiel.
   (C) nunca sentirá el deseo del reconocimiento de los demás.
   (D) trabaja para sí ya que recibirá una recompensa.

13. El que lleva tiempo en la labor ministerial . . .
   (A) puede estar seguro de que siempre gozará una comunión dinámica con el Padre Eterno.
   (B) verá que su carácter va afirmándose por sí solo.
   (C) está expuesto a caer en una rutina de realizar mecánicamente sus tareas.
   (D) tiene poco peligro de caer en el profesionalismo.

14. Es signo de madurez de carácter . . .
   (A) poder decir los datos generales de uno.
   (B) tener veinte años de experiencia en el ministerio.
   (C) alcanzar un título universitario.
   (D) tratar de conocerse a uno mismo.

15. El Ministro que ya ha logrado un carácter equilibrado . . .
   (A) se desanima a cada rato.
   (B) tiene poco orgullo de su denominación.
   (C) lee mucho la obra de Juan Bunyan.
   (D) resiste el desánimo.

16. Para lograr la madurez de carácter, el Ministro tiene que...
   (A) esperar llegar a una edad madura.
   (B) poner mucho interés en hacerlo.
   (C) predicar mucho sobre el tema de la consagración.
   (D) seguir el ejemplo de sus compañeros.

DE LA TEORIA A LA PRACTICA

1. ¿Cómo describiría usted su carácter?
2. ¿Cómo describirían los miembros de su iglesia el carácter que usted tiene?
3. ¿Qué tiene que ver el cumplimiento de su palabra con su carácter?
4. ¿Cuáles han sido las influencias negativas en la formación de su carácter?
5. ¿Cuáles han sido las influencias negativas en la formación de su carácter?
6. ¿Cómo cambió su carácter después de usted aceptar a Cristo?
7. ¿En qué maneras quedó igual su carácter después de aceptar a Cristo?
8. ¿En qué manera le podrá ayudar la crítica de los demás a forjar un mejor carácter?
9. ¿Por qué debe tener un Ministro un carácter equilibrado?
10. ¿Cuáles son algunas cosas de su carácter que usted necesita mejorar?
11. ¿Qué enseñanzas ha dado usted a los jóvenes para ayudarles a comprender mejor y a equilibrar su carácter?
12. ¿Qué puede usted hacer para ayudar a sus hijos a estructurar un carácter equilibrado?

PROYECTOS PARA LA CLASE

1. Considerar y evaluar lo que los miembros de la clase han hecho en los ejercicios de las secciones UN ENCUENTRO CON LAS VERDADES y DE LA TEORIA A LA PRACTICA.
2. Nombrar a una comisión de dos miembros de la clase para que prepare un análisis del carácter de Jonás y a otra comisión encargarle un análisis del carácter de Jeremías. Después evaluar toda la clase estos análisis.
3. Analizar en clase la diferencia entre los términos "personalidad" y "carácter".
4. Considerar la relación de la espiritualidad del Ministro con su carácter.

VALENTIN VALE NAVARRO, nació en Curimagua, estado de Falcón, Venezuela. Está casado con Lillian Belly y la pareja tienen cinco hijos. Actualmente ejerce el pastorado del Centro Evangelístico de Caracas y es miembro directivo de un centro de rehabilitación para drogadictos llamado "Hogar Vida Nueva". El hermano Vale Navarro aceptó al Señor Jesucristo como su Salvador personal hace 28 años, y lleva 23 años en el ministerio.

Al preguntársele cuáles habían sido las influencias mayores en el desarrollo de su ministerio, el hermano Vale Navarro afirmó que eran el llamado específico de Dios y el oportuno consejo de pastores y misioneros en su juventud.

Capítulo 3

LA MENTE DEL MINISTRO

Por Valentín Vale N.

Poseedor de una mente infinita, el Todopoderoso nos ha dotado de una capacidad con que servirlo inteligentemente. Pablo, consciente de la existencia de ese equipo, nos sorprende con lo mucho que alude a él. En un lugar dice: ¿Quién conoció la mente del Señor?... Mas nosotros tenemos la mente de Cristo." I Corintios 2:16.

Pablo comprendía perfectamente que la mente ejerce una influencia considerable en nuestro comportamiento. A una iglesia en que dos hermanas habían agitado un poco las aguas, aconseja: "...todo lo que es verdadero, todo lo honesto, todo lo justo, todo lo puro, todo lo amable, todo lo que es de buen nombre; si hay virtud alguna, si algo digno de alabanza, en esto pensad." Filipenses 4:8.

¿Daremos los Ministros a la mente toda la importancia que se merece? ¿Sabremos analizar la manera de pensar de otras personas? ¿Cómo se puede explicar que a veces la mente se pone "en blanco"? ¿A qué se debe que en ciertas situaciones dos personas forman una controversia sobre un problema tan sencillo? Quizás usted haya vivido la experiencia de sentirse "castigado" en su fuero interno por algún hecho que ha dejado un "mal sabor". ¿Qué hay en uno que le hace sentirse mal?

I. *Las computadoras electrónicas*

Los inventores de la computadora electrónica realizaron su hazaña observando el funcionamiento del cerebro humano como parte del sistema nervioso. Los Ministros haríamos bien poniendo el proceso al revés para estudiar primero la computadora y luego aplicar nuestras observaciones a una investigación de la mente con el fin de penetrar un poco más en sus misterios.

¿Cómo funciona una computadora? No puede hacer nada sin que se le provea de un patrón. Todos esos circuitos en una caja no prestan ningún servicio sin tener un depósito de reglas con qué trabajar. Alguna persona, por lo tanto, tiene que proporcionarle a la máquina un conjunto de datos o instrucciones que servirán de norma, o de las reglas con las cuales la computadora analizará la información posterior que recibe y actuará de acuerdo. Al conjunto de datos que constituyen el patrón, se le llama *"programa"*.

Una vez que las instrucciones que sirven de criterio y base, o sea, el programa, estén establecidas y entregadas a la computadora, se puede proceder a la suministración de la información. Esta fase se llama *"alimentación"*. Se califica la información proporcionada como *"cruda"* debido a que la computadora todavía no la ha analizado.

Al proceso de análisis se le dice *"validación"*. Pudiera ser que la información contenga errores, pero para identificarlos la máquina tendrá que comparar cada dato con el programa que se le ha provisto. El cerebro electrónico procede a escrutar cada trozo de la información, comparando todo con lo que ya se ha establecido como la norma en el programa. Si encuentra una diferencia, rechaza la información. Si comprueba que no hay errores, "fija" la información en la "memoria permanente", función a la cual se le dice *"actualización"*.

Luego pasa a dar *"salida"* de acuerdo a lo que el programa indica. Puede ser que dé órdenes o que presente la respuesta a una pregunta o la solución a un problema matemático.

Podemos ilustrar este proceso de la manera siguiente: usted consigue un amigo en la calle y él le da su número de teléfono para que lo llame. Usted decide comprobar esta información (el número de teléfono) y procede a un teléfono para marcar ese número. Si el número resulta equivocado, usted lo rechaza y trata de conseguir el número correcto. Tal vez usted lo copió mal o su amigo se equivocó al dictárselo. Una vez que logra comunicarse, el número queda comprobado, o sea, validado. Usted desea "memorizar" el número o escribirlo para que sea permanente. A este último proceso en el mundo de las computadoras se le llama la *"actualización"* de la información.

La salida, el resultado del proceso de la información, en este caso de la llamada telefónica es la conversación con su amigo, es el resultado del proceso mental que usted efectuó para lograr la comunicación.

La memoria de la computadora podemos compararla con la cinta magnética de una grabadora. La información queda allí fijada para usar cuantas veces sea necesario.

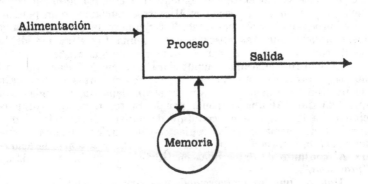

Fig. 1: Diagrama de una computadora electrónica.

II. *Nuestra naturaleza sicológica*

Dos hombres contemporáneos en un intento de ayudar a entender mejor la mente humana, han escrito un libro que expone en una forma simplificada nuestra naturaleza sicológica. He decidido presentar a grandes rasgos su explicación en este capítulo porque hace sencillo lo que es tan complejo. Nos puede proporcionar una herramienta útil en nuestra labor como Ministros de Dios.

Este concepto fue originado por el Dr. Eric Berne. Luego fue expuesto en detalle por el Dr. Thomas A. Harris en su libro *Yo estoy bien, tú estás bien*,[1] libro que ofrece la idea de que el ser humano tiene una estructura similar a la de la computadora electrónica que acabamos de describir. Se le ha puesto al tema del libro un nombre difícil aunque el concepto es fácil de comprender. Se le dice *"análisis conciliatorio"*.

Berne y Harris nos invitan a concebir la mente humana como una máquina con tres diferentes juegos de "programas" con sus correspondientes memorias que consisten en "cintas". En los planteamientos que siguen nos concretaremos a hablar de las tres cintas que aparecen en el dibujo.

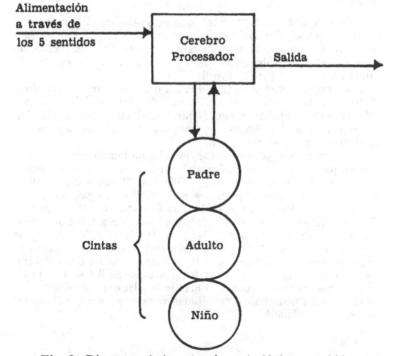

Fig. 2: Diagrama de la naturaleza sicológica concebida como una computadora.

Cada persona, según los doctores Berne y Harris, sin distingos de edad, lleva en sí la cinta Padre, la cinta Adulto y la cinta Niño. Aquí la palabra Padre no significa progenitor. Adulto, tampoco significa madurez y Niño no significa infancia. Más bien son términos de una vivencia sicológica; es decir, representan diferentes clases de experiencias que uno ha vivido en su infancia.

Sorprende ver que Pablo y Ezequiel presentan ideas que se asemejan a este concepto del Dr. Berne:

1a. a los Corintios 14:20: "Hermanos, no seáis niños en el modo de pensar, sino sed niños en la malicia, pero maduros en el modo de pensar."

Ezequiel 18:2: "¿Qué pensáis vosotros, los que usáis este refrán sobre la tierra de Israel, que dice: Los padres comieron las uvas agrias, y los dientes de los hijos tienen la dentera?"

Romanos 12:2: "No os conforméis a este siglo, sino transformaos por medio de la renovación de vuestro entendimiento, para que comprobéis cuál sea la buena voluntad de Dios, agradable y perfecta."

El Padre

Es ésta una cinta "fijada" que se grabó en el cerebro con cosas impuestas "crudas" y que entraron tal cual como venían. No hubo validación. Hasta aproximadamente los cinco años de edad, la persona grabó en su cinta Padre lo que vio a sus progenitores hacer o lo que les oyó decir.

Los reglamentos y costumbres del hogar entraron en la cinta Padre. Los constantes "No te subas", "No grites", "No llores", "No hagas" se grabaron con firmeza. Así también las alegrías y tristezas que el pequeño ha observado en vida de sus padres se fijaron con igual prontitud.

Lo importante aquí es notar que el niño toma como "verdad" todo lo que se le dice sin "validarlo". El todavía no tiene un punto de comparación para hacer una validación. Si sus padres o tutores le dicen, por ejemplo, que es malo decir mentiras, así lo registra su cinta Padre. Pero el día que él descubra que sus padres dicen mentiras, hay un conflicto para "fijar" esa falta de armonía entre lo dicho y lo hecho. Según el Dr. Harris, lo que sucede entonces es que, en vista de la inseguridad que esto le causa al pequeño, éste decide "apagar" la grabación de su cinta Padre. De manera que la costumbre de los padres de no llevar a la práctica lo que enseñan podría reprimir o bloquear totalmente la cinta Padre. Puede haber resultados negativos en la vida de tal persona más adelante.

El Niño

Hay una grabación simultánea con la cinta Padre, la de la cinta Niño. La primera tiene que ver con sucesos externos; la segunda con sucesos en el interior de la persona. Tales acontecimientos forman un núcleo de "sentimientos" que resultan de lo que el pequeño experimenta en sus adentros, mientras observa lo que sucede en su alrededor. Es de esta cinta de donde surgen las reacciones de enojo incontrolado o euforia locuaz, de curiosidad o frustración, rechazo o creatividad, durante toda la vida.

El Adulto

La cinta Adulto comienza a grabarse aproximadamente a los diez meses de edad cuando el bebé se da cuenta de que "puede moverse", que él puede por su propia cuenta iniciar algo. La cinta Adulto es un "procesador" de información en vez de una mera "grabadora". Allí la información se valida, transforma, rechaza o fija. Luego el procesador toma también las decisiones. Tiene que ver con la voluntad. La alimentación de la cinta Adulto proviene de las cintas Padre y Niño. Si la información en estas dos últimas está en armonía, más armonía se verá en la cinta Adulto. Además, habrá menos pérdida de tiempo validando la información si ésta es veraz. De esa manera la persona tendrá más tiempo para trabajo creativo. Habrá menos conflicto en su proceso.

Una persona, según el Dr. Harris, que no mantiene separados su Padre, Adulto y Niño es alguien que tiene el Adulto "contaminado". Note el solapamiento en la siguiente figura:

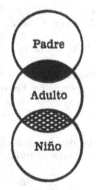

Fig. 3: Diagrama ilustrando la contaminación.

La sombra que aparece entre el Padre y el Adulto es la contaminación que resulta de los prejuicios. La parte con rayas entre el Adulto y el Niño es la contaminación que resulta de ideas ilusorias.

Los *prejuicios* surgen cuando la persona capta la información no validada de parte del Padre, transmitiéndola a la salida como si fuera la verdad. Dos ejemplos: "El trabajo manual desprestigia a una persona de categoría." "Los indios son menos inteligentes que el resto de la gente." Tales expresiones pasando de generación en generación le dan un cierto viso de veracidad. Cuando una madre las repite a su hija, lo hace como si tal cosa fuera una ley. Si la hija las acepta como una verdad y no las somete a un análisis, probablemente ella también transmitirá a sus hijos los mismos prejuicios.

Las *ideas ilusorias* forman otra clase de contaminación de acuerdo con el análisis conciliatorio. En el caso de prejuicios, el Adulto se contamina con el Padre, y en el caso de ilusiones, el Adulto se contamina con el Niño. La base de esta última situación es el temor engendrado en el niño. Bien sea por el castigo brutal de los padres, o una orfandad donde no hubo amor ni calor maternal y donde había el sentimiento de gran tensión, el Adulto no funciona del todo.

El Adulto contaminado a base de ilusión, inventa cosas y situaciones que en la realidad no existen, para buscar un apoyo lógico. Tal persona puede "ver" que se le viene encima el mal. Casi puede "sentir" o "saber" que lo que le acecha es realidad y no mera ilusión.

III. *Las conciliaciones (transacciones)*

La base unitaria de enlace social, según el Dr. Eric Berne, se llama una "conciliación". Consiste en un encuentro entre personas en que una de ellas dice o hace algo, lo que se llama el estímulo. La reacción de otra persona a este estímulo se llama la respuesta, que a su vez sirve para estímulo a la otra persona. Este encuentro compone lo que el Dr. Barne llama una "conciliación". El análisis es lo que uno hace al tratar de determinar si fue el Padre, Niño o Adulto de la persona lo que ocasionó el estímulo o la respuesta.

En este contexto podemos derivar y analizar las conciliaciones que diariamente nos ocurren. Por ejemplo, sigamos la siguiente conversación:

—Buenos días.
—Buenos días.
—Por favor, me dice dónde está el Banco Nacional.
—Siga por esa calle hasta el parque.
—Gracias.

En esta conversación predomina la cinta Adulto en ambas personas. Si lo mostramos gráficamente, se verá así: [2]

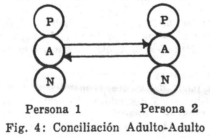

Persona 1   Persona 2

Fig. 4: Conciliación Adulto-Adulto

De esta gráfica se desprende un hecho significativo. La comunicación se mantendrá abierta siempre que las flechas no se crucen. La comunicación puede fluir de la manera siguiente:

Padre a Padre	Adulto a Padre	Niño a Padre
Padre a Adulto	Adulto a Adulto	Niño a Adulto
Padre a Niño	Adulto a Niño	Niño a Niño

A continuación damos algunos ejemplos de las conciliaciones paralelas (que no se cruzan) más usuales:

Esposo: —Me siento mal.

Esposa: —Pobrecito. Cuidaré que los niños no molesten.

Esposo: —Esto es insoportable.

Esposa: —Ya se te pasará.

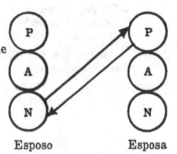

Esposo   Esposa

Fig. 5: Conciliación
Niño-Padre

El diálogo descrito es el resultado de un deseo por parte del esposo de ser mimado. La esposa le "sigue la corriente" y no hay problemas de comunicación. ¿Habrá Ministros así? La conciliación original es de la cinta Niño del esposo quien recibe la respuesta de la cinta Padre de la esposa. Esta comunicación podría prolongarse bajo estos términos.

Veamos ahora el diálogo entre Pedrito que tiene seis años de edad y Susanita de cinco años de edad quien se sube precisamente a la mesa del comedor.

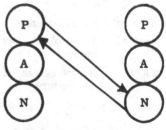

Pedrito   Susanita

Pedrito: —Eso no se hace, Susana.

Susanita: —Yo quiero hacerlo.

Pedrito: —Te digo que te vas a caer.

Susanita: —No importa.

Fig. 6: Conciliación
Padre-Niño

En el diálogo que antecede, aunque Pedrito es muy pequeño, ya tiene una información de la cinta Padre y actúa como si fuera un Padre. El diálogo continúa, pues las conciliaciones no se cruzan.

Veamos otro diálogo entre un padre y su hijo:

Papá: —¿Por qué llegaste tan tarde anoche?

Hijo: —Porque encontré a unos amigos y estuvimos conversando.

Papá: —Parece que ésa fue una conversación larga.

Hijo: —Es cierto. Hacía tanto tiempo que no los veía.

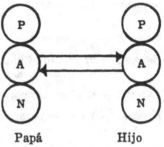

Papá   Hijo

Fig. 7: Conciliación
Adulto-Adulto[5]

Conciliaciones no complementarias o cruzadas

Brevemente hemos hablado de conciliaciones que no se cruzan, donde la comunicación queda abierta. Ahora nos dedicaremos a analizar las conciliaciones cruzadas. Utilizaremos los mismos personajes que hemos mencionado como ejemplos pero demostrando un cambio de actitud y palabras que hacen diferente la conversación.

Veamos el caso del esposo que se *"siente mal"*:

Esposo: —Me siento mal.

Esposa: —Llamaré al médico en seguida.

Esposo: —No es necesario. Ya se me quitará.

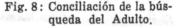

Esposo   Esposa

Fig. 8: Conciliación de la búsqueda del Adulto.

Nótese que el esposo busca la cinta Padre de la esposa y ésta reacciona activando la cinta Adulto del esposo. Al esposo no le queda más remedio que actuar a nivel racional y utiliza su cinta Adulto para finalizar el diálogo. Este es un ejemplo de búsqueda del Adulto cuando la conciliación se ha originado en el Padre o Niño del interlocutor.

Otros dos ejemplos de conciliaciones cruzadas son los siguientes diálogos:

Pedrito: —Eso no se hace, Susana.

Susanita: —Tú no eres mi papá para regañarme.

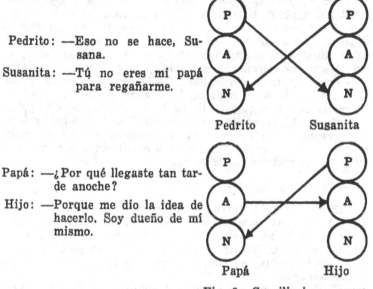

Pedrito   Susanita

Papá: —¿Por qué llegaste tan tarde anoche?

Hijo: —Porque me dio la idea de hacerlo. Soy dueño de mí mismo.

Papá   Hijo

Fig. 9: Conciliaciones cruzadas[6]

Nótese que lo significativo de las conciliaciones cruzadas es que se *corta* la comunicación, bloqueándose todas las posibles salidas. Si el Ministro se pone a analizar todas las conciliaciones en que ha participado durante un día, podrá ver en cuáles hubiera sido mejor activar otra parte de su ser para lograr una salida más feliz.

III. *¿Puede el Ministro renovar su mente?*

Después de haber hecho un análisis de lo que sicológicamente somos, es más fácil entender el significado de los tres pasajes bíblicos que anteriormente mencionamos. Cuando el apóstol Pablo habla de no ser "niño" en el modo de pensar, sino "maduro", trata de alcanzar el Adulto de la iglesia de Corinto. Por el contexto de ese pasaje nos damos cuenta de que había "contaminación". Había prejuicios e ilusiones en cuanto al significado del hablar en lenguas. Es posible que el Niño de muchos creyentes en la iglesia dominaba el culto de adoración. Esto hacía degenerar la adoración en vez de ayudar a edificar espiritualmente la iglesia. Lo más significativo, sin embargo, es que había que corregir "racionalmente" una tendencia que se estaba convirtiendo en hábito. Ese mal hábito pasado de congregación en congregación y de generación en generación hubiera hecho una gran mella en el verdadero propósito del hablar en lenguas.

Por otro lado, la vieja expresión israelita de que "los padres comieron las uvas agrias y los dientes de los hijos tienen la dentera", nos habla de la fijación de la cinta Padre en cada generación. Esa "dentera" no es otra cosa que el arduo proceso de "validación" por el cual tenemos que pasar todos. En algunos casos, donde nuestro Adulto ha validado la información que viene de nuestros progenitores, hemos tenido que, con dolor, rechazarla, pues no se ajustaba a la realidad o a la verdad. Este es el caso clásico del rechazo de una religión tradicional por la verdad del evangelio aun a costa del odio de la familia. Sucede, también, aun dentro del evangelio que "conceptos" y "creencias" que se han formado a causa de nuestra inexperiencia y falta de conocimiento, tengan que ser rechazados o modificados porque no se ajustan a la realidad o a la verdad.

La necesidad de cambiar

El apóstol Pablo insiste a través de sus epístolas en la necesidad de "renovar la mente". Esto, a la luz de lo que hemos estudiado hasta ahora significa: descontaminar el Adulto de los prejuicios e ideas ilusorias que puedan existir en nosotros. Aguzar el Adulto incluye, además, mantener una comunicación abierta a nivel racional.

El Ministro que usa su cinta Adulto en una forma correcta es uno que siempre actúa a nivel racional en lugar de a nivel emocional o afectivo. Cuando se encuentra con los miembros de su congregación, le servirá de baluarte porque sabrá pensar y ayudar a resolver problemas. Este efecto, también, se deja sentir en otras situaciones, ya sea en la compañía de colegas en el ministerio, el hogar o la comunidad.

Al decir que debemos hacer lo posible porque nuestro Adulto sea fuerte no queremos dejar la impresión de que uno debe descuidar el cultivo del Niño. Todo lo positivo, todo lo bueno, todo lo bello y noble del Niño debe hacerse resaltar. Es el Niño el que tiene las facultades creadoras del hombre. Su alimentación consiste entre otras cosas en la lectura asidua, el cultivo de la buena música, la poesía. En suma podemos decir que toda actividad que enaltezca el espíritu debe estimularse.

Para tratar de ser un poco sistemáticos en esto, podríamos obligarnos con proyectos como el de crear una buena biblioteca personal, de hacer uso de ella. Debemos hacer un esfuerzo cada mes de conocer mejor la buena música y de deleitar el Niño escuchando esa música.

Otra actividad que requiere un esfuerzo consciente es la búsqueda de lo positivo en TODOS los aspectos de nuestra vida. En una oportunidad pregunté a un grupo de jovencitos de la Escuela Dominical:

—¿Qué puede haber de bueno en una manzana podrida?
—Quedé maravillado al ver que uno se levantó y dijo:
—Las semillas.

Es esta clase de actitud que ayuda a cultivar la pureza del Niño y por consiguiente moldea la integridad total del Ministro.

En cuanto al Padre se refiere, habrá que hacer una validación extensa de todo lo que se ha grabado. Esto puede llevar años, pero es un objetivo positivo. El mismo apóstol Pablo habla de "proseguir al blanco". Es decir, seguir hacia la perfección integral en base de una renovación constante. Parece ser, pues, que el requerimiento básico para que una persona cambie (renueve su mente) es que desee verdaderamente cambiar.

Aunque la mente humana es sumamente compleja, el uso del análisis conciliatorio puede ayudar a comprenderla mejor. Si el Ministro entiende las funciones de su mente, podrá proceder para cultivar y superarla para ser más efectivo en su servicio a Dios. Podrá ayudar mejor a sus semejantes, también.

Para comenzar este proceso, sería muy interesante que se pusiera a analizar sus comunicaciones en el hogar con los demás de su propia familia, que estudiara sus relaciones con los creyentes y con el público en general. Probablemente verá la necesidad de descontaminar, de validar las cintas, pero con la ayuda del Espíritu Santo logrará una renovación dinámica de la mente. Y más eficaz será su ministerio.

[1]Harris, Dr. Thomas A., *Yo estoy bien, tú estás bien*, (Barcelona: Ediciones Grijalbo, S.A., 1973.)

[2]idem., p. 124. Esta figura como todas las siguientes en este capítulo que se han tomado del libro mencionado se reproducen con el permiso de Ediciones Grijalbo, S.A., Barcelona.

[3]idem., p. 132.

[4]idem., p. 132.

[5]idem., p. 124.

[6]idem., p. 139.

BOSQUEJO DEL CAPITULO

Una teoría del funcionamiento de la mente

I. Descripción de las operaciones del cerebro electrónico
   A. El programa — criterio para analizar la información recibida
   B. La alimentación — recepción de la información
   C. La validación — comparación de un dato con la regla
   D. La salida — el resultado del proceso de la información
   E. Ilustración de la llamada telefónica
   F. La memoria — la grabación de la información procesada

II. El análisis conciliatorio
   A. Expuesto por los doctores Berne y Harris
   B. Tres categorías de experiencias de la infancia
   C. Textos bíblicos afines
      1. I Corintios 14:20
      2. Ezequiel 18:2
      3. Romanos 12:2
   D. La cinta "Padre" — grabación de lo que el niño observa de sus padres
   E. La cinta "Niño" — grabación de los sentimientos que el niño experimenta
   F. La cinta "Adulto" — agente analizador y determinante
   G. El "Adulto" contaminado
      1. Resultado de no mantener separadas las funciones de las diferentes cintas
      2. Categorías de contaminación
         a. Los prejuicios — ideas tomadas de los padres sin análisis
         b. Las ilusiones — ideas inventadas para dar una apariencia de racionalidad a un temor procedente de la cinta Niño

III. Los encuentros personales (conciliaciones)
   A. Compuestos por el estímulo de una persona y la correspondiente reacción de la otra
   B. El análisis consiste en la determinación de cuál cinta ocasiona el estímulo y cuál la reacción.
   C. La conciliación paralela — una comunicación que no estorba a ninguna de las dos personas
   D. La conciliación cruzada — la respuesta que no sigue la línea del estímulo

IV. La transformación de la mente
   A. El deseo de Pablo de que los corintios dejaran la cinta Niño y rectificaran la contaminación

B. La necesidad de la actualización
C. El deber del Ministro de esforzarse para aguzar todo el mecanismo
D. Algunas actividades que pueden contribuir a una transformación.

UN ENCUENTRO CON LAS VERDADES

Respuesta alterna. Subraye la palabra que complete cada expresión. Ejemplo Los discípulos pidieron al Señor que les enseñase a (*orar*, pecar).

1. La Biblia hace ver que la mente tiene (mucha, poca) influencia sobre el comportamiento de una persona.
2. Podemos entender la función de la mente si comprendemos el mecanismo de (un automóvil, una computadora).
3. El cerebro electrónico no puede funcionar si no se le proporciona (una bendición, un programa).
4. Al conjunto de instrucciones que forman el criterio para analizar la información recibida se le dice (programa, alimentación).
5. La información cruda es la que no se ha (cocinado, analizado).
6. Si la computadora ve que un trozo de la información no concuerda con lo que tiene de patrón, (rechaza, acepta) la información.
7. Al proceso de comparar la información recibida con el programa se le llama (alimentación, validación).
8. Al proceso de grabar la información en la memoria permanente se le dice (actualización, feedback).
9. (El escrutinio, la salida) es el resultado del proceso de la información.
10. Berne y Harris creen que el niño pequeño (graba, actualiza) lo que sus padres hacen y dicen.
11. El niño de cuatro años (analiza, no valida) lo que sus padres hacen.
12. La cinta Niño contiene la grabación de (lo que siente, lo que los demás niños hacen).
13. La cinta Padre se relaciona con los sucesos (internos, externos).
14. La cinta (Adulto, Niño) analiza la información que el niño recibe a través de sus sentidos.
15. El Adulto tiene que ver con la (voluntad, imaginación).
16. Un resultado de la falta de analizar la información grabada en la cinta Padre es el (sentimiento, prejuicio).
17. Si el esposo desea ser mimado y la esposa lo quiere tratar como adulto, el resultado es una comunicación (abierta, cruzada).

18. Pablo insiste en que el creyente debe (renovar, aplastar) la mente.
19. El Ministro debe tratar de (validar, eliminar) los conceptos que recibió cuando pequeño.
20. Tenemos que esforzarnos para buscar lo positivo en (todo aspecto, los aspectos agradables) de nuestra vida.

DE LA TEORIA A LA PRACTICA

1. De acuerdo con la teoría del análisis conciliatorio, ¿qué influencia duradera tienen los padres sobre su hijo en los primeros años de su vida?
2. ¿Qué personajes bíblicos son testimonio del gran impacto espiritual que los padres pueden tener sobre un pequeño? Nombre tres por lo menos.
3. ¿Qué podrán hacer los padres en los primeros años de la vida de un hijo que le servirá de ayuda espiritual durante toda su vida?
4. ¿Qué evidencias halla usted en su propia experiencia que apoyan en principio las ideas del análisis conciliatorio presentadas en este capítulo?
5. Relate un ejemplo personal de este mes pasado, de un caso para cada una de las tres diferentes clases de conciliaciones paralelas.
6. Relate lo que usted ha observado de tres diferentes clases de conciliaciones cruzadas.
7. ¿Qué debe hacer usted como Ministro si un creyente le busca el "Padre" cuando lo que debe buscar es el "Adulto"?
8. ¿En qué manera se pudieran mejorar las conciliaciones en su propio hogar?
9. ¿Qué puede hacer usted para mejorar las conciliaciones en su iglesia?
10. ¿Qué "contaminaciones" en el sentido en que se usa el término en este capítulo, ha podido usted eliminar en su propia manera de pensar?
11. ¿Qué "contaminaciones" ve usted que todavía no ha podido eliminar?
12. ¿Qué decisiones ha tomado usted después de estudiar este capítulo?

PROYECTOS PARA LA CLASE

1. Revisar en clase el trabajo de Respuesta Alterna de la sección UN ENCUENTRO CON LAS VERDADES para ver dónde los alumnos tuvieron problemas.
2. Presentar cuadros dramatizados de los diferentes casos de conciliaciones paralelas, cruzadas y de contaminación.

3. Escribir las letras R-E-N-O-V-A-C-I-O-N M-E-N-T-A-L en el pizarrón. Hacer que cada miembro de la clase pase a escribir un verbo empezando con una de las letras escritas que exprese una manera de renovar la mente, formando así un acróstico.

4. Pedir a un miembro de la clase que traiga un breve informe de pasajes en la Biblia que invitan al creyente a usar la mente en sus relaciones con Dios.

5. Celebrar un panel sobre el tema: La influencia de la salud mental del Ministro sobre su ministerio.

ABRAHAM HERNANDEZ REYES ejerce el pastorado en su ciudad natal Veracruz, México. Está casado con Celia Gasca y tienen dos hijos. Ha sido Presidente Nacional de la Juventud de las Asambleas de Dios en la República de México, miembro del Comité Ejecutivo del Distrito Sur del Concilio de las Asambleas de Dios en México, Director del Curso Bíblico Elemental en su país y actualmente ejerce las funciones de Secretario Tesorero del Distrito Sur, Director del Instituto Bíblico "Galilea" y Director Nacional de Escuelas Dominicales de su denominación. Ha ejercido el ministerio evangélico durante 28 años.

El hermano Hernández Reyes siente profundo agradecimiento por lo que sus padres supieron enseñarle y asimismo por el respaldo firme de su esposa en el ministerio.

Capítulo 4

LA SALUD FISICA DEL MINISTRO

Por Abraham Hernández R.

Los Ministros, recurriendo a lo que la Palabra de Dios dice, que el cuerpo es templo del Espíritu Santo, debemos considerar como un desafío la posibilidad de una buena salud. Para ello contamos con medios modernos de superación y podemos buscar la fuerza de voluntad necesaria para disciplinarnos en el cuidado del cuerpo. Inclusive tenemos el recurso de apropiarnos de las promesas de salud divina en la Biblia. Para poder ofrecer al Señor el templo más adecuado posible, debemos preocuparnos por mantenernos físicamente aptos, mentalmente alertas y espiritualmente vivos. Estas tres condiciones colaborarán para que estemos en el sendero del éxito en lo que corresponde a la salud.

Dios se preocupó bastante por la salud física de su pueblo Israel con la intención de que tuvieran longevidad y fortaleza física. Ejemplos abundan de los resultados. Caleb, contando 85 años, pudo decir: "Todavía estoy tan fuerte como el día que Moisés me envió; cual era mi fuerza entonces (hacía 40 años), tal es ahora mi fuerza para la guerra, y para salir y para entrar." Josué 14:11.

Pensemos en la manera de vivir de aquellos de nuestros antepasados que gozaban de una salud envidiable. Estudiemos la situación de aquellos de nuestros contemporáneos que tienen un físico robusto. En muchos casos veremos que la longevidad y la capacidad para contrarrestar enfermedades se hallan más en las personas no muy obesas que han vivido en el campo, que han sido activas físicamente, que no se han dado a una alimentación demasiado rica ni demasiado abundante. Bien pocos habrán frecuentado las clínicas dietéticas o salones de estética ni se habrán obsesionado con los programas de salud en boga.

A continuación presento algunas sugerencias más específicas que darán resultados positivos para el siervo de Dios que se esfuerza por llevarlas a la práctica.

I. *La alimentación*

El comer es tan antiguo como la raza humana. La disciplina en el comer es importante. Basta recordar que cuando Dios dijo a nuestros primeros padres que "toda planta que da semilla, que está sobre la tierra, y todo árbol en que hay fruto y que da semilla os serán para comer", Génesis 1:29, también hizo la indicación disciplinaria que había el fruto de un árbol el cual no podían comer "porque el día que de él comiereis, ciertamente morirás". Génesis 2:17. Analizando bien esta sentencia, notamos que a la desobediencia a la orden murieron espiritualmente y posteriormente en lo físico.

No olvidemos lo que ocurrió en Edén. Tenemos que ejercer una disciplina estricta sobre la alimentación. Un platillo con todo el arte culinario puede ser agradable al paladar, pero a la vez nocivo y fatal para la salud. La Palabra de Dios es tan clara que no deja lugar a dudas: "Pon cuchillo a tu garganta si tienes gran apetito, no codicies... manjares delicados, porque es pan engañoso." Proverbios 23:2, 3.

Qué contrastes hacen algunos Ministros en la actualidad que no practican la templanza en su manera de comer. Sé de un caso reciente (de los muchos que hay), de un Ministro que en una de sus visitas al campo fue recibido con mucho entusiasmo por los hermanos. Le ofrecieron una abundante y variada comida. Todo era apetitoso; no había por qué dejar de comer todos los guisos ofrecidos. Pero los resultados no se dejaron esperar. Al tiempo propio de la digestión, sufrió el hermano una noche insoportable. Siguieron días interminables llenos de angustia y dolor. De veras hace falta la moderación en el comer.

Seamos sabios en nuestra alimentación procurando que abunden las frutas, legumbres, leche, huevos. En vez de comer mucha carne de res, mucho más recomendable sería comer más pescado y el cordero en su forma más sencilla. Evitemos los platillos demasiado condimentados, el pan dulce, las pastas, los picantes.

En el establecimiento de un verdadero control en la alimentación, no debemos pasar por alto el ayuno que es un factor importante para la salud. Dios estableció el ayuno no solamente para el bienestar espiritual, sino también para beneficiarnos físicamente. La observación de este ejercicio elimina toxinas que se acumulan en el cuerpo y que producen algunas de las enfermedades más comunes como la artritis, el reumatismo, la arterioesclerosis (endurecimiento de las arterias).

El decir que el ayuno proporciona beneficios físicos no excluye la posibilidad de sufrir a consecuencia del abuso de él. Hay que practicarlo con sumo cuidado, ya que el mal uso puede producir la anemia o algunas enfermedades mentales.

En el régimen de la comida, hagamos uso de la templanza, de una selección sabia de alimentos, como Daniel, quien después de alimentarse a base de legumbres, gozaba de mejor apariencia física que cualquiera de los que estaban en el palacio del rey.

II. El descanso

Está comprobado que para mantenerse sano, el hombre debe estar siempre activo, pero sin llegar al abuso. En la administración del tiempo que ha de ocuparse en las labores a realizar, mental y físicamente, el Ministro debe separar lo suficiente para el descanso. El tratar de llegar a la culminación de un trabajo, a veces nos ocupa horas de la noche. Al día siguiente, por consecuencia, se manifiesta el agotamiento físico que causa irritabilidad y producirá menos eficiencia en las próximas tareas.

Procuremos acostarnos temprano. Un relajamiento del cuerpo y de la mente, nos proporcionan un sueño tranquilo. Esto nos ayudará a levantarnos temprano, con la mente despejada para servir a nuestro Dios de la manera más eficiente. Durante la tarde, si es posible, procuremos separar unos minutos para descansar.

Debemos tener en mente, sin embargo, que una cosa es el descanso y otra la pereza. En la batalla que el enemigo libra contra nosotros, una de sus tácticas es tratar de dominar nuestro cuerpo. Sabiendo que tiene que hacerlo con mucha sutileza, nos insinúa que tenemos que descansar cuando en verdad lo que nos ofrece es una excusa para evitar nuestra responsabilidad espiritual. No tardamos mucho en hacer solamente lo que nos agrada. Al pensar en aquello que no es tan placentero para nosotros, creemos que tenemos la necesidad de "descansar". Nos libre Dios de caer en cualquiera de los dos extremos: no descansar lo suficiente, o descansar demasiado.

III. El ejercicio corporal

El ejercicio corporal es indispensable para la salud, si bien es cierto como dice Pablo, que el beneficio tiene su límite y que no vamos a llevar el cuerpo físico a la eternidad. I Timoteo 4:8. Cualquier miembro del cuerpo que no tenga ejercicio comienza a atrofiarse. Un brazo enyesado por varios meses pierde la capacidad que tenía de levantar peso y se pone más pequeño que el otro brazo.

El ejercicio físico practicado con toda regularidad produce muchos beneficios, tales como, fortalecimiento de los músculos, consumo de las grasas, mejoramiento de la circulación, refuerzo de la mente, porque la circulación mejorada lleva más sangre al cerebro, robustecimiento del corazón.

Cada Ministro puede hacer uso de las diferentes clases de ejercicio de acuerdo a su tiempo disponible, a las circunstancias y a sus posibilidades. Unos ejercicios recomendables son: natación, andar en bicicleta, levantamiento de pesas, saltar a la cuerda, caminatas al aire libre, gimnasia, correr a trote corto.

Cabe aquí una palabra de advertencia. Ofrece mucho peligro comenzar a hacer ejercicios vigorosamente sin primero ir acostumbrando el cuerpo poco a poco. No se le ocurra salir a correr a trote una distancia de dos kilómetros si el cuerpo no está acondicionado. Se debe comenzar con una distancia corta, y gradualmente ir extendiéndola semana tras semana hasta llegar a los dos kilómetros.

Procure que el ejercicio físico no ocupe el sitio principal de sus actividades, pero a la vez que sea habitual. Poco se gana con tener ejercicios por unos días para luego dejar de practicarlos por largos meses. La máquina que nunca se pone en marcha va en deterioro. Así es con el cuerpo — hay que darle ejercicio todos los días.

Puede ser que un Ministro a quien Dios le ha facilitado la manera de tener un automóvil llegue a pensar que tiene todos los problemas resueltos, que todo lo podrá hacer mejor con su carro. Algunos crean una dependencia tan exagerada de su coche que no pueden caminar a pie tres cuadras para ir a comprar pan, sino que se suben en el automóvil. Una buena forma de darle ejercicio al cuerpo es dejando estacionado el coche cuantas veces sea posible.

Otra cosa que puede uno acostumbrarse a hacer en la ciudad siempre que se presente la oportunidad es subir por las escaleras en vez de utilizar el ascensor. Así uno logra el ejercicio a la vez que desempeña otras responsabilidades. El ejercicio cuesta solamente un poco de fuerza de voluntad, pero evita muchos males que pueden llegar a ser costosos.

IV. La vista

Si hay algo con que debemos tener mucho cuidado como Ministros, es la vista. Merece la mejor atención posible. El varón de Dios es una persona que debe estar siempre documentada. Debe leer bastante. La mucha lectura llevada a cabo en condiciones inadecuadas, sin embargo, puede ir minando notablemente el poder visual. Debemos procurar leer con luz clara y suficiente, que provenga desde atrás. Nunca debemos leer con la luz de frente dando a la vista.

Es aconsejable que vayamos periódicamente a un oftalmólogo o a un optometrista para someternos a un examen de la vista. Si no se corrigen los defectos de la vista, se dificulta mucho la lectura y el Ministro hallará que demora mucho leyendo lo que otros terminan pronto.

Otra manera de cuidar la vista es tener cuidado que las manos estén siempre limpias al hacer contacto con los ojos. Así se evita alguna infección.

V. La voz

El arma de trabajo en el ministerio es la voz. Muchos, sin embargo, la descuidan por completo. La impresión que puede producir el sermón en nuestro auditorio depende en gran parte de la firmeza de la voz, la palabra tranquila y el tono natural. Se ha visto el caso de predicadores que carecen de una firmeza y sustancia en el sermón que predican, pero como es tan agradable el tono de su voz y atrayente su timbre, el oyente tiene la sensación de que escucha maravillas.

La voz del Ministro, obviamente, tiene también importancia en el desempeño de las funciones del trabajo individual con las personas. Sale el pastor a visitar en las casas; necesita tener una buena y clara voz. Se reúne con el Cuerpo Oficial; en dicha junta va a tener que emplear la voz. Necesita evangelizar a una persona en la calle; de nuevo se valdrá de esa voz. Tiene la oportunidad de ministrar a través de la radio, otra vez la voz hace un papel de primera importancia.

El Ministro debe hacer ejercicios respiratorios ya que esta práctica proporcionará una amplia ventilación pulmonar y por consiguiente la voz se beneficiará. Para evitar los tonos ásperos que producen las cuerdas vocales cuando están irritadas, debe el predicador cultivar la costumbre de no forzar la voz ni durante el día ni en el tiempo de la predicación. Haría bien en practicar, también, algunos ejercicios para mejorar la voz que se hallan en libros y tratados sobre el tema.

Al terminar de predicar, hay que tener mucho cuidado. Evite las corrientes de aire, la aspiración de polvo, tomar líquidos fríos. Si ha sudado mucho, se debe cambiar pronto de camisa o ponerse un saco o abrigo.

No hay que olvidar que como predicadores no solamente estamos detrás del púlpito, sino que también tenemos contacto frente a frente con las personas. Nuestro aliento debe estar siempre agradable y nuestros dientes en buenas condiciones ya que una dentadura sucia da mal aspecto y produce mal aliento.

VI. *Los años 40 al 55*

En la época de la juventud, el Ministro goza de energía, entusiasmo, vitalidad. Su físico es saludable, su mente se encuentra alerta y su presentación logra el impacto que muchas veces el joven desea en su auditorio. Pero al llegar a su edad adulta, en determinados casos el Ministro lamentablemente no manifiesta la misma disciplina y entusiasmo. Da la impresión que la ilusión de la vida ha pasado y el cuidado de su personalidad ya no le interesa. Le da lo mismo una cosa que otra. Esto afecta mucho en las relaciones sociales y proyecta en la iglesia una imagen no recomendable. Tiene que ver, además, con la salud física del Ministro.

La madurez en el ministerio, producto de la experiencia adquirida y de un crecimiento en las cosas del Señor, debe producir una personalidad nítida, no flemática. Aun si no tiene las mismas fuerzas físicas de antes, debe mantener su cuerpo en buenas condiciones para que la salud buena robustezca el espíritu fervoroso y el dinamismo de la personalidad atraiga más que nunca.

En esta época de la vida, es fácil para algunos llegar a pensar que ya lo adquirieron todo y que no tienen necesidad del estudio y de la investigación. Una plática tediosa resulta, de esta actitud, y tarde o temprano la salud comienza a deteriorarse. Esta es la etapa en que el siervo de Dios puede ser muy útil si mantiene vivo el espíritu de superación, de investigación, de exploración de nuevos terrenos. Alcanzará así nuevas alturas en todas las esferas de su vida.

Uno no siente a veces un exceso de energías físicas al llegar a esta edad como cuando era más joven. La tentación es de abandonar el ejercicio físico. Nada podría contribuir más al deterioro del cuerpo. El practicar menos el ejercicio también puede resultar de las múltiples responsabilidades por los cargos que desempeña que abarcan más que antes. Parecería que no queda tiempo para salir al aire libre a ventilar los pulmones, a enderezar bien el cuerpo, a activar los músculos esponjosos. Cuidado, mucho cuidado. En esta edad es imprescindible el ejercicio corporal.

Otro factor de igual importancia para el Ministro adulto es darle atención a la alimentación adecuada, pero moderada. Que se cuide del abuso de las comidas y en los refrescos. Esta es la etapa en que la obesidad puede hacerse más difícil de controlar pero que es más peligrosa debido al exceso de trabajo que le ocasiona al corazón.

VII. *El recreo*

El recreo ocupa un lugar muy importante en toda profesión y carrera. Es como una medicina para el organismo. Sirve de distracción al sistema nervioso que está como anudado y como descanso a la mente. Con una mente que ha podido distraerse y descansar, las probabilidades de mejorar la salud del cuerpo aumentan considerablemente.

El Ministro hará bien, por lo tanto, en cultivar alguna actividad distinta a su trabajo normal que le pueda servir de pasatiempo. ¿Qué formas de recreo están al alcance de un ministro de escasos recursos? Entre muchas, se puede mencionar el salir al campo en compañía de la familia, visitar un parque zoológico, visitar algún museo, practicar algún deporte, asistir a una reunión social.

Más provecho puede sacar de sus diversiones si en algo le sirven para estimular sus capacidades creadoras. Un ejemplo de esta clase de pasatiempo sería cultivar e injertar rosas u otra clase de flores o árboles frutales, la cría de aves, pajaritos u otros animales, coleccionar cosas como estampillas, monedas, fabricar guitarras u otros objetos de madera, trabajar en la cerámica.

Con respecto a la televisión como parte del recreo, me parece que no dañará a nadie uno que otro programa sano. En muchos aspectos sería un medio de educación. Pero no cabe duda de que tiene que mantenerse una disciplina absoluta sobre tal pasatiempo. Todas las cosas en exceso son malas, y así sería perjudicial permitir que la televisión ocupara más tiempo que la oración, que la lectura de la Biblia, que la meditación. El que se siente amarrado a la pantalla en horas de la noche cuando debe estar descansando, ya no participa de una actividad recreativa sino destructiva que va minando la salud.

Todos los extremos son peligrosos. Procuremos ser en la selección de actividades de recreo, equilibrados y sabios. Si el recreo llega a absorber demasiado tiempo, o a exigir la inversión de muchos recursos económicos, ya se tiene que considerar como vicio y hay que dar pasos inmediatos para cortarlo.

Dios nos ha hecho espíritu, alma y cuerpo. Para vivir bien, para servir a Dios en la forma debida, el Ministro ha de prestar atención adecuada a cada una de estas esferas de su vida. Mientras tenga cuerpo, lo mejor que debe hacer es cuidarlo para que le dure más y le ayude a ser más eficaz en el desempeño de sus labores. Al mismo tiempo no podrá permitir nunca que el objetivo principal de su vida sea el cuidado de su cuerpo. Obsesionarse por la salud, vivir solamente en el plano de lo físico, poner en segundo lugar lo espiritual, es nocivo para el Ministro y su ministerio.

BOSQUEJO DEL CAPITULO

El Ministro da atención a sus necesidades físicas

I. La comida
   A. Relacionada con la tentación en Edén
   B. El deber de la moderación
   C. La selección de alimentos
   D. El ayuno

II. El reposo
   A. Hacer provisión para el descanso en el programa diario
   B. El peligro de caer en la pereza

III. El entrenamiento físico
   A. Esencial
   B. Beneficios
   C. Formas
   D. Peligro de no comenzarlo con moderación
   E. Necesidad de la constancia
   F. Peligro de abandonarlo por el automóvil
   G. Combinación con el desempeño de otras actividades

IV. Los ojos
   A. Su utilidad para el Ministro
   B. Recomendable un examen
   C. Prevenir el contagio

V. La voz
   A. El papel que hace en el ministerio
   B. Ejercicios para mejorarla
   C. El cuidado especial después de predicar
   D. El aliento

VI. Hacia la madurez
    A. Peligro de perder interés en el bienestar corporal
    B. Peligro de perder el deseo de conocer temas nuevos
    C. Peligro de abandonar el entrenamiento del cuerpo
    D. El problema de excesos en los alimentos

VII. La diversión sana
    A. Su lugar debido
    B. Clases
    C. La televisión
    D. La necesidad de un equilibrio

UN ENCUENTRO CON LAS VERDADES

¿Verdadero o falso? Lea cada información con cuidado. Determine si lo que se dice es cierto o no. Cuando lo que se dice no es cierto, cambie la redacción para que llegue a ser una declaración cierta. Si es verdadero lo que dice, escriba la palabra "verdadero" en el espacio en blanco.

1. Tenemos que ejercer una disciplina sobre la alimentación.   1...............

2. El ayuno proporciona beneficios espirituales y físicos.   2...............

3. El abuso del ayuno puede conducir a la anemia y enfermedades mentales.   3...............

4. El Ministro debe separar tiempo para el reposo adecuado.   4...............

5. El Ministro debe hacerse enemigo de la pereza.   5...............

6. El organismo se deteriora con la falta de ejercicio físico.   6...............

7. Uno debe tener el cuidado de comenzar a practicar el ejercicio corporal con moderación.   7...............

8. El que lee sin tener luz suficiente despilfarra el regalo irremplazable de la vista.   8...............

9. Forzar la voz le hace daño.   9...............

10. El Ministro hará bien si pone atención especial a la voz después de usarla extensivamente en una predicación.   10...............

11. El Ministro debe hacer un esfuerzo por evitar apatía hacia la disciplina de su cuerpo al pasar de los cuarenta años.   11...............

12. Perder el interés en la investigación puede contribuir a minar la salud.   12...............

13. El Ministro maduro tiene poca necesidad de prac- 13...............
ticar el ejercicio físico.

14. El recreo es una buena medicina para el cuerpo. 14...............

15. Hay que tener mucho cuidado a fin de evitar que 15...............
los pasatiempos lleguen a absorber demasiado
tiempo.

DE LA TEORIA A LA PRACTICA

1. ¿Qué actitud hubiera tenido Pablo hacia el ejercicio corporal
hoy ante un mundo en que ya no se caminan largas distancias
a pie?

2. ¿Cómo aconsejaría usted a un Ministro que padece de in-
somnio?

3. ¿Qué importancia da usted a una correcta alimentación?

4. ¿Qué importancia tendrá para el organismo un programa con
horas fijas para comer y para descansar?

5. ¿Hasta qué punto debe esforzarse el Ministro por seguir un
horario fijo?

6. ¿Qué forma de ejercicio físico practica usted?

7. ¿Cuándo practica usted el entrenamiento de su cuerpo?

8. ¿Cuántos meses lleva usted con regularidad en la práctica
del ejercicio físico?

9. ¿Qué decisiones ha tomado después del estudio de este capítulo?

PROYECTOS PARA LA CLASE

1. Analizar y evaluar el trabajo realizado por los alumnos en
las secciones UN ENCUENTRO CON LAS VERDADES y
DE LA TEORIA A LA PRACTICA.

2. Invitar a un médico o enfermera para dar una conferencia
sobre el cuidado de la salud.

3. Celebrar una mesa redonda sobre el tema "¿Hasta qué punto
será un pecado para el Ministro tener en poco la salud del
cuerpo?"

4. Nombrar a dos hermanas que investiguen las maneras de preparar platos variados con un presupuesto limitado. Que trai-
gan un informe a la clase. Podrían presentar un plan de
comidas de la casa pastoral por una semana, basado sobre
las exigencias de la vida de un Ministro.

Capítulo 5

EL MINISTRO Y SU HOGAR

Por Ilidio Da Silva R.

¡Cuántos hogares destruidos en el mundo! Divorcios, hijos prófugos de su hogar, jovencitas deshonradas, fratricidas — estos temas de la actualidad nos horrorizan.

El Estado trata desesperadamente de frenar este ímpetu de acontecimientos para la nación por medio de nuevas instituciones sociales y culturales, pero su esfuerzo resulta en vano. La base de toda nación, EL HOGAR, se va derrumbando. Se acerca un caos.

Corresponde al Ministro del Evangelio de Cristo, levantar en alto la institución fundamental de la nación con un poderoso mensaje que forme conciencia en todo ciudadano. Le urge hacer entender al hombre que Dios no lo creó para que cada uno viviera aparte como quisiera, sino que estableció la familia como la base del bienestar social universal. Este mensaje del cual es responsable el Ministro lo predicará continuamente, no desde el púlpito únicamente, sino con un testimonio poderoso y visible a través de su propio hogar.

1. El hogar del Ministro: un oasis para la familia

Cambia totalmente el panorama desolador e irritante de un desierto, en un oasis, dando así a la vista de quienes lo observan un descanso. Pero un oasis es mucho más que eso, bendice al fatigado peregrino concediéndole reposo, agua fresca y alivio de los ardores del viaje.

Así debe ser el hogar del Ministro: un lugar de atracción en el cual reina un ambiente agradable, donde se respira la paz. El observador debe inspirarse al notar que es un sitio donde la comprensión tiene su nido.

Pero sobre todo, el hogar es la torre del esposo donde encuentra el alivio, el descanso y todo el apoyo necesario para fortalecerse. Le sirve de abrigo después de las tumultuosas actividades del día. Allí se robustece para nuevamente emprender la tarea encomendada por Dios.

En el hogar, los hijos deben hallar el refugio del embate furioso de este mundo en crisis. Ellos, así como el padre, podrán correr a su hogar para escapar de la zozobra, el odio, el crimen, la confusión de la calle. Su casa ha de ser un lugar donde Jehová reina, los ángeles hacen fiesta y la familia se ama. No hablo de una novela idílica; presento lo que es la voluntad de Dios para cada hogar, y lo que debe ser una realidad en la vida del Ministro.

II. *El aseo y la presentación de la casa*

Para que llegue el hogar a ser un albergue ideal, la esposa del Ministro tendrá que esmerarse en el aseo de la casa. Aunque sea pobre la vivienda y luzca muebles sencillos, puede mantenerse limpia y acogedora. Cualquier pedazo de tela con un poco de agua sirven para mantener un piso limpio. Por muy rústicos que sean los muebles, se pueden mantener en su sitio. Nada de cosas regadas por todas partes. Es preciso enseñar a los niños a mantener el orden, guardando cada cosa en su sitio y proveyendo un sitio para cada cosa.

Cuando Dios formó el primer hogar, no ubicó a nuestros primeros padres en un sitio cualquiera, sino en el Huerto del Edén. Convirtamos, pues, nuestro hogar en un Huerto Celestial, el adorno del cual serán las virtudes y frutos del Espíritu Santo. Y no olvidemos que el solo hecho de que el Señor está presente en nuestro hogar, es motivo suficiente para mantener la casa ordenada y honrosa.

III. *El Ministro como esposo*

¡El que halló esposa halló bien! Ella no es únicamente aquella mujer encargada de los oficios domésticos; cualquier mujer puede realizar eso. Ser la esposa de un Ministro es algo diferente. Es la compañera inseparable en las luchas que ocasiona el ministerio, es la madre de los hijos del pastor, es la que cuando el hombre de Dios ejerce en el púlpito o en la visitación, intercede por su marido para que su ministerio sea ungido y beneficioso. Es la que lo acompaña en algunas visitas. Es la que está pendiente de todo cuanto sea relacionado con el ministerio. Merece, por lo tanto, la consideración especial de su esposo.

El educar a los niños, la rutina de la limpieza y actividades diversas en el hogar, cansan y pueden alterar los nervios de quien dirige con tanto esmero el hogar. El Ministro tiene tanta responsabilidad pastoral con su esposa como con los demás, y si se le añade el papel de esposo, se hace doble su deber de pastorear a su amada oveja con ternura.

El Ministro no debe permitir que se apague la llama del noviazgo. De vez en cuando además de salir de paseo con toda la familia, deben salir solos el Ministro y su esposa. No puede ponerle un precio al estímulo que resultará de tal actividad. Obsequiarle de vez en cuando algo que no necesariamente tiene que costar mucho dinero; cosas que aparentemente son insignificantes, pero que para ella serán valiosas.

Algo que también es de gran ayuda en la vida conyugal del Ministro es el reconocimiento de las virtudes de su esposa. Al saborear una comida preparada por ella, encómiela. Al ponerse ella un vestido que al Ministro le agrada, que le diga lo bien que se ve.

Que el Ministro a quien Dios le ha dado una esposa, la ame, porque amándola habrá hallado el bien, y haciendo visible ese amor, proyectará hacia la comunidad un mensaje de poder a través del cual Dios se glorificará.

IV. *El Ministro como padre*

Antes de la llegada de los niños, los cónyuges deben tomar decisiones en cuanto a los deberes con sus hijos. Tendrán que ponerse de acuerdo acerca de las enseñanzas de los retoños. Deben estar en perfecta armonía en cuanto a la corrección, y al procedimiento que habrán de seguir. Es de suma importancia que no intervenga uno cuando el otro esté corrigiendo y que no discutan sus problemas o diferencias de opinión delante de los niños. Se deben leer suficientes libros con base espiritual que se relacionen con estos temas. Otra forma de conseguir consejos útiles es solicitar ideas y consejos de ministros casados que tengan experiencia.

El padre debe saber cuando disciplinar, y al hacerlo explicarle a su hijo con claridad el motivo por el cual se le disciplina. Debe administrar el castigo serenamente y con cordura. El castigo no debe ser una tortura, es más bien una corrección. No tiene necesariamente que ser azotes, se puede privar al niño de algo que le encanta, pero haciéndole ver la razón.

El buen padre comenzará a infundirle al niño amor y confianza cuando esté todavía en la cuna. Aunque crea que el bebé no le va a entender, no es así. El cantar un himno al acostarlo, hacer una oración, pasar la mano suavemente por la frente de la criatura, cubrirlo con la sábana producirá en el niño una sensación de bienestar y seguridad. Y así por todas las etapas de desarrollo del niño, el padre que es Ministro tomará el tiempo de prodigar la educación paternal. Cuando ya sea joven, el hijo será un amigo que depositará su confianza en su papá y le contará sus experiencias, procurando la ayuda de su padre quien es el héroe del mundo para él.

Un peligro que provoca la ruina del hogar, surge al enredarse el Ministro en las muchas ocupaciones de la obra, hasta no dedicar tiempo suficiente al hogar. El Ministro que sólo llega a su casa para dormir y no dedica tiempo para disfrutar de compañerismo con la familia, pronto notará que se ha convertido en un extraño. Otras personas, tal vez no dignas de confianza, habrán usurpado su lugar. El Ministro debe dedicar unas horas a la semana, para recreación con sus hijos. La influencia negativa de los "amigos" de la escuela requiere la fuerza positiva de un padre amoroso. Unicamente podremos ayudar a nuestros hijos invirtiendo tiempo a su lado.

Me permito presentar diez consejos prácticos para el Ministro que es padre a la vez:

1. Sea un ejemplo en todo.
2. Muestre en todo tiempo un amor genuino.
3. Comience la instrucción de los niños desde la cuna, y no descuide por ninguna razón la educación de ellos. El hogar fue la primera institución establecida por Dios. Muchos sicólogos insisten que los primeros cinco años de la vida de un niño tiene más importancia en la formación de su personalidad de lo que nos imaginamos.
4. Establezca metas para los niños.
   a. En el comportamiento.
   b. En los estudios.
   c. En los trabajos hogareños.
   d. En las actividades espirituales.
5. Corrija a sus hijos. Proverbios 19:18; 23:13, 14; 29:15, 17.
   a. La corrección debe hacerse en privado para alcanzar mayores beneficios. Nunca se le ocurra hacerla delante de extraños.
   b. Responsabilice a los niños por sus hechos. Si su comportamiento fue malo, analice con ellos los hechos y la manera correcta de comportarse.
   c. Muéstrele al niño las consecuencias de la desobediencia.
   d. Demuestre al niño que el padre es responsable delante de Dios por su educación.
   e. No castigue en momentos de ira.
6. Sea firme, estable en las normas instituidas.
7. Recompense al niño cuando se porta bien. Un elogio o reconocimiento actúa favorablemente en su formación.
8. Establezca un horario para las diferentes actividades de la familia tales como levantarse, devocional, comidas, acostarse.
9. Fomente la buena lectura entre los miembros de la familia. No permita libros o revistas de material dudoso. Existen muy buenos libros relacionados al hogar, que deben ser leídos por todo Ministro.
10. Ore cada día por cada miembro de la familia.

El Ministro no puede olvidar que como padre, es responsable del mensaje de salvación para sus hijos. Ore porque Dios los salve y los guarde. Pida sabiduría para educarlos.

V. *El culto familiar*

El culto familiar no se trata de la vida devocional del padre o de la madre. Me refiero a un tiempo no demasiado largo, en que los niños comiencen a formar su propia vida devocional e ir aplicando a sus propias vidas, los conocimientos de la Palabra de Dios.

La participación del padre en el culto familiar tiene un valor incalculable. Los hijos entenderán con ello que en vista de que su padre es un hombre que se dedica a cosas importantes, su presencia en el culto familiar indica que es algo importante.

En este período breve, hay que evitar una rutina monótona. A los niños les gusta que se varíen las actividades. Se destruye su interés si todos los días se sigue la misma rutina.

Para la lectura es formidable el libro *Historias de la Biblia* para ayudar a los pequeños a comprender mejor la historia bíblica. Cada día se puede leer una porción y poner a cada niño a participar con preguntas y comentarios. La participación del niño es indispensable, pues no sólo le dará confianza a sí mismo, sino que lo mantendrá atento. Para la lectura bíblica, se podría usar la paráfrasis del Nuevo Testamento titulado *El más importante es el amor*, por su lenguaje fácil de entender y su estilo contemporáneo.

VI. *El Ministro soltero*

Dios dijo: "No es bueno que el hombre esté solo". No se puede considerar como ideal el que un Ministro del evangelio permanezca soltero. "El que halla esposa halló el bien y alcanzó la benevolencia de Jehová." Proverbios 18:22. El apóstol Pablo recomienda que el anciano sea marido de una mujer. Tito 1:6.

No queremos desconocer, sin embargo, el que existan ocasiones determinadas y limitadas en cuanto a tiempo, en las cuales un Ministro soltero podría realizar tareas que serían más difíciles (aunque no imposibles) para un casado. Si se trata de abrir una nueva obra es posible que un hombre solo se sienta más tranquilo sin tener que pensar en el dinero para el mantenimiento de un hogar.

No obstante, el hombre que ha sido llamado por Dios y lleva la convicción firme de que una esposa, antes que una carga, es un apoyo moral y espiritual, puede estar seguro de que el Señor de la mies no le desamparará. David dijo: "No he visto justo desamparado ni su descendencia que mendigue pan." Salmo 37:25.

En el ministerio se presentan diferentes actividades y ocasiones en las que tiene que intervenir más bien la experiencia práctica que la teórica. El Ministro es algo más que un predicador de teorías. Tiene que hablar de la experiencia práctica. Muchas veces realiza entrevistas cara a cara, de corazón a corazón, de individuo a individuo. Para ello debe existir experiencia, sobre todo en el problema que aqueja hoy más que nunca a la humanidad: la vida del hogar. Le van a hacer preguntas sobre todas las fases de la vida del hogar, el divorcio, la problemática de la rebelión juvenil causada en muchas ocasiones por la incomprensión y desatención de los padres hacia los hijos. El Ministro soltero no posee la experiencia suficiente para aconsejar a la congregación acerca de estas situaciones.

Sirve de inspiración ver a un Ministro debidamente casado, instruido, que viva feliz, que cada día al ministrar cuenta con el apoyo de su familia. Los hermanos observarán ese hermoso cuadro, se gozarán y alabarán al Señor.

Conozco el caso de un Ministro y su esposa que cuando él ministra en el púlpito, ella permanece con la cabeza inclinada durante todo el mensaje e intercediendo por su marido. Cómo me inspiró ver en una ocasión después que él predicó que descendió hacia ella y la tomó de la mano, diciendo algunas palabras. Aunque no las oí, imagino que quiso decir: —Gracias. No he predicado solo. Hemos ministrado los dos.

El Ministro como novio

Buscar la ayuda idónea es una tarea que requiere tiempo, cordura, meditación y sobre todo la búsqueda de la voluntad de Dios. Digo la voluntad de Dios, porque de lo contrario, estará casado, pero estará solo. De no existir una compatibilidad, atracción mutua y reciprocidad, interés común hacia el ministerio, el hombre se encontrará solo.

La esposa no se ha de buscar por su belleza o porque posea una cualidad externa que fácilmente atraiga la atención. Las cualidades internas son las que valen en el ministerio. La esposa del Ministro, por lo tanto, debe ser una mujer dócil, humilde, amorosa, que tenga un alto concepto de la virtud cristiana, honesta, *que ame la obra del Señor*, que entienda que el ministerio no es una simple profesión. El Ministro pretendiente, debe cerciorarse bien de que la futura esposa comprenda que el ministerio es una vocación santa, requiere abnegación, consagración total. Es una entrega total al servicio del prójimo. Tal mujer es la que conviene al Ministro.

Una novia de la misma congregación en la cual ministra, es algo delicado que debe estudiarse con mucha precaución. A menos que esté seguro de que es la voluntad de Dios desde el principio mismo, no es aconsejable tratar siquiera de insinuar una amistad especial con alguna joven de la misma iglesia que pastorea. En tales circunstancias sería algo difícil ministrar con la confianza total de la congregación, y luego de casado seguir pastoreando el mismo grupo. Sucede que de inmediato la joven que era una entre el grupo, pasa a ser la esposa del Ministro, la mujer de confianza, la consejera de las señoritas. ¡Qué tarea tan espinosa!

El Ministro no debe precipitarse al noviazgo. Antes de decirle algo que lo compromete a la joven que admira, debe observarla tal como es sin que ella sepa lo que sucede. Al transcurrir un tiempo prudente, entonces si está seguro que ella es la escogida por el Señor para ser su compañera del ministerio, podrá expresárselo.

Durante el noviazgo, el Ministro debe evitar todo aquello que no esté dentro del recato y la ética. El salir a solas con la joven puede que en cierto país no sea criticado, pero en otros, es algo que va en contra de las buenas costumbres. Hará bien el Ministro en respetar escrupulosamente las maneras locales en cuanto a este asunto.

El hecho de que actualmente se hable tanto de amor libre no indica que el pueblo del Señor tenga que aceptarlo. La Biblia es una y el Señor es el mismo ayer, hoy y por los siglos. Y lo que era fornicación ayer lo sigue siendo hoy, lo será mañana y siempre. Por lo tanto, si existen exigencias o privaciones durante un noviazgo, entendamos que no se trata de cuentos de viejas, sino sanas costumbres que evitarán malos comentarios y guardarán al Ministro con un buen testimonio. No olvidemos que los novios no están aún casados y por lo tanto no deben participar en ningún acto que pertenezca únicamente al matrimonio.

En conclusión, podemos decir que el Ministro es pastor no solamente de la congregación sino de su esposa y de sus hijos. Es el sacerdote de la familia que representará a Dios ante ellos y a ellos delante de Dios. Tendrá que orar porque el hogar esté saturado siempre de amor, comprensión y sabiduría de lo Alto. Intercederá a Dios fervorosamente a favor de los miembros de la familia y pedirá que sean un ejemplo en todo ante la comunidad y un motivo para glorificar al Señor.

BOSQUEJO DEL CAPITULO

La vida hogareña del Ministro

   I. El hogar debe ser el refugio de la familia

  II. El aspecto físico de la casa

 III. El Ministro como esposo
   A. La comprensión de lo difícil del papel de la esposa
   B. El deber de ministrar como pastor a la esposa
   C. El fortalecimiento del amor en el hogar

  IV. El Ministro como padre
   A. Acuerdos sobre la enseñanza y la disciplina
   B. El cultivo de la confianza de los hijos
   C. La necesidad de reservar tiempo suficiente para el hogar
   D. Consejos prácticos

   V. El culto familiar

  VI. El Ministro soltero
   A. Ventajas de la soltería
   B. Desventajas de la soltería

   C. La selección de la novia
   D. El problema de tener una novia en la misma congregación
      a la cual ministra
   E. El noviazgo

UN ENCUENTRO CON LAS VERDADES

Respuesta alterna. Subraye la palabra que complete cada expresión.

1. Dios estableció (la familia, la casa) como la base del bienestar social.
2. La llegada del Ministro a su hogar debe ser como si llegara a un (oasis, incendio) después de atravesar el desierto.
3. Aunque sea pobre la vivienda del Ministro, puede y debe mantenerse bien (amueblada, aseada).
4. El adorno más valioso del hogar serán los (tapetes, frutos) y virtudes del Espíritu Santo.
5. Aunque no hubiera otro motivo, el hecho de la presencia de Cristo en el hogar es suficiente motivo para mantener todo en forma (honrosa, desordenada).
6. El Ministro tiene tanta responsabilidad (pastoral, financiera) para con su esposa como para con la iglesia.
7. El Ministro tiene el deber de reconocer el gran valor de las (joyas, virtudes) de su esposa.
8. Ninguno de los padres debe intervenir en el momento en que el otro (duerme, corrige) a su hijo.
9. El niño de meses entiende las manifestaciones sinceras de (inteligencia, amor) de sus padres.
10. El Ministro no puede ayudar a sus hijos si no les invierte el (dinero, tiempo) suficiente.
11. Los padres deben establecer (metas, amenazas) para los niños.
12. El Ministro debe (fomentar, prohibir) la buena lectura en el hogar.
13. Los niños pierden interés en el culto familiar si no se (enseña, varía) la manera de llevarlo a cabo.
14. El Ministro soltero debe buscar la ayuda idónea con (emoción, cordura).
15. El Ministro pretendiente debe cerciorarse bien de que la futura esposa comprenda que el ministerio requiere (abnegación, talentos).

DE LA TEORIA A LA PRACTICA

1. ¿Con qué compararía usted el hogar del Ministro — con un jardín que tiene que ser cultivado continuamente o con una estatua que se crea una sola vez?
2. De acuerdo con su respuesta al No. 1, diga cómo debe ser su

actitud ante el problema que podría amenazar la paz de su hogar la semana entrante.

3. ¿Con qué fin hace el niño las mil y tantas preguntas que se le ocurren?

4. ¿Cuál es la actitud que usted manifiesta cuando sus hijos le hacen tantas preguntas en un momento en que usted está muy preocupado por la situación de otros?

5. ¿Cuáles son las cuestiones sobre las cuales un Ministro no debe admitirles a sus hijos pregunta alguna?

6. Si el niño ve que sus padres se impacientan con una pregunta que acaba de hacer, o si se ponen colorados y le buscan una evasiva, ¿a dónde irá en su adolescencia para buscar las respuestas a los grandes interrogantes de su edad?

7. ¿Qué confianza tendrá el niño en su padre al descubrir que le contestó una pregunta sincera con fantasía o mentiras?

8. Usted predica que no se debe mentir. ¿Qué ocurrirá en el interior de su hijo si le manda decir a un cobrador en la puerta, que no se encuentra en el momento?

9. ¿Qué puntos que el autor de este capítulo no ha tratado estima usted que son de importancia para que el Ministro observe en su hogar?

10. ¿Cuáles puntos de este capítulo son los que usted va a tener que hacer un esfuerzo especial para llevar a la práctica?

11. ¿Cuándo fue la última vez que usted le expresó a su señora su agradecimiento por el trabajo que ella realiza en el hogar?

12. ¿Cuándo fue la última vez que usted dedicó un rato exclusivamente para complacerle en algo a su señora?

13. ¿Cuándo fue la última vez que usted escuchó con toda atención a un hijo contar algún problema?

14. ¿En qué pasaje del Nuevo Testamento manda Dios multiplicarse y llenar la tierra?

PROYECTOS PARA LA CLASE

1. Revisar en clase los trabajos realizados en la sección UN ENCUENTRO CON LAS VERDADES.

2. Dividir la clase en grupos, para que cada grupo realice el estudio de un libro reconocido como evangélico y fundamental, que trate del sexo. Informar cada comisión a la clase sobre el libro estudiado.

3. Celebrar una encuesta entre personas que se hayan criado en un hogar en que se celebraban cultos familiares y averiguar qué cosas de dichos cultos familiares, han servido de ayuda en su vida.

4. Que un miembro de la clase presente una lista de textos que muestren que el hogar es un verdadero refugio.

5. Celebrar un panel sobre el tema de la planificación familiar, con un enfoque neotestamentario.

ROSINA SILVA DE SANDOVAL nació en la ciudad de Toltén, Chile y aceptó al Señor Jesucristo como su Salvador personal a la edad de ocho años. Ha sido Presidenta Nacional del Concilio Misionero Femenino durante varios años. En la actualidad es Tesorera de la misma entidad. Su esposo fue Superintendente General de las Asambleas de Dios en Chile y actualmente la pareja está al frente de la iglesia en Chillán. Tienen tres hijos.

La hermana afirma que ha ejercido profunda influencia en su ministerio el apoyo y comprensión de su esposo.

Capítulo 6

LA ESPOSA DEL MINISTRO

Por Rosina Silva de Sandoval

Adán experimentó la soledad abrumadora que resultaba de un abismo impasable que lo separaba de los animales del Edén. Cierto era que el soberano Creador veía que todo había salido bueno — pero al hombre le faltaba "ayuda". Necesitaba lo que solamente podía suplir otro ser semejante que razonara y hablara como él lo hacía. Por lo tanto, Dios tomó del mismo hombre para formar a Eva, dándole así la misma naturaleza.

El Ministro también se ve separado de los demás por sus circunstancias especiales. Le es prácticamente imposible encontrar en la congregación quien lo acompañe y lo apoye en medio de su soledad. Necesita otra persona con quien compartir su ministerio. Anhela poder conversar de todo lo ocurrido durante el día. Tiene necesidad de las palabras de estímulo que otros no le dan. Muchas veces pasa horas de desvelo por las preocupaciones. Aquel que tiene una mujer comprensiva con quien compartir sus inquietudes sí que tiene ayuda. Qué dicha poder conversar con ella para después entregarse al sueño mientras ella ora, entregando al Señor toda carga.

Mujeres de Dios que son llamadas a ser la ayuda idónea de sus esposos Ministros, pronto se dan cuenta de lo difícil de hacer bien su papel. Pero mucho podemos aprender para ir superándonos.

I. *La esposa del Ministro debe ser comunicativa*

Sobre todas las cosas, el ama del hogar del Ministro necesita cultivar el arte de ser comunicativa. ¡Bendito milagro de la comunicación! Muchas veces he observado a esposas de pastores que viven en un mundo distinto al que les rodea. No comprenden las pruebas que pasan los demás. No se identifican con las personas a las cuales el Ministro sirve.

¿Quién es el culpable? ¿Acaso el brillante ministerio de su esposo? ¿Será el poco valor que da el esposo a ella? Sea cual fuere la causa, ella necesita comprender perfectamente la vida de los que la rodean. Tiene que saber por qué actúan y hablan así. Le hace falta entender sus formas de expresarse y su manera de interpretar lo que ella les dice. Imprescindiblemente, ella va a tener que romper toda barrera u obstáculo que la separe de los demás. Debe obligarse a participar en la esfera de las personas con quienes Dios la ha llamado a trabajar.

A través de la comunicación expresamos ideas, pero si los que nos oyen no entienden lo mismo que queremos manifestar, no completamos la comunicación. Es por lo tanto que la mujer en el hogar del Ministro debe observar continuamente cómo interpretan los demás sus palabras y otras formas de comunicarse con ellos. Tiene que descubrir cómo piensan. De otra manera no les va a poder servir ni va a complementar el ministerio de su esposo.

No somos comunicativas si tratamos de rehuir los problemas. Al contrario, debemos procurar descubrir sus causas con sencillez de alma. Si nos ponemos en el lugar del otro, para sentir lo que siente, no será tan difícil. Recordemos que los problemas tienen más de una sola cara y que si la gente está acostumbrada a comunicarse con nosotras, mucho podremos hacer para enriquecer el ministerio de nuestro esposo.

Ayudamos a mantener las líneas de comunicación abiertas si mantenemos un corazón abierto. No nos guardemos encerradas, ni tengamos en secreto nuestros buenos planes. Compartamos con los demás lo que deseamos realizar.

Es difícil ser comunicativa en un mundo hostil en que la gente vive cada día más alejada el uno del otro. Pero la esposa del Ministro debe ser luz, debe servir de puente entre unos y otros. No esperemos ser siempre comprendidas. Más bien lo que tenemos que hacer es alegrarnos al poder comprender a otros. La plenitud del Espíritu Santo en nuestras vidas nos ayudará a alcanzar lo que tanto necesitamos: sumisión, cariño y gozo. Como Dios desea que su pueblo viva en completa unión, nosotras podemos ser la llama que enciende el calor de la comunicación.

II. *El cuidado de los hijos y el hogar*

El hogar es el rincón de sueños que tal vez nunca sean realidad, pero tampoco podrán morir. Es el lugar de recuerdos que, tristes o buenos, siempre estarán en lontananza. Algunas escenas son tan reales en nuestra memoria que humedece nuestros ojos el recordarlas. Allí, en ese mundo distinto que es el hogar, cada familia tiene sus lugares de reserva. La mujer, por lo tanto, debe asegurarse que siempre el hogar sea el templo de comunión familiar.

Si buscamos tener una parte importante en el ministerio de nuestro esposo pongamos en primer plano a los hijos y al hogar. Hagamos de nuestro hogar un lugar atractivo y limpio donde se refleje la personalidad de la mujer que lo administra. Y hagámoslo, también, un ejemplo para todos, ya que es la casa pastoral.

¿Cómo sería el hogar de Marta, María y Lázaro que le agradaba tanto a nuestro Señor posar en él? Aparte de lo físico del hogar, no cabe duda de que lo llenaran una fraternidad y cariño. Que nuestro hogar sea igual.

Es en este rincón donde nuestros hijos empiezan a prepararse para toda una vida. Nuestra responsabilidad incluye desde una buena alimentación hasta un alto valor moral y espiritual. Debemos tener un equilibrio de madre cristiana muy bien marcado. Nuestro hogar debe llamarse con toda propiedad "nido de amor". Los hijos estarán por un tiempo muy corto en él, pero se llevarán los recuerdos más maravillosos para toda la vida. ¡Oh, tiempo tan veloz! No podemos detenerte. Sólo van quedando huellas marcadas a tu paso. Lo que hagamos ahora es lo que recordarán nuestros hijos en el día de mañana.

Nuestros hijos nos necesitan. Ordenemos nuestro tiempo para darles el mejor de los momentos. Papá no puede darles todo el tiempo que quisiera porque siempre está ocupado. Pero allí está la ayuda idónea cumpliendo su tarea con agrado. Dejemos a nuestros hijos ver nuestro amor ahora. Mañana el bebé no se podrá mecer, ni el párvulo seguirá preguntando. El escolar no necesitará ayuda para sus tareas. Ya no traerá sus amigos a casa ni se oirán sus risas chillonas. El adolescente no nos contará sus problemas del día.

Entre los factores formativos del carácter de nuestros hijos no hay ningún hogar más especial que nuestro hogar. No despreciemos los centros educativos tan completos. Gracias a Dios por ellos. Pero ningún centro puede reemplazar el hogar.

Después de hablar tanto de lo que la mujer en la casa pastoral debe hacer para los demás y para su esposo, tenemos que mencionar la importancia de la apariencia personal. Debemos ser ejemplo en todo. Nuestra variedad para vestir no será muy grande, pero será lo mejor posible dentro de nuestros recursos. Cuando nos vestimos, debemos hacerlo como para el Señor. Pero a la vez no olvidemos que al esposo le agrada la buena apariencia y el buen gusto para el vestir de su esposa. Un día le pregunté a la esposa de un pastor cómo hacía para adquirir carteras nuevas y tan elegantes, a lo que ella respondió: "Voy al fin de temporada y las compro en liquidación."

III. *La fe de la mujer en la casa pastoral*

La fe inquebrantable es un don de Dios para el creyente. Pero como esposa de un pastor y madre de sus hijos, necesito más fe que de otra manera. Debo preguntar a cada rato: ¿Cuánto creo yo? ¿Qué fe poseeré?

Admirables mujeres bíblicas supieron echar mano de una fe extraordinaria que debe servir de reto para nosotras. Rahab supo que Jericó iba a ser destruida, pero no se desesperó. Creyó en la palabra de aquellos extraños y con un lienzo rojo salvó su hogar. ¡Eso lo hizo una mujer!

¿Y qué diremos de la admirable fe de esa viuda de Sarepta que se vio en circunstancias tan extremas? Preparaba su última comida; sin embargo, ante la promesa del profeta, preparó ali-

mento para él primero. Allí rayó una luz. Se dio cuenta de que
las palabras del profeta le ofrecían una certeza que su mundo
no tenía. Y actuó, sin ver todavía el milagro. Cada vez que volvía
para preparar otra comida, no encontraba la despensa llena, pero
su fe se mantenía inalterable. Así fue que pudo proveer alimento
aun en medio de una hambre espantosa. La harina no escaseó
ni el aceite de la vasija se agotó.

Cuando el esposo hace planes para trasladarse a algún lugar
nuevo, para ministrar a una congregación pequeña, o tal vez
donde todavía no se ha levantado congregación alguna, de seguro
que el Ministro necesita de la fe de su esposa. Esa mujer valiente
puede echar mano de las promesas de Dios para ayudar a plantar
donde no hay. Ella por fe ya ve el crecimiento. Ella se siente
segura porque confía en las promesas del Señor. Esa es la mujer
que provee un dinamismo envidiable a la empresa de su esposo,
en vez de serle como una piedra atada al cuello.

Si bien es cierto que como esposa de pastor quizá suframos
privaciones, no debe eso amedrentarnos. Hay que creer fielmente
a la Palabra de Dios. Hay que abrigar en el alma la seguridad
de que Dios nos hará triunfar. Tenemos la certeza de que el sol
brillará mañana. No necesitamos estudiar profundamente para
creerlo. Ya lo sabemos. Y el glorioso Sol del Cielo desea brillar
en nuestra alma y en nuestro hogar. Es más, ni tenemos que
esperar que termine la noche de prueba para que brille. Podrá
iluminar nuestro ser a la medianoche como la luz brilló para los
israelitas aunque los egipcios andaban a tientas en densas tinieblas.

La fe es más amplia de lo que podemos medir. Podemos disfrutar sus riquezas aunque estén enterradas en la profundidad.
Las mujeres tenemos que tomar los implementos del minero y
cavar ansiosamente hasta que delante de nuestros ojos brille una
pequeña piedra de gran valor. Pero el minero no se detiene con
el hallazgo del primer granito. Sigue cavando más y más hasta
que recibe su recompensa al llegar a la veta rica.

¿Qué hay de nuestra fe cuando las cosas no andan bien?
Enfermedades incurables, oración sin respuesta, preguntas sin
aparente contestación. Todas aquellas cosas llegan a menudo a la
casa pastoral. Pero con la fe invencible no tienen cabida la ansiedad ni la desesperación. Recuerdo el rostro de la esposa de un
pastor el día en que éste yacía moribundo. No tenía más riquezas que cinco pequeños hijos, pero en su rostro no se veía desesperación. Por el contrario, se reflejaba una fe inquebrantable
en las promesas del Señor. No estaría ya su esposo con ella, pero
la acompañaba Uno mayor que él. Job dijo: "Aunque me matare,
en él confiaré."

Pongamos en acción nuestra fe en las promesas del Señor.
Si creemos que son fieles y verdaderas, si aceptamos que él es
fiel, que prometió y que lo hará, viviremos seguras. Me mara-

villo cuando leo que a los hijos de Israel no se les gastaron sus vestidos ni sus calzados a pesar de que caminaron más de cuarenta años en lugares inhóspitos. Si caminamos en la voluntad de Dios en este siglo presente, el mismo Dios de Israel tendrá cuidado de nosotras. ¿Acaso no valemos más que los pajaritos? Ya no tenemos que recordarle al Señor que nos falta esto o lo otro, sino nos resta darle gracias porque ya él tiene todo arreglado. "NOS PINTAN CIEGA A LA FE Y ES LA VIRTUD QUE MAS VE."

IV. La sabiduría de la esposa del Ministro

Así como la miel es un alimento completo, también lo es la leche. La madre necesita saber la manera de combinar estos alimentos para el mejor provecho de sus hijitos. Necesita sabiduría. De la misma manera las esposas de Ministros necesitamos todo un mundo de sabiduría para saber cuándo y cómo pronunciar palabras fuertes y firmes y cuándo hablar palabras de dulzura.

"Como panal de miel destilan tus labios, oh esposa;
Miel y leche hay debajo de tu lengua...
Huerto cerrado eres, hermana mía, esposa mía;
Fuente cerrada, fuente sellada." Cantares 4:11, 12.

Antes pronunciábamos impulsivamente cualquier palabra, pero ahora tenemos que cultivar el espíritu de reflexión. El razonamiento de Abigail libró a David de derramar sangre inocente. Tantos problemas que llegan a la casa pastoral le pueden hacer a cualquier mujer desesperarse o perder la paciencia. De allí la urgente necesidad de saber reflexionar con sabiduría divina.

Pero no es siempre cuestión de escoger palabras. A veces tenemos que ser como la "fuente cerrada y sellada". Tantas reservas y confidencias se les encomienda al pastor y a su esposa, asuntos delicados que tienen que quedar entre las paredes pastorales y el Señor. Por discreción o respeto no se pueden divulgar.

Pablo nos dice: "que las mujeres no sean calumniadoras." La mujer del Ministro que va regando todo lo que sabe, que habla sin sabiduría, no honra a Dios ni dignifica el ministerio. Dios nos libre de la lengua del caracol. Ese animalito tiene dientes en la lengua que por lo general la guarda enrollada pero en momentos dados, la convierte en una arma destructiva.

Las palabras sabias son perlas de gran precio. La palabra del Señor nos exhorta a no hacer (ni hablar) a los demás lo que no queremos que hagan o nos digan a nosotras.

Por el solo hecho de estar cerca de su esposo ya es un líder la esposa del pastor. Debe pedir diariamente por consiguiente, la sabiduría de Dios para poder juzgar y actuar con justicia divina. Porque la justicia humana adolece de múltiples defectos, no podemos permitir que nuestros sentimientos y deseos humanos estorben. Ocupamos un lugar de privilegio que pocas mujeres logran alcanzar; tenemos que implorar al Señor que nos haga fuentes de bendición a los demás. Las esposas de médicos, abogados, comerciantes, etc. trabajan con sus semejantes sin contar como nosotras, con la fuente de sabiduría que proviene de Dios.

¿Por qué será que muchas de las esposas de Ministros no llegamos a tener el éxito que deberíamos alcanzar? Cual mujer moribunda como Agar, levantemos nuestra cabeza para ver esa fuente de sabiduría que está cerca de nosotros. Sedientas y agotadas podemos acercarnos para beber hasta saciarnos.

BOSQUEJO DEL CAPITULO

La señora en la casa del Ministro

I. La identificación con otros
  A. Cómo hacerlo
  B. Propósito en hacerlo

II. Su responsabilidad con la familia
  A. Lo perdurable del hogar
  B. Hacer del hogar un refugio para los hijos
  C. Prestarles a los hijos toda la atención necesaria
  D. Crear el ambiente propio para forjar el carácter
  E. Mantener la elegancia de la apariencia personal

III. Su confianza inamovible en el Señor
  A. Su importancia
  B. Ejemplos bíblicos de mujeres de la fe
  C. Un gran apoyo para su esposo
  D. El medio de triunfar durante el momento más difícil

IV. La necesidad de saber cómo hablar
  A. El desarrollo de la costumbre de recapacitar antes de hablar
  B. La obligación de quedar callada en ciertas circunstancias
  C. El peligro de arruinar con las palabras
  D. La necesidad de la sabiduría divina

UN ENCUENTRO CON LAS VERDADES

Selección múltiple. Lea la primera parte de la frase y las cinco diferentes terminaciones con que se podría completar la frase. Escoja la terminación que mejor complete la frase. En algunos casos podría servir más de una de las terminaciones, pero el alumno debe seleccionar la que *mejor* complete la idea. Aunque ninguna de las cinco le satisfaga del todo, hay que escoger siempre la que más pudiera servir. Subraye la terminación escogida.

1. La esposa del ministro tiene la responsabilidad de conocer...
   (A) otros idiomas.
   (B) la vida de aquellos que la rodean.
   (C) el estilo de vestidos que más edad la hacen aparentar.
   (D) la música.
   (E) lo menos posible para no competir con su marido.

2. Aunque dos personas hablan el mismo idioma, si la que escucha no comprende la idea que la otra desea expresar...
   (A) no se realiza comunicación alguna.
   (B) no estarán las dos felices en el servicio del Señor de la gloria.
   (C) ésta le ganará ciertas ventajas sobre aquélla.
   (D) la esposa del Ministro no tendrá éxito.
   (E) tendrá que leer más libros.

3. La persona que desea ser comunicativa debe...
   (A) estudiar en alguna universidad.
   (B) mantener el hogar bien aseado.
   (C) evitar las modas de vestir de la juventud.
   (D) ponerse en lugar del otro.
   (E) hacer cartas.

4. Más vale comprender a otros que...
   (A) ser comprendido.
   (B) una cuenta bancaria.
   (C) comprenderse a sí mismo.
   (D) comprender la Biblia.
   (E) amar a sus propios hijos.

5. La esposa del Ministro debe poner en primer plano...
   (A) sus ambiciones personales.
   (B) los miembros de la iglesia.
   (C) sus peinados y arreglos personales.
   (D) los hijos y el hogar.
   (E) su propia carrera.

6. La madre de los hijos del pastor debe darles a ellos el mejor de los momentos porque...
   (A) no tienen ningún otro ministerio.
   (B) sus hijos tienen más méritos que los hijos de los demás creyentes.
   (C) si ella no lo hace, quedarán sin la debida atención que necesitan en los años formativos.
   (D) la Biblia hace ver que la mujer debe encerrarse en su hogar y vivir solamente para sus hijos.
   (E) los hijos de pastores siempre son mal criados.

7. Dentro de sus posibilidades, la mujer del Ministro debe . . .

(A) esforzarse para tener una apariencia personal atractiva.

(B) divulgar en todo lugar los cuentos de escándalos de que ha podido enterarse.

(C) rebajar a su esposo en público para que se mantenga con un espíritu de humildad.

(D) vestirse a la última moda.

(E) ser presidente del grupo de damas de la iglesia.

8. La mujer del pastor de una iglesia incipiente . . .

(A) puede inspirar a su esposo con una fe de visión que no varía.

(B) debe volver a casa de su propia madre porque le esperan muchas pruebas.

(C) debe hablar con los superiores eclesiásticos para pedir que le ayuden a su esposo a instalarse en una iglesia de mayores entradas.

(D) debe buscar un empleo para ayudar con el sostén.

(E) tendrá que orar más que otros creyentes.

9. La fe de la mujer del pastor . . .

(A) se adquiere con más facilidad que la de las otras hermanas de la iglesia.

(B) carece de importancia en el desarrollo de una iglesia.

(C) será probada por el Señor.

(D) viene automáticamente por servir al lado de su esposo en las cosas de Dios.

(E) es como la música — se oye y se deja de oír.

10. La sabiduría que necesita la esposa del Ministro incluye . . .

(A) saber guardar las confidencias.

(B) saber cuándo divulgar las confidencias.

(C) la necesidad de conocer la matemática.

(D) saber de memoria la anatomía humana.

(E) el adorno de la casa pastoral.

DE LA TEORIA A LA PRACTICA

1. Diga cómo es (o fue) la esposa de un Ministro que ha sido un factor de importancia considerable en el éxito de una iglesia que usted ha podido observar de cerca.

2. ¿Cómo puede la señora estorbar el ministerio de su esposo?

3. ¿Qué características debe buscar un Ministro soltero en una mujer para su esposa?

4. ¿Cuál es el ministerio de la esposa de un Ministro?

5. ¿Cómo puede la mujer del Ministro tener un ministerio espiritual con su esposo?

6. ¿Cuáles son algunas diferencias entre la vida de la familia que ocupa la casa pastoral y la de la familia "típica" del lugar? ¿A cuáles de éstas tendrá que resignarse como inevitables la esposa del Ministro?

7. ¿Cuáles son algunos de los problemas más comunes y frecuentes en la vida de la esposa del pastor?

8. ¿Qué problemas peculiares tiene la esposa de un evangelista?

PROYECTOS PARA LA CLASE

1. Analizar y comparar los ejercicios realizados por cada miembro de la clase.

2. Presentar algunos alumnos un cuadro dramatizado de aspectos negativos de una esposa de Ministro.

3. Presentar un cuadro dramatizado positivo de una mujer de Ministro con buenas características.

4. Pedir a un hijo de predicador que exponga los problemas peculiares de los hijos criados en la casa pastoral.

5. Invitar a la esposa de un Ministro que ha tenido un ministerio fructífero al lado de su compañero para que relate algunas de sus experiencias.

6. Pedir a un decorador interior que enseñe diferentes maneras de hacer más alegre el interior de una casa con un presupuesto limitado.

7. Nombrar algunos miembros del sexo femenino de la clase que informen sobre posibilidades que se presentan en algunas revistas para mujeres para la decoración sin costo elevado.

ELIAS NIKITCZUK nació en la ciudad de Paysandú, República Oriental del Uruguay. Ha ejercido el pastorado en la ciudad de Fray Bentos y Durazno. Ha sido Presidente Nacional de los Embajadores de Cristo, Presbítero y actualmente desempeña el cargo de Superintendente del Concilio General de las Asambleas de Dios del Uruguay. Está casado con Natalia Ignatenko y la pareja tiene una hija.

Nos dice el hermano Nikitczuk que ni la preparación ni la mucha experiencia eximirán al ministro de la lucha diaria. Agrega que la base para lograr la aprobación divina es el amor a Dios. Hace 16 años que ejerce el ministerio evangélico.

Capítulo 7

LAS FINANZAS PERSONALES
DEL MINISTRO

Por Elías Nikitczuk

Para tener éxito en el ministerio, uno tiene que cuidarse en muchos aspectos. Con la palabra "éxito" quiero decir que uno ha logrado la plena aprobación de Dios, que es lo que más importa, y que también goza de la confianza de los colegas y hermanos.

Uno de dichos aspectos en el cual el Ministro debe tener cuidado especial, es en la administración de sus finanzas personales. Al estudiar lo que enseña la Palabra de Dios sobre este tema, vemos que asoman como tremendos peñascos muchas advertencias y consejos, que si los pasamos por alto, podemos fracasar en el ministerio. Abundan ejemplos de Ministros fracasados, cosa que da tristeza.

En unos casos, se ha debido a una ignorancia de lo que la Biblia enseña sobre las finanzas. En otros, la causa de la derrota ha sido un sinfín de compromisos financieros debido a lo atractivo de las muchas ofertas comerciales. Una debilidad de interesarse más en las cosas de este mundo que en las que son eternas, ha sido el motivo de la caída.

I. *El materialismo y el Ministro*

Vivimos en tiempos que se caracterizan por el materialismo. Muchos hombres se preocupan principalmente por el dinero, por la adquisición de los bienes. Constantemente oímos preguntar: ¿Cuánto me pagarán? ¿Cómo hacer para que me den más? Esto no es solamente común en la gente del mundo sino también se oye entre los creyentes y aun entre los Ministros. Algunos siervos de Dios han cambiado de lugar, de iglesia, de denominación, de país y hasta de ministerio por el dinero. Los hay que han dejado de ser ministros para ser comerciantes. El que crea que sea la voluntad de Dios hacer un cambio, que se asegure bien que sea por otros motivos aparte del factor dinero.

El Apóstol Pablo dice: "Porque raíz de todos los males es el amor al dinero, el cual codiciando algunos, se extraviaron de la fe, y fueron traspasados de muchos dolores." I Timoteo 6:10. Otra vez a Timoteo le ruega que sufra penalidades ya que "Ninguno que milita se enreda en los negocios de la vida, a fin de agradar a aquel que lo tomó por soldado". II Timoteo 2:4. Entre otras cosas que hacen infructuosa la Palabra de Dios, figura el engaño de las riquezas. Cristo dijo que eso ahoga la planta nacida. Marcos 4:19. "No podéis servir a Dios y a las riquezas." Mateo 6:24.

A algunos les ha llamado la atención lo que suponen un trabajo fácil y cómodo. Piensan que el ministerio proporciona abundancia y buen vestir. Sueñan con una vida más holgada y más cómoda y se dedican al ministerio. Ignoran que en la mayoría de los casos, las necesidades son mayores que las de la vida secular. Algunos dejan la cuchara de albañil, el mango de una azada, el mostrador de un comercio para entrar al ministerio con la idea de lograr vivir con poco esfuerzo y responsabilidad limitada. Tales Ministros esperan ayuda de todas partes y de muchas fuentes. Nada les es suficiente y creen que Dios mismo les niega su ayuda. Estos, por mejor que administren y por más equilibrio que hagan para sostenerse en la obra, han de verse fracasados porque nunca sus ingresos les bastarán.

El Señor promete suplir todas las necesidades, cualesquiera que sean, a aquellos que son llamados por él, y que están dispuestos a servir y a trabajar, a los que se contentan con lo poco o con lo mucho. Pablo mismo lo dijo: "Sé vivir humildemente, y sé tener abundancia; en todo y por todo estoy enseñado, así para estar saciado como para tener hambre, así para tener abundancia como para padecer necesidad." Filipenses 4:12. La frase "sé vivir" indica que el Apóstol sabía administrar lo mucho o lo poco, que estaba contento cuando tenía suficiente y cuando no. El Apóstol no nació sabiendo hacer eso, porque dice que estaba "enseñado" en todo y por todo. Quiere decir que lo tuvo que aprender. Aunque muchos han confundido el éxito del ministerio con la medida del dinero, jamás se podrá evaluar el ministerio de Pablo de tal manera. El tuvo gran éxito pero no por ingresos materiales.

II. *Semáforo bíblico para los Ministros*

Nuestro semáforo, la Biblia, enciende luz de peligro para el Ministro que tenga ambiciones puramente lucrativas. Esta luz es, también, para aquel que haya escogido el Ministerio porque en todas las empresas le ha ido mal y espera que como Ministro podrá recuperar todo lo perdido. Sirve de advertencia a la vez a todos, ya que tarde o temprano estaremos tentados a poner más atención a lo material que a lo espiritual. De los "... que toman la piedad como fuente de ganancia, apártate ... Pero gran ganancia es la piedad acompañada de contentamiento, porque nada hemos traído a este mundo, y sin duda nada podremos sacar. Así que, teniendo sustento y abrigo, estemos contentos con eso. Porque los que quieren enriquecerse caen en tentación y lazo, y en muchas codicias necias y dañosas, que hunden a los hombres en destrucción y perdición." I Timoteo 6:5-9.

Otras luces las tenemos en el caso de Balaam y en lo que dice Santiago a los que poseen abundancia de dinero.

Aun para el Ministro que empezó bien, puede que se le encienda la luz de advertencia. En medio de circunstancias adversas, de influencias insistentes de este mundo metalizado, o las presiones de la familia, puede el Ministro preocuparse demasiado por los problemas materiales. No digo que el Ministro es el que debe ganar menos que todos, ni que debe vivir en un estado de pobreza o miseria. Puede el Ministro ganar lo suficiente para comer, vestirse, mantener a su familia y si es posible, disponer de un ahorro. Pero el Ministro no tiene necesariamente que preocuparse por estas cosas. Debemos adoptar como filosofía nuestra el pasaje de Mateo 6:25-34.

La luz bíblica de aprobación se enciende para aquellos Ministros que son fieles, y que están dispuestos a servir al Señor en cualquier lugar, y bajo cualquier circunstancia. Ellos son los que se exponen hasta el sacrificio por la obra del Señor. Dice el apóstol Pablo: "Pero de ninguna cosa hago caso, ni estimo preciosa mi vida para mí mismo, con tal que acabe mi carrera con gozo, y el ministerio que recibí del Señor Jesús, para dar testimonio del evangelio de la gracia de Dios." Hechos 20:24. Tal Ministro podrá encontrar victoria, provisión de todo, y hasta abundancia.

III. Equilibrio en la administración

En esta era moderna casi todos los días vemos cosas nuevas y atractivas. Algunas veces somos atraídos y tentados a adquirirlas, a tener mejores modelos, o tener lo que otros compraron. El dinero que recibe el Ministro muchas veces es poco, y no alcanza para enfrentar todos los gastos, mucho menos para comprar aquellas cosas nuevas.

Debemos tener estricto cuidado de no caer en la trampa de comprar más de lo que permiten nuestros recursos. Evitemos entrar en deudas y compromisos que no podemos cumplir. Tenemos que atender nuestros ingresos y saber el límite de nuestras posibilidades económicas. Tenemos la tendencia de gastar el dinero en aquellas cosas que más nos gustan o interesan, y no en las que más necesitamos.

La buena administración invierte el dinero según un sistema de prioridades. Es decir, se hace una lista de lo que se desea adquirir. Se le da un orden estricto, poniendo en primer lugar las cosas de mayor urgencia. Lo que se quiere comprar solamente por el hecho de que gusta, se asigna al final de la lista.

Para una administración de las finanzas que dé los mejores resultados, el Ministro tendrá que ejercitar la autodisciplina, buscando un equilibrio entre las entradas y las salidas. Si se mantiene esta norma, los resultados serán siempre positivos.

IV. *Las compras a plazos*

Hoy no es muy difícil contraer deudas, debido al sistema tan explotado por los comerciantes de invitarnos a comprar por cuotas. Se ofrecen créditos que se han de pagar periódicamente a largo plazo para adquirir ropa, joyas, muebles, casas, hasta viajes a cualquier parte del mundo. Algunos no toman en cuenta que las compras realizadas de esa manera se pagan dos o tres veces por los intereses tan excesivos.

Si nos lanzamos por la corriente de la última moda, de la propaganda comercial, del deseo de tener lo que otros tienen, nuestra pobre economía será un peligro tan grande como una bomba en reacción en cadena. Al fallar en el pago de una cuota, explota todo. Vienen los apuros y hasta la pérdida de los artículos después de haber pagado mucho dinero por ellos.

Se añaden a estos problemas el nerviosismo y preocupación que debilitan la salud. Y como si eso no fuera suficiente, la cadena de perjuicios se extiende a los demás miembros de la familia.

Pero lo más triste de todo es el daño causado al testimonio personal del Ministro y al nombre del Evangelio.

Una advertencia de la Palabra de Dios: "Ninguno que milita *se enreda en los negocios* de la vida, a fin de agradar a aquel que lo tomó por soldado." II Timoteo 2:4.

No digo que no debemos comprar nada a crédito o entrar en deudas bajo ningún concepto, pero sí que el Ministro debe evitar deudas que absorban todas sus entradas, sin dejar para casos imprevistos.

V. *Evitando los préstamos*

En una ocasión oí a un Ministro de mucha experiencia decir que algunas veces sus amigos se hicieron enemigos por haberles prestado dinero. Este obrero dijo que dichos amigos le habían pedido dinero para salir de otros compromisos. Pero como siempre llegan más problemas y se amontonan sobre los que están sin resolver, aquellas personas no pudieron cumplir. El triste resultado fue la pérdida de la amistad.

Menciono el caso para destacar lo delicado que es pedir préstamos. Lo mejor que se puede hacer es evitarlo, siempre que se pueda. Pero si llega el momento en que no hay otra salida, se debe proceder con mucho cuidado.

Pedir préstamos perjudica las buenas relaciones, provoca la crítica y convierte al Ministro en una persona no grata. Las fuentes de donde viene la tentación de prestar pueden ser varias, tales como: un Ministro colega, un hermano de la iglesia de solvencia holgada y muy liberal en ofrecer ayuda. Hasta algunos piden prestado de los fondos de la iglesia. En cada caso siempre acechan los peligros. El hábito de pedir prestado puede ser una trampa de Satanás que tarde o temprano traerá perjuicios morales y espirituales.

Otro error que también puede producir consecuencias penosas es cobrar el sostén por adelantado. Esto muchas veces da lugar a comentarios negativos que resultan en disconformidad de parte de los miembros, o ser objeto de mal testimonio.

Si el Ministro se halla en apuros muy grandes, más bien convendría plantear al cuerpo oficial su situación, para ver qué se propone para solucionarla. Quizá con una ofrenda voluntaria, o con una donación de parte de la iglesia, los hermanos estarán dispuestos a colaborar. Podría ser la posibilidad de un aumento del sostén para evitar posteriores consecuencias.

VI. *Hacer un presupuesto*

Necesitamos un techo adecuado, pero también necesitamos vestirnos. Nos hallamos en la obligación de alimentarnos. Hay que buscar la manera de educar a nuestros hijos. Y a cada rato se presentan necesidades imprevistas. ¿Cómo hacer para lograr una mejor distribución de las entradas entre tantas necesidades?

Es imprescindible que el Ministro elabore un presupuesto. Si siguen esta práctica los millonarios para evitar gastos excesivos y posibles fracasos, ¿por qué no lo ha de hacer un Ministro de escasos ingresos?

En la preparación de un presupuesto, el Ministro debe tener en cuenta los ingresos y los gastos que tendrá que hacer por día, por semana o por mes. Antes que los gastos y pagos, debe recordar sus diezmos y ofrendas que apartará, y luego tomará para las demás salidas. El Ministro no tiene solamente que predicar y enseñar sobre esta parte de la buena administración, sino ser ejemplo en cumplir lo que aconseja.

Otro gasto imprescindible que hay que tener en cuenta es el alquiler de la vivienda y el mantenimiento de la misma.

Siguiendo la lista de gastos de primer orden, tenemos la alimentación, la vestimenta, la educación de los hijos, los transportes y la cuenta de ahorros, si la tiene.

Con la lista preparada de gastos, el próximo paso es la cantidad que se le asignará a cada egreso. Hay que tener cuidado de sumar todo lo que se asigna para que los ingresos sean mayores que los egresos. También se debe incluir un porcentaje para asuntos imprevistos.

Pero el hecho de confeccionar un presupuesto y tenerlo bien escrito no es todo para una buena administración. Tenemos que practicar y ejercitar la disciplina para ajustar todo dentro de los límites fijados. Necesariamente tenemos que tener en cuenta cada categoría para saber cuánto podemos gastar y en qué cosas. Hay que aprender a privarse de algunas cosas para poder ajustarse al presupuesto. Así se nos evitará el problema de deudas excesivas y otros problemas relacionados. Claro está que si el presupuesto original no refleja la realidad de nuestra vida, tendremos que hacer las modificaciones necesarias hasta que llegue a guiarnos de veras en la administración.

VII. *Lo que debe recibir el Ministro*

Se sobreentiende que el Ministro en lo posible, debe percibir un sostén decoroso y suficiente. El cuerpo oficial y la iglesia deben tener en cuenta los siguientes factores para tener una base sobre la cual fijar el sueldo:

1. Un Ministro ha empleado años en su preparación.

2. Un Ministro debe recibir un sueldo adecuado.

3. La mayoría de los Ministros han principiado con una iglesia pequeña que no les ha dado lo suficiente.

4. Los años pasan velozmente y las iglesias no quieren tener un pastor anciano, gastado y sin fuerzas; por lo que el Ministro tiene que hacer provisión para los últimos años de su vida.

5. Un Ministro dedicado totalmente a la obra del Señor no tiene otras fuentes de ingreso. No puede trabajar horas adicionales para ganar un sueldo doble. No quiere emplearse en un trabajo secular para no ocasionar un atraso a la iglesia.

6. Todos esperan que el Ministro sea liberal en sus ofrendas y obras caritativas.

7. En muchos países no existe un plan de jubilación o retiro para Ministros.

8. La familia del Ministro merece un sostén adecuado.

9. El Ministro tiene gastos adicionales, tales como: viajes, visitas, presentación aceptable al público, la necesidad de comprar libros, etc.

Aunque los miembros de la iglesia tienen cierta relación con las finanzas del pastor, es él mismo quien tiene que responsabilizarse por una administración equilibrada y estricta de lo que la iglesia le asigna. El dinero es importante en su vida, pero de igual manera, tiene importancia una buena administración. Tenemos que dar cuenta de nuestra mayordomía.

BOSQUEJO DEL CAPITULO

La administración de las finanzas personales del Ministro

I. El Ministro frente al materialismo
   A. El materialismo del siglo actual
   B. El materialismo vs. el hombre espiritual
   C. El Ministro con intereses materiales
   D. El Ministro desinteresado en lo material

II. La actitud correcta en cuanto a lo material
   A. El peligro de considerar el ministerio como fuente de ganancia
   B. La posibilidad de debilitarse con una preocupación por lo material
   C. La necesidad de exponerse a todo

III. Una administración equilibrada de las finanzas personales
   A. La trampa de dejarse arrastrar por los deseos
   B. La necesidad de establecer prioridades
   C. La necesidad de la autodisciplina

IV. Las compras a plazos
   A. Su aparente comodidad
   B. El alto costo de este sistema
   C. Los peligros del incumplimiento

V. Los préstamos
   A. Un problema delicado
   B. El hábito nocivo de pedir préstamos
   C. Cobrar el sostén por adelantado
   D. Otras salidas

VI. El presupuesto
   A. Su utilidad
   B. Su preparación
   C. La importancia de regirse por el presupuesto determinado

VII. La determinación de lo que ha de recibir el Ministro

UN ENCUENTRO CON LAS VERDADES

¿Verdadero o falso? Lea cada información con cuidado. Determine si lo expuesto es cierto o no. En el caso de que no sea verdad, cambie la redacción para que la declaración sea cierta. Si es verdadero lo que dice, escriba la palabra "verdadero" en el espacio en blanco.

1. Una característica de este siglo es el interés exagerado en lo material.   1. ....

2. El Ministro del Evangelio está libre del deseo de disfrutar comodidades materiales.   2. ....

3. El Apóstol Pablo tuvo que aprender el arte de preocuparse por los bienes materiales.   3. ....

4. Se ve que el Apóstol Pablo tuvo gran éxito en el ministerio ya que ganaba un sueldo mensual considerable.   4. ....

5. El hecho de que un Ministro ha comenzado su carrera libre de afanes por lo material, da una seguridad de que quedará libre de estos afanes durante toda su vida.   5. ....
6. El Ministro que ha sido fiel tiene esperanza de adquirir todo lo que necesita para vestirse a la moda.   6. ....
7. El ser humano tiene la tendencia de comprar lo que le gusta antes de lo que le hace falta.   7. ....
8. Darle prioridad a un asunto quiere decir que se propone prestarle atención antes que a los demás asuntos.   8. ....
9. La autodisciplina es un factor importante en la administración de las finanzas personales del Ministro.   9. ....
10. Una buena administración de finanzas requiere que las salidas sean más que las entradas.   10. ....
11. Es tan económico comprar algo a plazos como pagarlo al contado.   11. ....
12. Si uno no cumple con la cuota en un contrato de crédito a plazos, lo más probable es que perderá el artículo aunque haya entregado mucho dinero ya.   12. ....
13. Uno de los muchos problemas que resultan de no poder pagar las cuotas mensuales, es una tensión nerviosa que puede afectar a otros.   13. ....
14. El Ministro que evade al cobrador desprestigia la obra de Dios.   14. ....
15. El hábito de pedir préstamos ayuda a ganar muchos amigos.   15. ....
16. Lo mejor que hace un Ministro que se halla en apuros económicos es hacer lo posible por cobrar el sostén por adelantado.   16. ....
17. La buena administración se hace a base de la preparación de un presupuesto y su cumplimiento.   17. ....
18. El Ministro tiene que ser el primero en aportar sus diezmos y ofrendas.   18. ....
19. Al hacer un presupuesto, el Ministro debe tener el cuidado de apartar un porcentaje de sus entradas para asuntos imprevistos.   19. ....
20. Para que el presupuesto tenga valor, se hace imprescindible tener una voluntad de hierro para mantener los gastos dentro de los límites fijados.   20. ....
21. Es una falta grave de la administración hacer un cambio en el presupuesto después de guiarse por él por algunos meses.   21. ....

DE LA TEORIA A LA PRACTICA

1. ¿Qué síntomas de la enfermedad del amor al dinero que le puede atacar a un Ministro puede dar usted?

2. ¿Qué medidas debe tomar el que siente algunos de los síntomas que usted mencionó en su respuesta No. 1?

3. ¿Qué consejos da Mateo 6:25-34 al creyente?

4. ¿Cuál fue el problema de Balaam?

5. ¿Qué problemas puede hallar el Ministro que compra un automóvil pero no saca ninguna póliza de seguro contra los riesgos de responsabilidad civil?

6. ¿Qué política ha decidido seguir usted en cuanto a la práctica de comprar a plazos? ¿Por qué ha llegado a tal decisión?

7. ¿Qué problemas ha encontrado usted en la dependencia de un presupuesto para la administración de sus finanzas?

8. Después de leer lo que dice el autor acerca de la preparación de un presupuesto, y después de escuchar lo que otros de la clase opinan al respecto, ¿a qué decisiones ha llegado usted para el manejo futuro de sus propias finanzas?

9. Si usted fuera el superintendente de la obra, ¿qué consejos le daría a un Ministro novato en cuanto a la práctica de pedir préstamos de fondos de la iglesia? ¿Por que le daría tales consejos?

10. Describa algún caso verídico (sin mencionar nombres ni lugares) de la derrota de un Ministro que se debe a una mala administración de sus finanzas personales. Si no sabe de caso alguno, celebre una entrevista con alguna persona de experiencia en la obra para que le cuente un caso. Haga constar a la persona entrevistada que no se debe revelar el nombre del derrotado ni datos que pudieran comprometer o perjudicar a alguna persona.

11. ¿Debe un Ministro pasar hambre para no entrar en problemas de préstamos?

12. ¿Qué quiere decir la palabra "frugal"? ¿Qué tendrá que ver este concepto con la administración de las finanzas personales?

13. ¿Qué lugar tiene Lucas 12:13-34 en la administración de las finanzas? ¿Cómo se pueden armonizar las finanzas con la idea de Lucas 12:22?

PROYECTOS PARA LA CLASE

1. Revisar en clase el trabajo de ¿Verdadero o Falso? en la sección UN ENCUENTRO CON LAS VERDADES. Se debe poner atención especial a la redacción que hizo cada alumno de las afirmaciones falsas para que sean verdaderas.

2. Presentar un cuadro dramatizado de un Ministro que fracasa en la administración de sus finanzas personales.

3. Elaborar un presupuesto ideal para el Ministro que comienza una obra.

4. Elaborar un presupuesto modelo para un Ministro que pastorea una iglesia de tamaño regular.

5. Considerar la ventajas y desventajas que tiene un Ministro de trabajar con un presupuesto en la administración de sus finanzas personales.

6. Preparar una lista de consejos para la buena administración de las finanzas personales de un Ministro que no se encuentran en este capítulo.

PARTE SEGUNDA

EL MINISTERIO DE
PERSONA A PERSONA

RICARDO TAÑON aceptó al Señor Jesucristo como su Salvador personal hace 43 años. Fue Pastor de la iglesia "Juan 3:16" de Nueva York, la cual fundó hace 38 años. Además de sus cargos actuales, el hermano Tañón ha sido Director del Departamento Misionero de su Distrito y ha desempeñado las funciones de Presbítero y Profesor del Instituto Bíblico. Con su esposa Ana han ejercido profunda influencia en el pueblo de habla española de los Estados Unidos. La pareja tiene cuatro hijos.

Entre sus muchas actividades que desempeña con eficacia el hermano Tañón en la actualidad, figura la dirección de un programa radial.

Capítulo 8

LAS RELACIONES HUMANAS

Por Ricardo Tañón

Cada persona es diferente. Pasa un constante proceso de superación o de degeneración. Cada ser adolece del egoísmo que lo empuja a pensar que debe tener todo para sí. El Ministro, por lo tanto, tiene que preocuparse mucho por el mejoramiento continuo de sus relaciones humanas en la iglesia. Si le da poca importancia a este aspecto de su ministerio, tarde o temprano surgirán problemas que habrían podido evitarse. Vemos, por ende, la necesidad de familiarizarnos con los principios básicos de las relaciones humanas.

I. *Lo que se entiende por el término "relaciones humanas"*

Las relaciones humanas son la correspondencia y armonía entre las personas que integran un grupo. Se procura descubrir y analizar las necesidades comunes e individuales, sus metas, lo que pretenden recibir del grupo. Se estudia lo que el grupo espera de cada uno de sus miembros. Las causas de los conflictos y cómo evitarlos forman parte de esta ciencia.

II. *La madurez es necesaria*

Una de las principales cualidades que requiere el que está al frente de un grupo es la madurez. Es muy difícil mantener buenas relaciones humanas en la iglesia, si el Ministro no ha alcanzado este valioso objetivo.

La persona madura es la que ha logrado un desarrollo mental y espiritual. Tal persona se desenvuelve con juicio y prudencia. La madurez es una consecuencia de la acción de crecer. El que no logra progresar mental y espiritualmente nunca alcanza la madurez.

Dios, sabiendo que por naturaleza todos tenemos la capacidad para adquirir madurez, nos ha provisto de los medios: la inteligencia y su propia gracia divina. Contamos con la ayuda paciente, y a veces dolorosa de nuestro Padre, quien escudriña hasta lo más íntimo de nuestro ser, revelándonos lo que somos y lo que no somos para instarnos a proseguir hacia la madurez.

Un factor de vital importancia en la madurez es la espiritualidad. Puesto que la obra de Dios es esencialmente espiritual, el Ministro forzosamente debe ser una persona espiritual. Si queremos, pues, que las relaciones entre los que participan en la obra sean espirituales, tendremos que vigilar constantemente este aspecto de nuestra propia vida. Aunque trabajemos con mucho interés, entusiasmo, habilidades y mucha energía, no lograremos que las relaciones humanas sean buenas a menos que busquemos andar en el Espíritu.

La espiritualidad no es algo que se cuelga o se pone cuando a uno le parezca. Tenemos que vivir en el Espíritu. Tenemos que andar en el Espíritu. Es decir, que en toda actividad cotidiana, toda relación con otra persona, tenemos que seguir las indicaciones del Espíritu Santo. Fuera del albergue del templo, en el roce con nuestros semejantes en las entrevistas y conversaciones, el Espíritu será el apuntador. Algunos Ministros (o sus esposas) regañan continuamente a sus feligreses. ¿Refleja esta costumbre un alto índice de espiritualidad o de madurez? Pero las mismas personas no soportan la más mínima insinuación de enmendarse. ¿El Espíritu Santo no nos enseña de Cristo, el manso y humilde de corazón? Lograr buenas relaciones humanas dependerá de la medida en que podamos decir como San Pablo: "...ya no vivo yo, más vive Cristo en mí."

III. Hay que ser comprensivo

Una de las quejas que más he escuchado durante mis largos años de ministerio es: "Nadie me comprende." Brota de personas convertidas lo mismo que de inconversos. Lo dicen Ministros, obreros laicos, ancianos y jóvenes. Es claro que el que piensa que el Ministro no lo comprende, no podrá tener buenas relaciones con él, ni quizás con los demás del grupo.

Hoy día son los jóvenes los que más se quejan de la falta de comprensión. Y realmente su queja es a veces válida. Al joven que a veces trata de actuar como un adulto le decimos: "Oye, te crees ser adulto y apenas eres un niño."

Luego, cuando ese mismo joven actúa como un niño, le decimos: "Oye, ya es tiempo de que crezcas y actúes como un adulto."

¿En qué quedamos? ¿Es adulto o niño? ¿Qué esperamos de él? Grandes conflictos surgen en las iglesias donde no se comprenden los problemas de la juventud.

Pero no es solamente decir lo que otros esperan del joven, sino lo que él espera de sí mismo. Hay días en que se siente muy adulto. Se viste y se comporta como tal. Pero llegan los días en que se siente muy niño, y su comportamiento refleja sus sentimientos. El Ministro comprensivo se dará cuenta que tal adolescente ni es niño ni es adulto, sino que va pasando por una etapa difícil de transición. A veces quiere ser niño y otras veces cuando le conviene quiere ser adulto. Ambas características se mezclan y confunden. El que de veras comprende al joven, por lo tanto, deberá tener paciencia y recordará los problemas de la adolescencia.

Lo más esencial para la comprensión de los demás es, sobre todo, que uno se comprenda a sí mismo. Es imposible que yo pueda comprender a otros, cuando yo mismo no me comprendo. Tengo que analizarme a mí mismo.

Para realizar un examen de su propio ser, y comprenderse mejor, haga este ejercicio: escoja un problema o conflicto reciente por el cual usted ha pasado. Ahora conteste las siguientes preguntas con sinceridad:

1. ¿Cómo fue que logré resolver el problema?

2. Si no está resuelto el problema o conflicto, ¿por qué no? ¿Cómo he logrado soportar y vivir con el problema?

3. ¿Cuáles fueron mis motivos en resolver este problema? ¿Fueron motivos egoístas o buscaba yo el bien o el mal de otros?

4. ¿Estoy satisfecho con el resultado? ¿Por qué?

5. Si yo tuviera otro problema similar, ¿actuaría de igual modo? ¿Por qué?

Veamos el siguiente ejemplo. El gerente de una empresa está casado con una mujer muy dominante. Esta mañana en particular tiene un problema y el marido sale furioso para el trabajo. Todo el día se pasa gruñendo y regañando a los empleados. Si él es jefe, ellos tienen que someterse si no quieren perder el empleo. Pero lo hacen de mala gana.

El gerente no puede entender por qué tiene tantos problemas con sus trabajadores. No se da cuenta de que tiene la costumbre de desquitarse con ellos cada vez que tiene problemas en su casa.

Para poder comprender a otra persona, se debe poseer la virtud de saber escuchar. Hable menos y escuche más. Piense un momento y pregúntese: "¿Cuántas veces me ha hablado algún miembro de la familia, pero yo estaba absorto en la lectura del periódico?" Es fácil oír una voz y hasta contestar con un sí entre dientes, pero si no entiende a fondo lo que se le dijo, es porque no escuchaba.

No es solamente cuestión de oír. Hay que escuchar. Hay que aguzar el oído y el entendimiento.

Mi niña, por ejemplo, me pregunta: "Papi, ¿tú tienes cambio en el bolsillo?"

Entiendo perfectamente que el interés de la niña no es saber si tengo cambio en el bolsillo, sino que quiere dinero, pero teme pedirlo en forma directa. En nuestro trato con otras personas tenemos que estar atentos a lo que dicen, y por aún más, estar atentos a lo que no dicen. Una iglesia que colectivamente cesa de dar diezmos le dice algo al pastor. Un miembro que se ausenta de la iglesia comunica algo. Es el deber de ese pastor interpretar, comprender lo que se le quiere decir.

Una de las fallas más grandes de un Ministro es creer que lo sabe todo. Quien así piensa, no tiene desarrollada la facultad de escuchar a los que lo rodean. No seamos prontos para juzgar. Sentémonos a escuchar atentamente a ambos lados en el caso de un conflicto, y luego pidámosle a Dios sabiduría para hablar. "Al que responde palabras antes de oír, le es fatuidad y oprobio." Proverbios 18:13.

IV. *Las necesidades básicas de cada ser humano*

Para lograr buenas relaciones humanas en la iglesia es nuestro deber como Ministros buscar la forma de suplir las tres necesidades básicas de cada ser humano. Usted, como yo, y todos los demás, tenemos la necesidad imprescindible de: (1) sentir la aceptación de otros; (2) tener una seguridad intelectual, económica y espiritual; y (3) ser amados.

La primera necesidad básica que todos tenemos es la de ser aceptados. Ante Dios no hay blanco ni negro, amarillo o cobrizo. El color de la piel no es lo que cuenta. Tampoco hay lindos o feos, ricos o pobres. Por lo tanto, el Ministro no puede ni debe hacer acepción de personas. Tiene que aceptar con igualdad a todos.

Una noche, usé una ilustración acerca de una mujer que pesaba bastante. Tanta era su gordura que junto con la niña que cargaba, no cabía por la puerta. Mencioné que esta mujer era de color. Entre los oyentes había tres hermanas de tez oscura, y una de ellas era obesa. La ilustración les afectó tanto a las tres que se ausentaron de la iglesia y me acusaron de racista. Creían que yo no aceptaba la igualdad de todos.

Cuando me di cuenta de lo que acontecía, llevé el problema a Dios en oración, y luego decidí esperar para ver qué haría el Señor. Me encontraba con un problema de relaciones humanas.

Dos días después supe que una hermana de ellas, la cual no era convertida, se encontraba gravemente enferma en un hospital. Fui a visitarle. Sus labios estaban totalmente secos y parecía agonizar. Yo oraba por su salvación, cuando llegaron sus hermanas y al verme ministrando a la enferma, rompieron a llorar. Naturalmente, el enojo cesó y las tres regresaron a la iglesia.

Aun en situaciones difíciles, si acudimos al Señor, él nos ayudará a saber de qué manera convencer a una persona que la estimamos y la aceptamos tal como es. Si ha cometido algún pecado grave, de todas maneras, la aceptamos y deseamos ayudarla. Cada individuo con el cual nos relacionamos tiene esta necesidad de saber que es aceptado.

Pedro tuvo sus prejuicios racistas que le impedían ir a la casa de Cornelio. Pero Dios tuvo la manera de convencerlo hasta el punto que Pedro mismo confesó: "Ahora sé que Dios no hace acepción de personas." Hechos 10:34.

El Ministro que refleja la naturaleza de Cristo acepta a cada persona como es, la convence de ello con su actitud. Cada miembro de la iglesia no podrá trabajar bien con los demás si no está seguro que forma parte de ella, del cuerpo de Cristo. ¿Cómo podrá alguien tener en poco a uno de los miembros de tan augusto cuerpo?

En segundo lugar, toda persona tiene la necesidad de seguridad. En estos tiempos de conmoción, de inestabilidad económica y decadencia moral, más que nunca es menester suplir esta necesidad básica tan importante del ser humano: sentirse seguro.

Económicamente, cada ser humano anhela tener cierta medida de seguridad. El Ministro debe estar consciente de esto y ser muy sensible a los asuntos económicos de sus feligreses. Debe identificarse con ellos, preguntándose: "¿Cómo me sentiría yo mismo en semejante situación?"

El Apóstol Juan se refiere a esto al escribir: "No amemos de palabra ni de lengua, sino de hecho y en verdad." I Juan 3:18.

Nuestra preocupación por los problemas económicos de las personas a quienes servimos no debe desviarnos de lo más esencial. Como Ministros del evangelio, ha de ser nuestra meta para cada uno de nuestros feligreses su seguridad espiritual. Si esto se logra, las relaciones humanas en la iglesia serán mejores.

En tercer lugar, para lograr una personalidad sana y equilibrada, cada ser humano necesita ser amado. El Ministro debe ser cariñoso, amable. Miremos a Jesús, por ejemplo. ¿Cuántas veces se emplean los términos "compasión", "lo amó", "se conmovió", al narrar el ministerio de Jesús?

Por supuesto que tenemos que expresar nuestro afecto dentro de los límites fijados por la Biblia, y la cultura de nuestro medio ambiente.

Debemos cuidarnos mucho de no mostrar más afecto a un determinado grupo en particular. Por ejemplo, algunos tienden a manifestarse más afectuosos con la juventud que con los de edad media. De hacerlo así, los demás se han de resentir, creyendo que el pastor tiene preferencias. Al decir que el ser humano necesita ser amado, se sobreentiende que son todos. Los niños y los ancianos necesitan afecto y cariño lo mismo que los demás.

V. *El desarrollo de los valores de cada persona*

Cada miembro de nuestro cuerpo, por más pequeño e insignificante que sea, funciona de alguna manera para nuestro bienestar. De la misma forma, cada creyente, como miembro del cuerpo místico de Cristo, tiene una una función especial en ese cuerpo. El Ministro que desarrolla sus actividades con esta verdad como guía, ayudará a fomentar excelentes relaciones humanas. Por supuesto, la iglesia que tiene tales relaciones humanas, crecerá más.

Cuántas veces he oído a Ministros quejándose: "Yo tengo que hacerlo todo porque mis miembros no saben hacer nada, ni tienen talento para eso."

Jamás podré creer tal cosa. El éxito del Ministro no ha de medirse por lo mucho que él puede hacer, sino por lo mucho que él logre que sus feligreses hagan y se desarrollen realizando toda clase de actividad en su servicio al Señor.

Si el Ministro abre el templo, luego tiene que limpiarlo. El Ministro que sin ayuda toca la guitarra o el piano, dirige el culto, recoge la ofrenda, testifica, canta y concluye con la predicación, le hará más mal que bien a su congregación. Los creyentes se fortalecen tomando una parte activa en alguna esfera del trabajo de la iglesia.

Aquí descansa una de las responsabilidades más grandes del Ministro. La iglesia vive y se mueve o se estanca y se muere, de acuerdo con la habilidad del Ministro para desarrollar los valores de sus miembros.

En mis visitas pastorales descubrí una vez que los hermanos inválidos y ancianos tenían la necesidad de que alguien les llevara el mensaje del Señor a sus propios hogares. Al presentar esta necesidad a la iglesia, cuál fue mi sorpresa cuando una hermana de setenta años se puso en pie y dijo: "Hermano, sin que nadie me dijera, les he estado llevando la lección de la Escuela Dominical a dos ancianitos."

No me había dado cuenta de los valores que la anciana tenía, pero el Espíritu Santo nos ayudó a descubrirlos, y nos guió a nombrar a la misma hermana para dirigir esta labor que ha seguido aumentándose. Hay personas que reúnen condiciones admirables que nosotros no nos hubiéramos imaginado siquiera.

Esta tarea de hacer un esfuerzo porque los creyentes desarrollen su propio ministerio requiere mucha paciencia de parte del Ministro. El creyente no nace sabiéndolo todo. Pero poco a poco, va aprendiendo. Puede ser que el hermano o hermana que dirigió el culto hoy no lo hizo muy bien. El maestro paciente considerará que lo hizo por primera vez. En amor cristiano le mostrará con tacto su falla y a la vez lo elogiará por lo que hizo bien. La segunda vez lo hará mejor. Hay que animar una y otra vez a los hermanos. Posiblemente, tendrá más paciencia el Ministro si recuerda cómo comenzó él mismo a trabajar en esa actividad.

La iglesia en la cual todos trabajan, desarrollando sus propios valores, es la que tendrá mejores relaciones humanas. El pastor sabio tratará de ocupar el mayor número posible de sus miembros en algo para lo cual están dotados. Al surgir una vacante, la llenará lo más pronto posible. Si nota que cierta persona no es apta para el cargo que ocupa, tratará con diplomacia de reemplazarla, ofreciéndole otra actividad de acuerdo con sus aptitudes. Claro que siempre le dejará ver la importancia del nuevo cargo para mantener buenas relaciones humanas.

VI. *La necesidad de saber agradecer a los demás*

Una de las grandes faltas de muchos Ministros es no saber agradecerles a aquellos que laboran, en su mayoría por su propia voluntad, en el grupo. El Ministro tiene que darse tiempo para expresar su gratitud a cada uno que rinde servicios a la iglesia. No sólo a los de adentro, sino también importa mucho dar gracias a los de afuera. No se puede olvidar a las personas de la comunidad que cooperan con algo, a los negociantes, líderes cívicos o profesionales.

VII. La motivación del grupo

La experiencia me ha enseñado que por más buena y espiritual que sea la iglesia, pasará por períodos de lentitud, tiempos cuando decae el ánimo o la congregación se detiene por alguna crisis. A veces lo que se siente es una actitud de pereza o de complacencia. El buen Ministro que constantemente vigila la grey y que a la vez es una persona espiritual, no castiga a los feligreses a través de sus mensajes ni desea avergonzarlos. Más bien al ver que su grupo ha caído en el valle de la depresión, él se esforzará por aumentar la motivación de los creyentes de estar activos en la obra del Señor.

Para hacer eso hay que saber aprovechar las oportunidades cuando surgen. Supe de un Ministro que deseaba conseguir la ayuda de los varones de la iglesia para pintar el templo. En un culto pidió voluntarios. Ninguno aceptaba la invitación, por más que insistía el pastor. Al rato logró ver la mano de una de las hermanas.

—No había levantado la mano —ella explicó— pues usted pidió a los varones. Pero yo sé pintar. Estoy dispuesta a ayudar.

Con esto el Ministro vio cómo aprovechar la situación y dijo: —Siendo que los varones no están disponibles para realizar esta labor tan necesitada, ¿cuántas hermanas pueden asistirnos?

Por toda la congregación se levantaron las manos de las hermanas.

Los varones al ver su situación precaria, un poco tímidos y bastante avergonzados, comenzaron a ofrecerse. Primero uno, luego dos, hasta que había más que suficientes. Uno de ellos exclamó: —Para que no se diga que el templo fue pintado por las mujeres.

Lo que más motiva es el toque de Dios. Al recibirlo pronto los feligreses se acercarán al pastor para ofrecerse para uno que otro trabajo en la iglesia. De esta manera el Espíritu Santo irá colocando a cada miembro del cuerpo de Cristo que ha sido motivado, ya no tanto por el Ministro, sino por Dios.

VIII. Las confidencias

"Hermano, esto es muy confidencial. Favor de no divulgarlo." ¿Cuántas veces ha oído usted esta frase? No hay razón ni excusa para que el Ministro divulgue confidencias. El que lo haga verá cómo se deterioran las relaciones.

He oído de Ministros que han tenido la osadía de hasta entrelazar ciertas confidencias en sus sermones. Luego se esconden tras la frase hipócrita de: "No les diré el nombre de la persona a quien me refiero..." Si existiese el pecado imperdonable en las relaciones humanas, sería éste. ¿Para qué caer en el error de rebajar y restar importancia y lo sagrado de un sermón divulgando confidencias?

Cuando un feligrés viene al Ministro y le confiesa asuntos personales, nadie, absolutamente nadie, debe saber de ellos. Ha habido iglesias destruidas, vidas inocentes afectadas y matrimonios de Ministros arruinados porque el Ministro o su compañera no supieron reservarse confidencias. Me faltan palabras, sinónimos y superlativos, para dar el énfasis suficiente a la importancia de este tema en las relaciones humanas.

IX. *El yo crucificado ayuda a mantener buenas relaciones humanas*

Una parte de la consagración a Dios mencionada en Romanos 12:1 y 2 se especifica en manera más concreta en el versículo 17:

"No paguéis mal por mal." Si alguna persona llegara a hablar mal del Ministro, o llevara a cabo algo con el fin de hacerle difícil la vida, el afectado tiene la oportunidad más gloriosa de manifestar su intención de ser un verdadero seguidor de Cristo. Buscará la manera de hacer un bien a esa persona. Si se le puede acusar de hacer acepción de personas, será porque ha hecho más a favor de los que le han querido herir o perjudicar que a favor de aquellos que se consideran sus mejores colaboradores. Pablo remacha esta necesidad de crucificar el yo al decir: "Si tu enemigo tuviere hambre, dale de comer; si tuviere sed, dale de beber." Tal consejo llevado a la práctica lograría relaciones humanas óptimas.

La iglesia en la cual se mantienen buenas relaciones humanas es una iglesia que tiene posibilidades de progresar. No es fácil mantener una armonía entre todos los componentes de la iglesia. Cuesta trabajo comprender a algunos obstinados o contrarios. Pero si el Ministro tiene presente cuáles son las necesidades básicas de cada uno y si él mismo alcanza una madurez, las ganancias son de tanto valor que no podemos menos que seguir luchando a favor de una mejoría en las relaciones humanas.

BOSQUEJO DEL CAPITULO

Cómo tener buenas relaciones humanas

I. Entender lo que son
A. Estudiar los problemas de los miembros del grupo
B. Saber las responsabilidades del guía del grupo

II. Alcanzar la madurez uno mismo
   A. Lo que es la madurez
   B. La necesidad de ser como Cristo

III. Entender a cada persona
   A. La necesidad universal de ser comprendido
   B. La juventud reclama la comprensión
   C. El requisito de primero entenderse a sí mismo
   D. La imposibilidad de entender sin oír atentamente

IV. Conocer lo que más le falta a cada persona
   A. Ser recibido tal como es
   B. Saber que será respaldado
   C. Ser querido

V. Inspirar a cada miembro a desenvolverse
   A. Cada uno puede aportar un beneficio al grupo
   B. Hay que descubrir los valores de cada uno
   C. La necesidad de perseverar con calma
   D. El Ministro tiene que preocuparse por todos

VI. No ser ingrato

VII. Incentivar a toda la iglesia
   A. La probabilidad de ánimo decaído
   B. Valerse de circunstancias aparentemente contrarias
   C. La mayor motivación es obra divina

VIII. Guardar lo que se le ha contado en secreto
   A. Vital para mantener buenas relaciones
   B. La fatalidad de insinuaciones públicas

IX. Consagrarse completamente
   A. No vengarse
   B. Tratar especialmente bien a los que le han hecho la vida difícil

UN ENCUENTRO CON LAS VERDADES

Selección múltiple. Lea la primera parte de la frase y las cinco diferentes terminaciones con que se podría completar la frase. Escoja la terminación que mejor complete la frase. En algunos casos podría servir más de una de las terminaciones, pero el alumno debe seleccionar la que *mejor* complete la idea. Aunque ninguna de las cinco le satisfaga del todo al estudiante, hay que escoger siempre la que más pudiera servir. Subraye la terminación escogida.

1. Para lograr mejores relaciones humanas en su esfera de actividad, el Ministro deberá pensar con toda serenidad en la necesidad de...

(A) casarse.

(B) cultivar amistades de influencia que le puedan ayudar en momentos de apuro.

(C) evitar todo enfrentamiento con personas sensibles.

(D) actuar con prudencia y madurez.

(E) ponerse los pantalones y decirles a todos en forma clara cuáles son sus faltas.

2. El mantenimiento de buenas relaciones humanas dependerá en gran parte...

(A) de la capacidad del Ministro de predicar sermones elocuentes.

(B) de su determinación de andar en el Espíritu cada día.

(C) de sus muchos conocimientos.

(D) de sacar una buena calificación en esta materia.

(E) del número de talentos que pueda desarrollar.

3. Se ve que un Ministro es espiritual si...

(A) le informa a la feligresía de sus muchas actividades espirituales.

(B) cumple con todas las provisiones de la constitución de la iglesia local.

(C) sus actitudes son las que Cristo tendría si estuviera en las mismas circunstancias.

(D) ora en forma mística.

(E) predica con mucho avivamiento.

4. El Ministro debe recordar en todo momento que el joven...

(A) es muy mundano.

(B) pasa por una etapa en que no se siente muy seguro de sí mismo.

(C) tiene una tendencia de caer en el pecado.

(D) siempre piensa en las chicas.

(E) siempre pensará que nadie lo comprende.

5. Para comprender a los demás el Ministro debe primeramente...

(A) comprenderse a sí mismo.

(B) conocer lo que es vivir en el pecado.

(C) ser graduado de un buen seminario bíblico.

(D) adquirir mucha experiencia.

(E) ser gerente de una empresa.

6. Muchos Ministros no llegan a comprender a los demás porque...

(A) no tienen el tiempo suficiente.
(B) no saben escuchar.
(C) no saben organizar sus actividades.
(D) tienen la idea de que todo el mundo debe ser perfecto.
(E) no tienen aptitudes para hacerlo.

7. Imprescindiblemente tenemos que recordar que cada ser humano tiene la necesidad sicológica de...

(A) saber escribir.
(B) poder mandar a otros.
(C) comer bastante.
(D) que se le ame.
(E) estar libre de toda crítica de los demás.

8. Si un asesino adúltero trata de orar...

(A) Dios se negará a escucharlo.
(B) Dios lo regañará fuertemente por muchos días.
(C) Dios le dirá que después de un tiempo de penitencia, lo podrá atender.
(D) Dios lo recibirá tal como es.
(E) Dios lo castigará primero y luego lo escuchará.

9. Para tener buenas relaciones humanas, un dirigente deberá...

(A) saber inspirar a cada persona a cultivar sus propias capacidades.
(B) insistir en que él es quien manda.
(C) hacer lo necesario para que nadie lo supere.
(D) prohibir que los demás expresen opiniones contrarias a las de él.
(E) prometer resolver los problemas de los miembros.

10. Se puede saber todas las capacidades de una persona después de...

(A) observarla.
(B) darle un *test* sicológico.
(C) interrogarle acerca de lo que puede hacer bien.
(D) medirle la frente.
(E) dejar que Dios ayude a descubrirlas.

11. El hecho de que una persona posee dotes naturales...

(A) se verá la primera vez que los intente desarrollar.
(B) quiere decir que los podrá emplear solamente si todas las circunstancias le favorecen.

(C) no excluye la necesidad de que el pastor le anime repetidas veces.

(D) soluciona muchos problemas en una iglesia.

(E) le da la seguridad al pastor de que las relaciones humanas en la iglesia se van a mejorar.

12. Habrá mejores relaciones en una iglesia si el pastor mantiene una actitud . . .

(A) negativa.

(B) regañona.

(C) quejosa.

(D) agresiva.

(E) de gratitud.

13. Si la gente tiene alta motivación . . .

(A) será fácil lograr que colabore con el dirigente.

(B) tendrá una tendencia marcada de criticar y quejarse.

(C) recibirá buen sueldo.

(D) orará en voz más alta.

(E) se vestirá mejor.

14. Una cosa que pronto causa el deterioro de las relaciones humanas es . . .

(A) la persecución de parte de los enemigos del evangelio.

(B) la divulgación de las confidencias.

(C) un aguacero.

(D) la enfermedad del Ministro.

(E) la inflación.

15. El Ministro puede contribuir a la superación de las relaciones humanas si . . .

(A) lee muchos libros de sicología.

(B) agradece bien poco a los creyentes sus esfuerzos a favor de la obra.

(C) él mismo trata de hacer todo el trabajo de la iglesia.

(D) se muestra atento a uno que le ha llevado la contraria.

(E) obra con marcada parcialidad.

DE LA TEORIA A LA PRACTICA

1. ¿Qué cosas debe tener en cuenta un Ministro que trabaja en una zona rural para mantener buenas relaciones humanas con los creyentes de campo?

2. ¿Qué debe tener en cuenta un Ministro que se traslada a una zona desconocida para él con una cultura diferente si espera

mantener buenas relaciones humanas? ¿Cómo le cae a usted la costumbre de una persona recién llegada que habla continuamente de cómo se hacían las cosas en el lugar de su procedencia? ¿Qué efecto tiene en las relaciones humanas el hecho de negarse a observar costumbres locales?

3. ¿Cómo se siente usted cuando una persona le expresa su agradecimiento por algún favor que usted le ha hecho?

4. ¿Qué efecto tendrán las buenas relaciones humanas sobre el crecimiento de una iglesia?

5. ¿Cómo afectarán las buenas relaciones humanas la vida y ministerio de un evangelista?

6. ¿Qué podría indicar el hecho de recibir algunos votos en su contra en unas elecciones? ¿Qué relación podría tener eso con Lucas 6:26?

7. Si por casualidad usted se enterara del nombre de una persona que votó en su contra, ¿cuál sería la actitud bíblica que usted debería asumir para con tal persona?

8. ¿Qué características necesarias para tener buenas relaciones humanas le cuestan trabajo manifestar?

9. ¿En qué maneras le puede servir de beneficio una crítica en su contra?

10. ¿Qué efecto sobre las relaciones humanas tendrá la costumbre de un dirigente de anunciar o prometer hacer algo pero nunca llegar a cumplir lo prometido?

11. Haga un análisis frío y objetivo del estado de las relaciones humanas en la iglesia en que usted trabaja actualmente.

12. ¿Qué decisiones ha tomado usted para alcanzar un ministerio más efectivo en la esfera de las relaciones humanas?

PROYECTOS PARA LA CLASE

1. Revisar en clase el trabajo de la sección UN ENCUENTRO CON LAS VERDADES. Ver en qué puntos fallaron y por qué.

2. Presentar un cuadro dramatizado de un Ministro que actúa sin importarle nada las relaciones humanas.

3. Nombrar a dos miembros de la clase a que presenten un discurso de no más de diez minutos con ilustraciones visuales sobre dos aspectos de las relaciones humanas que no se tratan en este capítulo.

4. Nombrar una comisión para preparar una mesa redonda sobre el tema "La imparcialidad de un dirigente y su influencia en las relaciones humanas de la organización".

5. Dar tiempo a varios miembros de la clase para analizar la importancia de que el dirigente sea una persona "de palabra" y el efecto de esta cualidad sobre las relaciones humanas.

ABAD CARPIO SOSA, de nacionalidad domini-
cana, se convirtió al Señor a los 19 años de edad.
Ha ejercido el pastorado en las ciudades de Mi-
ches, Santo Domingo y actualmente en La Romana. Fue profesor del Instituto Bíblico y sirve
de Presbítero. Está casado con doña Mirta Lap-
post y el matrimonio tiene cinco hijos. Ha ejercido
el ministerio evangélico durante veinte años.

Durante la edificación del templo de las Asambleas de Dios en la ciudad La Romana, el hermano Carpio Sosa fue testigo de la provisión mila-
grosa de Dios que hizo llegar lo necesario para
terminar una construcción que costó mucho más
de lo anticipado.

Capítulo 9

LA VISITACION DEL MINISTRO

Por Abad Carpio S.

Un pastor no puede ser una persona cualquiera, ni cualquiera puede ser un pastor. Para ser un verdadero pastor, se necesita tener características o cualidades que le hagan a la persona apta para este ministerio. Si es cierto que el Ministro necesita ser buen predicador, de todas maneras necesitará otras características que lo hagan buen visitador, ya que el ministerio no consiste solamente en predicar buenos mensajes. Una parte imprescindible del ministerio es la visitación a las almas ahí donde se encuentran.

I. *Motivos de la visitación*

El Ministro que nunca visita no puede llegar a conocer a sus ovejas. En sus visitas el pastor llega a entender mil veces mejor las debilidades, los problemas, las necesidades y las ansiedades de sus ovejas. Nunca será tan efectivo un sermón como cuando el predicador ha ido primero a conocer el ambiente en que viven los que lo escuchan. Ahí es donde se empieza a sentir lo difícil que es hacer frente a la vida. En sus casas, oficinas o lugares de trabajo se puede con más certeza comprender a los creyentes, porque se les observa en su propia esfera de acción.

Pero también las visitas del pastor sirven admirablemente para que los de la congregación lleguen a conocerlo mejor. Por lo consiguiente podrán hablar con él con más naturalidad y más confianza. Esto es de inestimable valor para el ministerio de la orientación personal, ya que la persona tendrá menos tendencia de hablar como si tuviera puesta una máscara.

Otro motivo para que un pastor dedique tiempo a la visitación es que en realidad este trabajo es una forma de extender la predicación. En su visita pastoral el Ministro alimenta, protege y orienta a sus ovejas. Tiene la oportunidad de ayudar a sacar a aquellas que han caído en el hoyo de la desesperación, angustias, errores, falsas doctrinas. El Señor Jesucristo le dijo a Pedro que apacentara sus corderos y pastoreara sus ovejas. Juan 21:15-17.

II. *La naturaleza de las visitas*

Conviene aclarar que el ministerio pastoral de la visitación no consiste en salir a hacer visitas sociales, ni tampoco para enterarse de los últimos chismes. La naturaleza de la visita pastoral ha de ser netamente espiritual. Consiste en un trabajo de levantar la fe del creyente y de orientar al que está indeciso ante los problemas que enfrenta.

Bien pudiera ser que al comenzar la visita se tratara algún tema de interés del día. No hay inconveniente en comenzar a hablar sobre algo de interés general, pero el pastor debe buscar la manera de encaminar la conversación lo más pronto posible hacia las cosas espirituales. Con ese fin está allí. La gente siempre tiene con quien pasar el tiempo conversando, pero pocos los animan a buscar más de Dios. Por lo tanto el pastor debe encontrar la manera de ir averiguando cómo van todos en la familia en las cosas de Dios.

Ya que no va a poder visitarlos todos los días, debe encaminar todo hacia el momento en que puedan leer juntos alguna porción de la Palabra de Dios. Claro está que el pastor estará familiarizado con el pasaje antes de comenzar a leerlo por la obvia razón de que no toda porción conviene en cada caso. Luego se debe aprovechar la oportunidad para tener un momento de ferviente oración. ¡Qué dicha para los que van luchando con la vida!

Para mantener la naturaleza espiritual de la visita, el Ministro no debe visitar a ninguna persona del sexo opuesto a solas. Asegurará que lo acompañe o su esposa o algunos hermanos de la iglesia. Hay que cuidar las apariencias. No se puede dar lugar a que se les ocurra a los vecinos llegar a conclusiones maliciosas.

Algunos pastores se han dejado llevar por los comentarios y chismes recogidos en su visitación, poniéndose a actuar sin indagar si lo que se le ha contado será cierto o no. El que actúa ligeramente después de enterarse de ciertos problemas, o que se deja mover por el favoritismo hacia tal o cual persona, verá que pueden resultar divisiones y celos entre la congregación. El pastor tiene que ser muy discreto cuando sabe algo o se entera de un problema delicado, no sea que se le pierda la confianza. Uno de los grandes problemas de la vida del Ministro es el tener que mantener encerrado en su propio ser el conocimiento de cosas que por el bien de todos no se pueden divulgar. Esto hace que el pastor a veces se sienta muy solitario.

III. *Un programa sistemático de visitación*

Sería muy bonito si el Ministro pudiera realizar las visitas en los momentos en que se sintiera impulsado a hacerlo, pero desafortunadamente la experiencia nos muestra que eso resulta en que algunos creyentes no reciben visita alguna. La única manera de realizar bien la visitación es por medio de un plan que se siga sistemáticamente.

Las visitas se tienen que realizar sin parcialidad. El pastor a veces tiene la tentación de visitar solamente a aquellos de quienes goza el mayor aprecio, pero no puede olvidar ni por un momento que en la mayoría de las veces los que menos lo aprecian o los que le habrán hecho algún mal son los que necesitan mucho de su visita. Que aprenda lo que dice la Biblia y que lo ponga en práctica: "No seas vencido de lo malo, sino vence con el bien el mal." Romanos 12:21.

Para no permitir que nadie llegue a tener la impresión de que el pastor tiene favoritismos o que le gusta andar más en algunas casas que en otras, es casi imprescindible que él prepare una lista de todos los que forman parte de la congregación. A medida que va visitando a cada familia o persona, debe apuntar la fecha para que en cualquier momento pueda darse cuenta si ha visitado a algunos dos veces sin haber llegado a visitar ni una vez a otros. En esto el pastor necesita alcanzar una verdadera autodisciplina, gobernando sus propias inclinaciones por medio de un gran esfuerzo de no manifestar ninguna preferencia por nadie en la congregación.

En la planeación de la visitación hay que tener presente que tres grupos en la iglesia necesitan más de la atención del pastor: los enfermos, los nuevos convertidos y los que han sufrido alguna tragedia en su familia. Quiere decir que estas personas sí recibirán visitas más a menudo que las demás de la congregación mientras se clasifiquen en una de las tres categorías. Pero el hecho de dar atención especial a ellas en ningún modo le justifica a un pastor que no vaya visitando sistemáticamente a las demás.

Es de gran ayuda en la organización de la visitación que el pastor prepare un programa de su tiempo para ser un buen administrador. Debe dividir bien su tiempo en forma que no le sobre ni le falte en el cumplimiento de todas sus responsabilidades. Hay que repartir las veinticuatro horas entre la comunión con Dios, el hogar, la iglesia y las necesidades personales.

En el tiempo que se emplea para desempeñar las responsabilidades hacia la iglesia, el pastor debe procurar dedicar al ministerio de la visitación cierto número de horas cada semana. Será provechoso hacer una evaluación periódicamente de la forma en que ha pasado el tiempo. Debe preguntarse cuántas horas pasó en la visitación y cuántas visitas realizó. Así podrá darse cuenta si ha podido cumplir bien con esta parte vital de su ministerio.

En su programación del trabajo de la semana, lógico es pensar cuáles serán las mejores horas en que se dedicará a la visitación. En la gran mayoría de los casos, las horas tempranas de la mañana no son muy adecuadas para la visitación debido a que las amas de casa se encuentran en múltiples tareas y los hombres en sus lugares de trabajo comienzan a resolver los problemas de más urgencia. De todas maneras las horas de la mañana se prestan mucho para la oración y el estudio particular tan necesarios para el Ministro.

Tampoco conviene que uno llegue a una casa cerca de la hora de la preparación de los alimentos por razones obvias. Si cae en la costumbre de llegar poco antes o después de las horas de comida, no lo van a recibir con tanto agrado. Si por circunstancias ajenas a su voluntad llega a una casa en la hora en que van a comer, debe tener mucho cuidado en aceptar invitaciones improvisadas sin antes haber tenido tiempo para avisarle a su esposa. La costumbre de dejar a la señora con la comida en la mesa no contribuye a una buena armonía en el hogar. Pudiera ser que ese día la esposa se hubiera empeñado en preparar una comida especial y si su esposo no llega ni para probarla, se sentirá muy desilusionada. Tengo conocimiento de ciertos pastores que han tenido problemas en sus hogares con sus esposas y aun con sus hijos porque no piensan mucho antes de aceptar quedarse a comer sin dar previo aviso. En más de una manera, la programación sistemática de la visitación ayuda a evitar problemas.

Siempre que se pueda, es aconsejable que el pastor busque visitar a una familia en la hora en que todos estén presentes en la casa. Es una verdadera lástima que en algunos casos el jefe del hogar nunca esté presente cuando lo visita el pastor. ¿Será que esto tenga que ver con que en algunas iglesias las mujeres manifiestan más fuerza espiritual que los hombres?

El pastor debe recordar que si las mujeres necesitan de su atención en el ministerio pastoral de la visitación, de igual manera la necesitan los hombres. Una solución del problema sería visitar a los hombres en su centro de trabajo, pero muchas veces esto se hace imposible. Otra solución sería que el pastor tomara una noche de la semana para visitar los hogares en que el hombre no puede estar durante el día.

Resulta ser que en algunas iglesias se celebran cultos todas las noches y la congregación se acostumbra a que el pastor siempre esté presente. Pero si el Ministro va a cumplir con su responsabilidad con los hombres de la iglesia, debe enseñar a la congregación que el pastor no tiene que estar presente en cada culto ya que necesita ministrar de manera personal a los varones que no pueden recibirlo durante el día. Que hermanos capacitados y responsables se encarguen de vez en cuando de las actividades en el templo.

Muchos pastores se han enfermado en su trabajo de visitación por el temor de que van a ofender a los hermanos si no aceptan siempre lo que les ofrecen para tomar o comer. Cuando comencé el pastorado hace veinte años, tomaba café ocasionalmente, pero a causa de las visitas tuve que dejar de tomarlo. Como se me brindaba en cada visita que hacía, me afectaba repetirlo tanto. Por temor de que se me acusara de que en una casa sí tomaba café y en otra no, decidí dejarlo definitivamente y no tomar café en ningún lado para que todos vieran que yo quería observar una estricta imparcialidad. El sistema me ha servido.

IV. *Las visitas a los enfermos*

Hay que tener una aptitud especial para visitar a los enfermos. La confianza en el Señor con que uno entra al cuarto del enfermo puede ayudar mucho para levantar el ánimo del paciente lo mismo que de los que lo atienden. Lo que no necesita ver el enfermo es una cara de tristeza y pesimismo. Ningún bien se le hará si el pastor se pone a relatar problemas de otros que han padecido la misma enfermedad. Lo que debe hacer es permitir que el enfermo cuente sus penas si manifiesta el deseo de hacerlo. Luego el Ministro escogerá palabras que le consuelen y que le ayuden a echar mano a las promesas de Dios.

La duración de la visita debe ser bien controlada. A menos que se requiera más tiempo por algunas circunstancias muy especiales, no debe extenderse más de diez a quince minutos. El que ha estado muy enfermo sabe lo difícil que es concentrar la mente en el tema de la conversación cuando el cuerpo le duele o cuando le faltan fuerzas. Los médicos muchas veces aconsejan que el enfermo de gravedad no debe tener que conversar. Hasta procuran controlar el número y extensión de las visitas.

Tampoco se aconseja que el Ministro entable conversación con otras personas de la familia en la presencia del enfermo. Mucho más prudente es salir a otra habitación si los demás tienen necesidad de hablar. Una de las mejores medicinas para la recuperación de cualquier enfermedad es el reposo. El Buen Pastor nos lleva a aguas de reposo. ¿No debe seguir el ejemplo su comisionado en la tierra?

No cabe duda de que también es importante la selección de una hora oportuna para visitar a un enfermo. El Ministro debe darse cuenta de las horas en que se practica el aseo del cuarto o del salón del hospital. Si uno llega para interrumpir tan importante tarea, lo mismo que si llega a la hora del baño o de la curación del paciente, pierde la buena voluntad de los encargados del bienestar del enfermo, lo que no le conviene ni al paciente ni al pastor.

La oración que se hace con el enfermo debe reflejar una seguridad en Dios. No hay ninguna necesidad de alzar la voz para que Dios oiga. Los enfermos tienen nervios delicados. Muchas veces una voz en tono bajo y sereno imparte un sentido de calma y confianza que sirve de gran apoyo en momentos críticos.

V. *Las visitas de condolencia*

En el momento en que el Ministro se entera de la muerte de un miembro de la familia de un creyente, o de un creyente mismo, debe hacer un esfuerzo extraordinario para llegar cuanto antes a la casa para dar el pésame. Es el deber de un amigo, pero aún más de un encargado de almas. Este es el momento en que el pastor puede cumplir con una de sus funciones realmente importantes. La familia se encuentra con la gran necesidad de fuerzas espirituales. Mucho se le agradecerá al pastor el hecho de que haya abandonado otras tareas y quehaceres para estar presente. Pero si no aparece, pueden sentirse defraudados. No importa que se trate de la muerte de un familiar inconverso de los hermanos. Hay que llegar de todos modos. En la gran mayoría de los casos, la familia estará más dispuesta a escuchar al pastor que antes.

Muchas veces la familia le agradece al pastor cualquier orientación que les pueda ofrecer en cuanto a los arreglos que se deben hacer para el servicio fúnebre, como también para el entierro. No es raro que tengan otros problemas que consultar. Es una gran oportunidad de servir a la humanidad. En los países donde se acostumbra velar al muerto, es inadmisible que el pastor falte al velorio. Hasta los que no son tan allegados se hacen presentes en esa hora. Si el pastor espera mantener la confianza de la familia tendrá que dejar todo para estar presente. El velorio es un tiempo muy especial para ministrar a la gente, tanto a los parientes del difunto como también a los amigos y vecinos.

La visitación puede llegar a ser un ministerio de gran provecho o de fracaso, dependiendo de cómo la realice el pastor y el cuidado que tenga en hacerla. Si es cierto que la visitación pastoral es un trabajo hermoso e importante, no es menos cierto que se trata de una de las tareas más complejas y delicadas que el pastor evangélico tiene que desempeñar. ¡Qué necesidad tan grande tenemos todos de buscar la ayuda del Señor para poder así cumplir lo mejor posible con esta responsabilidad!

BOSQUEJO DEL CAPITULO

La labor pastoral en los hogares

I. ¿Por qué visitar?
  A. Para lograr una mayor comprensión de los creyentes
  B. Para dar una oportunidad a los creyentes de conocer mejor a su pastor
  C. Para un mejor cuidado de las ovejas

II. ¿En qué consiste una visita pastoral?
  A. De carácter espiritual
  B. El comienzo
  C. El final
  D. La recomendación de no visitar a solas a personas del sexo opuesto
  E. La necesidad de ser discreto con lo que se cuenta

III. ¿Cómo se debe planear el trabajo?
  A. La importancia de que todos sean visitados por igual
  B. La elaboración de un registro de las visitas que se realizan

C. La administración del tiempo
D. Las horas adecuadas en las cuales realizar el trabajo
E. La ventaja de visitar a la hora en que toda la familia esté presente
F. Las visitas a los varones
G. La actitud ante el refrigerio ofrecido

IV. ¿Qué cosas se deben tener en mente para visitar a un enfermo?

A. El ánimo del Ministro
B. La importancia de que no se prolongue la visita
C. La abstención de hablar con otros en presencia del enfermo
D. La hora en que se realiza
E. La oración con el enfermo

V. ¿Qué se debe tener presente cuando hay que expresar un pésame?

A. Llegar cuanto antes para condolerse de los dolientes
B. Orientar a la familia
C. Estar presente en el velorio

UN ENCUENTRO CON LAS VERDADES

Respuesta alterna. Subraye la palabra que complete cada expresión.

1. Tan importante como la predicación es el ministerio de la (visitación, meditación).
2. Es más fácil para un pastor conocer a los creyentes mientras les (predica, visita), que mientras les (predica, visita).
3. Una de las maneras en que las visitas pastorales sirven es ayudando a la gente a (conocer, alimentar) mejor a su pastor.
4. La visita pastoral debe (proteger, entretener) y orientar a las ovejas del redil.
5. El Ministro debe dar énfasis a las cosas (espirituales, políticas) en sus visitas.
6. El pastor debe estar familiarizado con el pasaje bíblico que piensa leer en la visita debido a que (todo, no todo) pasaje conviene en cada caso.
7. Es aconsejable que el pastor no visite a una persona del sexo opuesto sin tener (dinero, acompañante).
8. El pastor tiene que ser muy (discreto, sentimental) cuando se entera de algún problema delicado.
9. Para poder cumplir bien las obligaciones del ministerio de la visitación, hay que hacer un (plan, límite) del trabajo.

10. Las visitas se deben realizar sin mostrar ninguna (emoción, parcialidad).
11. Las personas que menos aprecian al pastor son las que (más, menos) necesitan de una visita de éste.
12. A medida que el Ministro va visitando debe apuntar la (reacción, fecha) en la lista de los que forman parte de la congregación.
13. Los que necesitan más la atención del pastor son los (nuevos convertidos, antiguos creyentes), los enfermos y los doloridos.
14. Las horas de (trabajo, la mañana) no son propicias para realizar visitas.
15. De ser posible, es mejor que se haga la visita cuando el (jefe, vecino) de la familia puede estar presente.
16. Si uno no toma café en algunas casas, no debe tomarlo en ninguna parte para no caer en la (parcialidad, imparcialidad).
17. Al visitar a un (enfermo, agricultor) es de suma importancia que se proyecte una actitud de (realismo, confianza).
18. La visita a un enfermo no debe pasar de (quince, cuarenta y cinco) minutos.
19. En el caso de la (caída, muerte) de un miembro de la familia de un creyente, el pastor debe llegar inmediatamente al hogar.
20. En la (programación, meditación) de su trabajo de la semana, el Ministro debe fijar ciertas horas que dedicará a la visitación pastoral.

DE LA TEORIA A LA PRACTICA

1. ¿Qué sucede en una familia en la cual los padres manifiestan una preferencia por algunos hijos y pasan más tiempo con ellos que con los demás?
2. ¿Qué sucede en la iglesia en que el pastor visita a los miembros con parcialidad?
3. ¿Cómo se puede evitar que algunas personas asuman una actitud de que si el pastor les visita ellos devolverán el favor con una visita a la iglesia?
4. ¿Cuáles son las mejores horas para visitar en la comunidad donde usted vive?
5. ¿Cuál es su concepto respecto de la idea de que los varones de la iglesia necesitan tanto la visita del pastor como las mujeres?
6. ¿Qué soluciones ofrece usted para que el pastor llegue a tener el mismo ministerio entre los hombres que tiene entre las mujeres?
7. ¿Qué problemas especiales tiene el pastor en la realización de la visitación en el campo?
8. ¿Cómo se pueden solucionar los problemas de la pregunta anterior?

9. ¿Qué problemas tiene el Ministro en el programa de visitas en los grandes centros de población que no tiene el que pastorea en una ciudad mediana?

10. ¿Qué soluciones ofrece usted para los problemas mencionados en la pregunta No. 9?

11. ¿Qué consejos se deben dar al que visita a una creyente cuyo marido se opone al evangelio?

12. ¿Cuántos minutos debe demorar el Ministro en una visita normal en un hogar?

13. ¿Cuántas horas semanales debe pasar un pastor en la visitación?

14. ¿Qué actitud debe adoptar el Ministro ante las invitaciones de asistir a acontecimientos sociales, tales como aniversarios?

15. ¿Qué decisiones ha tomado usted como resultado de haber estudiado este capítulo?

PROYECTOS PARA LA CLASE

1. Repasar en clase el trabajo que los estudiantes han realizado en sus tareas de las secciones UN ENCUENTRO CON LAS VERDADES y DE LA TEORIA A LA PRACTICA.

2. Presentar un grupo un cuadro dramatizado de lo que NO se debe hacer en una visita pastoral.

3. Realizar una encuesta entre 10 Ministros para ver qué opinan de la importancia de la visitación pastoral.

4. Pedir a dos miembros del sexo femenino de la clase que presenten un estudio sobre el papel que debe realizar la esposa del pastor en la visitación.

5. Asignar sin aviso previo a tres miembros de la clase los papeles de un ministro, un enfermo y el familiar del enfermo para que delante de la clase desarrollen estos papeles con el fin de indicar las mejores maneras de visitar a un enfermo.

MANUEL A. CORDERO RODRIGUEZ nació en la localidad de Morovis, Puerto Rico. Ha ejercido el pastorado en la iglesia de Washington Heights, Nueva York, Primera Iglesia Cristiana del Valle en Manhattan y actualmente en el Tabernáculo Asambleas de Dios en Bayamón, Puerto Rico. Fue Director del Instituto Bíblico de Nueva York, Secretario del Distrito Hispano del Este, fundó el Instituto Bíblico de las Asambleas de Dios de Puerto Rico y es secretario del Distrito de Puerto Rico. Está casado con doña Providencia Fernández y la pareja tiene cinco hijos. Hace 26 años que ejerce el ministerio cristiano.

El hermano reconoce que han ejercido una influencia notable en su ministerio las experiencias de los ministros que le han precedido, el estudio constante de las Sagradas Escrituras y los consejos, paciencia y humildad de su esposa.

Capítulo 10

ASESORAMIENTO ESPIRITUAL

Por Manuel A. Cordero R.

—Pastor, nuestro hogar está al borde de desintegrarse. ¿Qué hago?

—Mire, hermano, no sé qué me pasa, pero me siento tan mal que a veces llego a creer que me vuelvo loco.

—Sí sé que es un camino que me llevará a la destrucción de mi alma, pero no puedo dejar las drogas. Usted no sabe lo que es mi vida.

—Desde hace cuatro meses no sé lo que es tener un trabajo fijo. Estamos atrasados con el alquiler de la casa. Mis hijos necesitan ropa. Me ofrecen un trabajo que involucra la violación de las normas de la iglesia. Hermano, ¿cree usted que sería pecado aceptar este empleo hasta que podamos nivelar nuestra situación?

El Ministro del evangelio se encuentra continuamente con personas que buscan una orientación. Tienen ansiedad espiritual, problemas emocionales, desajustes en el matrimonio, miedos y tensiones, lucha contra el alcoholismo y el abuso de las drogas, encrucijadas en su trabajo, enfermedades sicosomáticas, problemas familiares, dudas sobre el noviazgo. Como dice Melvin Hodges: "Muchas personas que asisten a nuestra iglesia están confusas, temerosas, desalentadas, víctimas de ansiedades y complejos." [1]

Dar consejos constituye un importante ministerio. En la predicación, en la visitación a los hogares, antes y después de los cultos, en las ocasiones cuando una persona atribulada viene al pastor con el fin de pedir orientación, el Ministro se ve en la obligación de actuar como asesor. Hacer bien este papel depende de su actitud y el adiestramiento obtenido.

Haber obtenido la salvación por la fe en Cristo no quiere decir que el creyente haya logrado un crecimiento espiritual. Si es cierto que las iglesias están llenas de personas que han logrado establecer una nueva escala de valores y comenzar una nueva vida feliz y alegre; es igualmente cierto que muchos fieles no han podido salir de sus conflictos, dudas y ansiedades. Otros están desorientados en cuanto a decisiones que deben tomar. Si el pastor atiende a los primeros, no debe olvidarse de los segundos.

La ayuda especial que se puede brindar a un creyente envuelve tres pasos específicos:

1. Ayuda en la clarificación y jerarquización de valores.

2. Ayuda en la superación de la personalidad.

3. Ayuda en la solución de los problemas diversos de la vida.

El cuidado pastoral y la consejería son formas del ministerio, para lograr un encuentro humano-divino en cada persona. Y al producirse este encuentro, el individuo se da cuenta de que Dios le ama, y que tiene un plan maravilloso para su vida.

Se ha instituido en los seminarios e institutos bíblicos, cursos sobre psicología pastoral, consejería, técnicas de orientación y otros cursos para equipar a los que abrazan el ministerio. Ultimamente se han escrito sobre este tema muchos libros de gran utilidad al pastor. El Ministro que estudia estos libros, y pone en práctica sus enseñanzas, se ganará la confianza de su grey y su función pastoral cobrará otra dimensión.

En este capítulo trato de aclarar algunos conceptos sobre la orientación como una introducción al Ministro que desea saber cómo bregar con la persona que venga a él buscando ayuda.

I. *Razón para la consejería pastoral*

La necesidad del hombre estriba en que, aunque hecho a la imagen de Dios, no puede tener comunión con Dios porque esta comunión está rota. El hombre está sumido o aprisionado en una red de respuestas condicionadas y complejas. Su esclavitud se complica y su necesidad se agudiza en relación a Dios porque la recepción de la gracia divina está bloqueada. Este bloqueo puede romperse poco a poco después de algunas entrevistas de asesoramiento espiritual. Así la ansiedad de las personas puede ser disipada.

La consejería pastoral en la mayoría de los casos, logra el desarrollo potencial del individuo, y su crecimiento y madurez espirituales. "La teología y el cuidado pastoral se interpenetran una a la otra", dice Edward Thorton.[2] En ningún momento son antagónicas, más bien existe una correlación entre ambas. A través del cuidado pastoral pueden los Ministros atender mejor a los miembros de su rebaño, pueden entender los principios básicos de las enfermedades mentales y emocionales que aquejan a éstos, y pueden brindar la ayuda necesaria a los creyentes. En esta actividad no hay rivalidad con la teología.

La iglesia protestante no tiene un sistema confesional tradicional por considerarlo un medio de aislamiento espiritual. El método bíblico es "confesaos las faltas unos a otros". Santiago 5:16. Y en ese confesar de faltas, hallaremos siempre un espíritu quebrantado que necesita ayuda y consejo. Esta ayuda y consejo la da el Ministro y es el mejor medio para lograr el ajuste emocional del cristiano.

Los creyentes son susceptibles a los problemas y a las enfermedades como los no creyentes. Cuando nos enfermamos o tenemos algún problema necesitamos la ayuda divina y la humana. La ayuda divina nunca falta y la humana la puede brindar un profesional o el pastor. La ayuda divina viene a través de la Palabra de Dios, una fe sencilla y el Espíritu Santo si la persona está dispuesta a poner toda su confianza en Dios. La ayuda humana viene cuando el necesitado reconoce que otras personas capacitadas pueden ayudarlo.

Pero en muchas ocasiones la ayuda humana no funciona hasta tanto el creyente no arregle sus cuentas con Dios. El problema de millones en el mundo es que no han encontrado la paz mental y positiva que viene por medio de la justificación.

Muchos factores afectan la salud mental. Estos factores están latentes en todas las personas, incluyendo a los creyentes. A ellos también les asaltan las dudas, los temores, los complejos, las neurosis, los sentidos de culpa, los odios, los celos y envidias. Todo esto se convierte en problemas gigantescos cuando el hijo de Dios no echa mano de los remedios positivos que están al alcance de la "nueva criatura" y prefiere vivir frustrado y derrotado.

II. *Los objetivos de la consejería pastoral*

El Ministro como consejero deberá estar consciente del valor y la importancia de cada persona. Todos los creyentes de la grey son distintos unos de los otros. Cada uno ha alcanzado un nivel diferente de madurez espiritual. Un mismo problema lo pueden originar diferentes causas. Recordando todo esto, el asesor se preocupará más en proveer ayuda para buscar las soluciones a los problemas, necesidades y preocupaciones de los feligreses.

El consejero pastoral ayudará al creyente a enfrentarse al mundo y sus problemas. Le ayudará a comprender que en la vida las situaciones son y serán siempre las mismas para todos los hombres en todas las épocas y en todas partes.

Cada creyente se preocupa en mayor o menor grado por cosas simples: cómo mantenerse saludable; cómo ganarse el pan de cada día; cómo llevarse bien con los demás; cómo adaptarse a su ambiente. Además tiene que preocuparse de cómo mantener unos valores altos, cómo bregar con asuntos de conciencia sin violar las normas prescritas por su iglesia.

Por ejemplo, el llevarse bien con los demás es una situación que todos debemos entender. Posiblemente un creyente pasará por una experiencia difícil al llegar a la iglesia uno que muestra mucho más capacidad para dirigir que él, o cuando tenga que trabajar en grupos. Si no ha vencido sus complejos, estas situaciones le pueden ser traumáticas y dañinas. Hay que ayudarle, por lo tanto, a aprender a trabajar y convivir con toda clase de personas.

Otro ejemplo de problemas comunes que se encuentran dondequiera son las dificultades del matrimonio. Hodges ofrece una lista de las causas más comunes de ellas:[3]

1. Negligencia en entender y aceptar las nuevas responsabilidades y el nuevo papel que requiere todo matrimonio. Muchas personas vienen al matrimonio sin realmente entender la demanda que esto implica.

2. Falta de comunicación. Esta es probablemente la causa que origina más dificultades matrimoniales. La verdadera compenetración matrimonial requiere un corazón abierto, y confianza del uno hacia el otro.

3. Falta de respeto y cortesía. Sin duda, para que haya éxito en un matrimonio debe haber no solamente la atracción física, sino un respeto grande del uno por el otro.

4. Problemas financieros. Los problemas financieros pueden producir una gran tensión en el matrimonio.

5. Problemas sexuales... Hay muchos libros disponibles sobre este asunto, escritos por doctores, sicólogos y consejeros matrimoniales cristianos. El pastor debe familiarizarse con estos libros, pues frecuentemente la forma más fácil de ayudar a un matrimonio en dificultades es saber el libro más recomendable para ellos...

6. Diferentes actitudes respecto a la disciplina de los hijos...

7. Diferencias en creencias religiosas.

El asesor espiritual debe procurar que el orientado sepa qué hacer cuando muchas situaciones se presentan a la vez. Hay que indicarle que puede lidiar primeramente con una situación hasta resolverla satisfactoriamente, y luego por medio del éxito alcanzado, aplicar la misma metodología o principio para resolver las demás. Muchos problemas quedarán resueltos solamente cuando la persona haya recibido adecuada y oportuna orientación, para descubrir alternativas.

Otro fin del asesoramiento espiritual es ayudar al aconsejado a comprender que todas las situaciones tienen una gama de alternativas para sus soluciones. El Ministro ayuda a buscar esas alternativas y a considerar las ventajas y desventajas de cada una. Así, el orientado se adiestra para hacer lo mismo la próxima vez que se halle en un dilema.

Es importante que el que necesita orientación sepa que no es el primero en necesitarla. Las dificultades son parte de la vida diaria de todo ser humano. El creyente debe comprender que sus compañeros sufren situaciones parecidas y a veces mucho más complejas. Entendiendo esto, su situación probablemente le parecerá más pequeña.

El Ministro ayudará a la persona a vencer estas situaciones por medio de la Palabra de Dios y con el consejo sabio y dirección del Espíritu Santo. Para solucionar sus problemas, el feligrés debe crecer en su capacidad espiritual.

III. Distintos enfoques respecto a la orientación

Los teóricos defienden su propio punto de vista respecto a las técnicas a seguir en la orientación. Cuando estudiamos a fondo todos estos puntos de vista nos damos cuenta que la orientación es un proceso de ayuda que va encaminado a desarrollar responsabilidad plena en el orientado. No debemos aconsejar u orientar a una persona teniendo en cuenta que somos partidarios de una técnica o de otra. Lo que importa no es el punto de vista sino el crecimiento de la persona que solicita orientación, sea cual fuere el método de consejería que se siga.

A. La técnica no-directiva

Hay quienes opinan que la orientación individual debe estar centralizada en la persona que solicita ayuda. Dicen que el asesorado es en última instancia quien tiene la solución de su problema. Al adoptar esta técnica el orientador parte de la premisa de que cada persona individualmente posee un potencial interno que puede sacar a flote con una ayuda mínima y así resolver sus problemas. A este enfoque se le llama técnica no-directiva. Es decir, no se conduce al asesorado como quien maneja un automóvil. No se le dice lo que tiene que hacer, no se le toma de la mano, no se le conduce a la solución, no se le regaña. Ni siquiera se le da un consejo que al orientador le parece el que más conviene.

El exponente principal de esa teoría es Carl Rogers [4] quien cree que es necesario que un experto debe luchar desde afuera con los problemas internos de un individuo sin recopilar datos, sin hacer un diagnóstico innecesario, sin determinar las causas del comportamiento de la persona y sin decirle lo que tiene que hacer. Lo mejor es aceptar a la persona tal como es. Tratar de sentir y de ver el mundo tal y como la persona lo siente y lo ve.

Stanley Anderson escribe: "El consejero debe escuchar, no debe mostrar autoridad." [5] Rollo May dice: "Cuando un cliente le pregunta a un orientador, ¿qué debo hacer ahora?, éste no debe sucumbir ante la tentación de dar instrucciones y consejos." [6]

Los exponentes de la técnica no-directiva creen que el consejero tiene que hacer que el orientado se haga sus propias preguntas y busque sus propias respuestas. No desean violar lo que consideran ellos que es la autonomía de la persona.

La presuposición del sistema rogeriano concuerda con el pensamiento liberal-humanístico que recalca que la solución de los problemas del hombre yace en el hombre mismo. Dice que el hombre posee los recursos adecuados que surgen por el uso de técnicas no-directivas. Pero el punto de vista que aquí se discute coloca unos valores demasiado altos sobre el derecho de cada individuo de ser sicológicamente independiente. Se hace énfasis en la autonomía absoluta del hombre que la Biblia no apoya.

Esta técnica rechaza la ayuda de un experto (Ministro); la receta de la Biblia y la ayuda de Dios. La Biblia enseña que la persona en rebelión contra Dios no está bien espiritualmente, y por ende, no reúne las condiciones para entender su situación y tomar decisiones correctas.

Con el método rogeriano no-directivo, el consejero se convierte en una pared donde rebotan las preguntas del cliente. A la medida que expone su problema al consejero, éste responde reflexivamente, repitiendo las palabras del cliente. Busca enfocarlas con más claridad. Y con el tiempo el cliente comprende mejor su problema y halla la solución.

Algunos conservadores rechazan de plano a Rogers porque éste empieza con el hombre y termina con el hombre. No aceptan la idea de que el orientado debe ser aceptado como él cree que es, o tal como él es.

El consejero que adopta la técnica rogeriana tiene que:

1. Aceptar a la persona tal cual es, sin criticarla y sin corregirla.

2. Ayudar a la persona a la autorrealización porque el método no-directivo cree que la persona tiene su propia solución.

3. Ver al orientado tal y como él se ve a sí mismo. Para esto tiene que analizar todo lo que diga la persona en la entrevista.

4. Entender al orientado, penetrando en su mundo interior.

5. Ayudarlo a clasificar aquellos sentimientos que el orientado expresa para que gane más comprensión de su problema y puede buscarle solución.

En otras palabras, el asesor debe admitir que el que busca orientación tiene suficientes recursos como para bregar con sus problemas y salir a flote. Para lograr esto, el consejero sirve de agente expresando las ideas del orientado en otras palabras, aclarando sus pensamientos, dándole otros puntos de vista.

B. *La técnica directiva*

Otros consejeros opinan que la orientación individual debe enfocar los problemas de la persona haciendo una evaluación de la magnitud de éstos y la medida en que afectan al orientado. A este enfoque se le ha llamado orientación directiva.

El orientador será el que trabajará todo el tiempo con la persona buscando datos, analizando situaciones, diagnosticando y proyectando un plan de acción para dar la receta que necesita el paciente.

Este enfoque de orientación se conoció como el enfoque clínico. Pero E. G. Williamson [7] prefirió llamarlo técnica directiva, y es el mayor exponente de este punto de vista. Jane Warter [8] cree que se le debe llamar teoría centralizada en el orientador, por estar el enfoque centralizado en lo que el orientador hará para ayudar a la persona en la solución de sus problemas. Se le da más importancia a las destrezas del orientador en el diagnóstico y en la interpretación de datos y en la forma en que éste logra la solución del problema, que en el potencial del orientado para solucionar el problema.

El papel del orientador pastoral es muy activo. El consejero emplea varios grados de dirección al tratar de ayudar al orientado a que tome decisiones adecuadas. Le proporciona al que busca ayuda, una información externa para que éste se mida, se evalúe y descubra sus potencialidades y conozca las oportunidades que tiene en la vida, en la iglesia y en el mundo en que vive. En otras palabras, la misión del consejero pastoral, según la técnica directiva, es ayudar al aconsejado a que aprenda a conocerse mejor, a aceptarse a sí mismo, a entenderse mejor para que pueda aplicar a su yo, la información que le ayude a comprender que él es un ser único y diferente.

Aunque el orientador no sigue un patrón fijo de actividades, en el proceso de la consulta se incluyen seis pasos importantes. La secuencia de estos pasos es flexible y el orden se puede alterar.

a. *Análisis*

El análisis es una colección de datos que proveen un entendimiento claro acerca del orientado. En este paso los profesionales se valen de pruebas, inventario de intereses, inventario de aptitudes, pruebas de personalidad. También se usan anécdotas, biografías, y los resultados de las entrevistas con el orientado.

b. *Síntesis*

Es la organización y el resumen de los datos obtenidos del análisis que revelan los ajustes, desajustes, responsabilidades y otros rasgos de la personalidad. Se debe preparar un historial para resumir los datos sobre la vida del orientado.

c. *Diagnóstico*

Es la conclusión respecto a las características y las causas de los problemas que exhibe el orientado. Puede ser que el problema que se identifique sea distinto al problema que llevó la persona ante el Ministro. A pesar de que muchos expertos ponen énfasis sobre la importancia de recoger y llevar la información, no debe esto llegar a convertirse en barrera entre el orientador y el cliente ya que las pruebas y registros deben utilizarse como un medio nada más.

d. Pronóstico

El pronóstico es la predicción tentativa del desarrollo futuro a la solución del problema del asesorado. El consejero pastoral puede explicar el pronóstico que ha hecho, pero se abstiene de decirle lo que él debe hacer, ya que el consejero reconoce que el pronóstico puede estar equivocado. El orientador ayuda a la persona a tomar sus propias decisiones.

e. Orientación individual

Son los pasos que siguen el Ministro y el creyente para lograr ajustes y adaptación. Aquí el orientador le presenta la alternativa que favorezca o que desfavorezca la selección que ha hecho la persona, o los hábitos o actitudes que ésta haya observado. Se debe hacer todo lo posible para ayudar al orientado a evaluarse a sí mismo. En esta fase se ayuda al orientado a formular un plan de acción donde él utilice los intereses y capacidades que él mismo ha identificado.

f. Seguimiento

Esta etapa sirve para ayudar al cliente en sus nuevos problemas o en la recurrencia del problema original para determinar la efectividad de la orientación.

Hemos anotado ya que esta secuencia no tiene que seguirla el consejero pastoral. Un consejero puede orientar sobre un problema emocional al mismo tiempo que diagnostica un problema espiritual. Muchas veces el problema emocional queda resuelto a través de la orientación de un problema espiritual o vice-versa.

C. Orientación nutética

Jay E. Adams [9] en su libro Competent to Counsel y en The Christian Counselor's Manual expone que la consejería pastoral debe ser directiva. El no la llama por este nombre, sino por el nombre bíblico: "orientación nutética". Esta palabra tiene su raíz en el griego nouthesia, que significa aconsejar o confrontar por medio de las Escrituras. Esta idea se encuentra tanto en el Antiguo como en el Nuevo Testamento donde su uso corriente significa: dirigir, aconsejar y confrontar. El apóstol Pablo la emplea frecuentemente en pasajes tales como Colosenses 1:28 (amonestando); Colosenses 3:16 (exhortando); Romanos 15:14

(amonestando). La consejería nutética pone énfasis sobre el arrepentimiento y el regreso a Dios. En vez de buscar atenuantes y excusas por las faltas cometidas o en vez de echar la culpa a otros, el consejero nutético defiende el que el aconsejado asuma responsabilidad y admita la culpa, confiese el pecado y busque el perdón de Dios. Adams confiesa que llegó a tener éxito en la orientación pero que no pudo menos que notar que mientras más directivo se hacía (simplemente diciéndole a otros lo que Dios requería de ellos) más personas eran ayudadas.

Los consejeros pastorales nutéticos-directivos recalcan el uso de los recursos divinos, pues sólo Dios puede regenerar, instruir, cambiar y fortalecer a las personas con su Palabra y su Espíritu. Muchos Ministros consejeros reconocen que el hombre tiene otros recursos dentro y fuera de sí mismo que le pueden ayudar a resolver sus problemas; sin embargo estos recursos fallan muchas veces. No obstante cuando los recursos internos fallan, los recursos externos espirituales-divinos siempre funcionan. El orientador nutético, por lo tanto, debe recalcar la importancia de estos recursos. Son y serán siempre los más valiosos.

Melvin Hodges indica varias categorías de problemas y sugiere lo que se podría hacer siguiendo este espíritu de la orientación nutética.

Vamos a incluir aquí algunos fragmentos de su exposición de este tema.

Los que se han convertido y tienen enredos matrimoniales.

Primero, debe entenderse que la iglesia en diferentes países puede tener reglas distintas en estos problemas tan complicados, y que nada de lo que decimos aquí intenta anular esas reglas.

Necesitamos evitar dos extremos. Debemos evitar toda actitud que haga rebajar los principios elevados de la iglesia, no sea que ésta sea acusada de poco cuidado en asuntos de moral. Segundo, debemos evitar una actitud estrictamente legalista, recordando que el pecado corrompió al hombre perfecto que Dios creó en el jardín del Edén, en tal forma que ahora es necesario hacer ciertos ajustes que es posible no estén en línea con la voluntad perfecta de Dios, pero que puede ser lo mejor que se puede hacer bajo las circunstancias del momento. En estos casos debemos adoptar un punto de vista humanitario, y ser misericordiosos más bien que inflexibles y dogmáticos...

La experiencia nos ha enseñado que no es apropiado recomendar a una persona que se ha vuelto a casar, o que está viviendo con un segundo compañero después del divorcio, que destruya su nuevo hogar y retorne a su anterior cónyuge, o permanezca sola. Esto algunas veces ocasiona un malestar tan grande en el individuo que no es capaz de soportarlo. Cristo ha indicado, y Pablo admite, que no todos están constituidos como para ser capaces de vivir una vida en paz siendo solteros. Mateo 19:11; I Corintios 7:9. En la práctica hemos notado que las personas que han decidido separarse bajo tales circunstancias, más tarde se han visto envueltas en diferentes compañías, resultando que el caso en lugar de remediarse, se ha empeorado. Como cristianos debemos también pensar en los niños que existen en el hogar. Resulta una responsabilidad muy grande aconsejar que se deje a los niños sin padre o sin madre. [10]

Hodges se dirige al problema de dar a estas personas con enredos el privilegio de bautizarse en agua y permitirles participar de la cena del Señor. "...enseñamos que el evangelio de Cristo es para todos." Pero si les negamos el bautismo a éstos por enredos desdichados nos ponemos en el lugar de decirles: "Lo siento amigo, tu vida es tan confusa y enredada que Dios no tiene lugar para ti en su iglesia." Sigue Hodges diciendo:

Nos colocamos en una posición ilógica si nos oponemos a bautizar en agua a un hombre que tiene fe sincera, pero debido a sus enredos matrimoniales que ni él mismo ni nosotros podemos resolver satisfactoriamente, lo excluimos de tal bendición... Debemos permitir que un convertido sincero participe de todo aquello que contribuya a hacerle crecer en gracia (lo cual incluirá el bautismo en agua y la cena del Señor), pero las Escrituras mismas indican un nivel espiritual superior en aquellos que van a ser dirigentes de la iglesia. Por lo tanto no creemos ser inconsecuentes si aceptamos un miembro para el bautismo y comunión, y sin embargo no le permitimos los privilegios de ser líder. [11]

Hodges nos ofrece algunas sugerencias de cómo seguir en el espíritu de la orientación nutética de personas que atraviesan duras aflicciones. Hay que hacerles ver lo siguiente:

No debemos pelear contra el yugo. No podemos tener fe hasta haber encontrado la manera de someternos a la voluntad de Dios. Jesús se sometió a los sufrimientos de la cruz, simplemente porque reconoció que la cruz era la voluntad de Dios para él. Cada pena o aflicción se hace más fácil de soportar si podemos ver la mano de Dios en ella.

Segundo, el alma necesitada deberá reconocer el aspecto de corrección que hay en el sufrimiento. Hebreos 12:6-13. No hay nadie que tenga la suficiente madurez y esté lo suficientemente desarrollado en la vida espiritual como para no necesitar corrección... Hay algo que los sufrimientos hacen por el cristiano: enseñarle que las cosas temporales son fugaces y transitorias, en las cuales no debe confiarse, para de esa forma alcanzar las riquezas eternas. Mateo 6:19-34.

Tercero, debemos aprender a preocuparnos solamente de hacer la voluntad de Dios, y no por lo que puedan pensar otros de nosotros. Jesús "se despojó a sí mismo". Filipenses 2:7. Es ante el Maestro que somos responsables si caemos o nos levantamos... Juan 21:22.

Cuarto, la persona afligida deberá ser animada a buscar la solución de sus problemas en la Palabra de Dios... Si una persona lee la Palabra de Dios con el corazón abierto, el Espíritu Santo avivará y revelará alguna promesa o verdad espiritual...

Quinto, aconseje a las personas con problemas que no se preocupen demasiado de sí mismas, ni persistan en pensar en el problema que les agobia. Hay una tendencia natural en cada uno de nosotros hacia la autocompasión. Esta actitud es enemiga de la fe y del coraje. [12]

En el caso de problemas matrimoniales, Hodges señala cómo las enseñanzas de la Biblia se pueden aplicar al problema específico.

Cada uno tiene que aceptar a su compañero tal como es, incluyendo sus defectos. Nadie es perfecto. El amor no demanda perfección, sino que todo lo sufre y todo lo soporta. I Corintios 13:7. Demostramos falta de madurez espiritual cuando demandamos que nuestro cónyuge corrija sus defectos para poder ofrecerle nuestro amor. [13]

Una palabra de advertencia de Hodges viene bien aquí.

El pastor debe tener cuidado especial en dar consejos a personas del sexo opuesto. Cuando un pastor logra ayudar a una señora, existe cierto peligro que ella llegue a depender emocionalmente de él. El pastor tiene que mantener una actitud objetiva e impersonal. [14]

D. *Contraste entre la técnica directiva y no-directiva*

El contraste entre la técnica directiva y no-directiva es el siguiente:

1. El consejero directivo hace preguntas específicas; en contraste el no-directivo reconoce solamente los sentimientos y actitudes.

2. El consejero directivo explica, discute, da información; el no-directivo interpreta los sentimientos y actitudes.

3. El consejero directivo examina la evidencia y señala los beneficios al orientado de tomar una acción propuesta; el no-directivo deja que la persona misma examine la evidencia y busque una solución.

4. El directivo señala el problema o la condición que necesita corrección; el no-directivo pregunta al orientado lo que siente al respecto.

E. *La orientación ecléctica*

Otro enfoque en la consejería pastoral adoptado por muchos orientadores que no están satisfechos ni con el punto de vista directivo ni con el no-directivo es el ecléctico. Este método toma lo que parezca bueno de las otras técnicas. Es en el enfoque ecléctico donde se traen a un término medio todos los demás puntos de vista. El consejero usa con la ayuda del Espíritu Santo cualquiera de las técnicas que pueda brindar resultados positivos.

El exponente máximo de este punto de vista es Edward Thornton [15] quien parte del supuesto que el orientado responde mejor a esta forma de orientación que a una técnica fija de antemano. Los que adoptan este punto de vista ecléctico deberán:

1. Hacer un diagnóstico en primera instancia para averiguar cuál es el problema que le aqueja a la persona que solicita ayuda y las causas principales. Por supuesto que la colección de información en esta fase es muy importante. No se puede recalcar demasiado la necesidad que tiene el consejero de desarrollar su habilidad para escuchar sin hablar tanto en esta fase. El orientado necesita tener la oportunidad para ir sacando "al sol" todo lo que tiene guardado en su interior. Esta es la fase en que el buen consejero hará preguntas con sabiduría para ayudar a la persona a seguir presentando su situación. El proceso le ayuda al aconsejado a ver mejor su problema.

2. Seleccionar el método que va a usar para ayudar al cliente una vez que conoce cuál es el problema y la causa. Cualquier método que escoja va encaminado a ayudar directamente a la persona.

3. Darle a la persona la oportunidad de asumir más responsabilidad a medida que el orientador aplica la técnica ya sea directiva o no-directiva.

IV. *La entrevista en la consejería pastoral*

Con el fin de llevar a cabo una labor de consejería exitosa, el Ministro debe dar importancia a lo que se ha llamado la antesala de la orientación: la entrevista. Esta es como si fuera la columna vertebral de la consejería; es la herramienta por excelencia. Ana Cáceres dice que "es el vehículo principal para llevar a cabo la orientación". [16]

La entrevista es la discusión de un problema cara a cara entre el orientado y el consejero. Se lleva a cabo porque el orientado siente una necesidad y esta necesidad le obliga a buscar ayuda. Es una experiencia dolorosa para el orientado por medio de la cual surge todo el proceso de la consejería individual. La entrevista inicial o contacto inicial es quizá la parte de mayor importancia en la orientación; de ésta depende todo el proceso subsiguiente.

Para ayudar a una persona que busca orientación, el consejero necesitará establecer una verdadera comunicación entre los dos. Esta comunicación debe llevarse a cabo en un ambiente de cordialidad, de confianza y de respeto, que son los elementos básicos de una entrevista. El clima de cordialidad y respeto hace mucha falta para estrechar las relaciones humanas.

Este proceso de la entrevista se puede dividir en cuatro fases:

1. Fase inicial. Se busca el motivo que la persona tiene para venir a la consulta.

2. Fase exploratoria. Se averigua cuáles son los factores determinantes subyacentes en el problema que acosa a la persona.

3. Fase de planeo. El orientado y el consejero pastoral estructuran un plan específico de acción para la solución de problemas.

4. Fase de cierre. Después de solucionado el problema se evalúa en una entrevista posterior el éxito de la técnica y se cierra el caso.

En la entrevista se recoge información de una forma intensiva y extensiva. La manera intensiva de recoger información es concentrarse en un solo problema para lograr captar los otros que afectan pero que son demasiado sensibles para sacarlos a la luz.

Ejemplo: Un hombre consulta al pastor y le dice que tiene el problema grande de que su esposa no le habla hace varios meses. Dice que esta situación le preocupa en gran manera. El pastor recoge toda la información haciendo preguntas directas y manteniendo el oído alerta a las claves que le indiquen donde está el verdadero mal. Posiblemente este hombre quiera confesar una falta que él cree que su esposa ya sabe. El no sabe cómo sacar la espina de su corazón y necesita una persona que le ayude en la operación dolorosa.

Thornton dice: "Mientras escuchamos debemos estar ocupados mentalmente, evaluando los problemas de las personas a la luz de la Palabra de Dios y preparándonos para dar la palabra de consolación". [17] Este escritor pone énfasis sobre lo imprescindible de escuchar a la persona y a la vez recordar lo que dice la Biblia pero sin decir ni una palabra. La verdad es que para poder hacerlo uno necesita la ayuda de Cristo.

La forma extensiva de recoger información es haciendo preguntas de todos los aspectos de vida relacionados con el orientado, con su vida física, el modo de observar la ley, su bienestar económico, sus relaciones con los demás, con su familia y con los compañeros de la grey. Muchos de estos datos se obtendrán por medio de observaciones que hace el consejero a la persona para que saque de lo profundo de su ser toda información que lleve a encontrar las causas del mal que le aqueja.

El orientador toma notas, a veces graba las conversaciones (con el permiso del orientado) para luego analizarlas palabra por palabra, ve donde está la información que excita la sensibilidad del orientado y comienza a trabajar de este punto hasta lograr un progreso positivo.

V. *Lo que necesita ver el orientado en el Ministro consejero*

No importa qué enfoque le dé el Ministro a la orientación; de todas maneras si va a hallar éxito tendrá que lograr que el orientado vea en él ciertas cualidades. En primer lugar tiene que estar convencido que el que le orienta lo acepta tal como es. En muchos casos la persona ha cometido fallas que si no tiene cuidado el consejero, por ellas, rechaza inconscientemente al orientado. El Ministro, sin aprobar lo mal hecho, tiene que proyectar al aconsejado la seguridad de que de todas maneras lo recibe y desea ayudarlo.

El que busca ayuda tiene que estar seguro de que el consejero lo comprende, también. Va a tener poco valor para contar su situación si presiente que su orientador no tiene la más mínima idea de su temperamento, y de las circunstancias que le han sido adversas. Pero si, por el contrario, ve en el consejero una persona comprensiva se esforzará más para llegar a la raíz del dilema.

Va a perder toda su motivación el aconsejado si llega a sospechar que el orientador no le da valor a su persona. Pensará que no vale la pena tener que sufrir contando su situación si el Ministro orientador no le concede importancia alguna. Nadie deseará en este mundo compartir sus penas con una persona que no lo estime.

Las características que el buen asesor tendrá que manifestar no se ven solamente por medio de las palabras expresadas por él.

En muchas maneras se muestra si uno tiene interés sincero. Si el Ministro continuamente mira por la ventana o se fija en el reloj o denota impaciencia, el asesorado se encerrará en sí, y ahogará la orientación que necesita.

Otra característica que debe tener el Ministro asesor es la objetividad cristiana. Dice Hodges que el consejero "no debe permitir que su persona se envuelva en la situación que está tratando de resolver, en tal forma que le incapacite o le indisponga a dar un consejo objetivo." [18]

Hodges menciona, también, la necesidad de que el Ministro no puede

> permitir que una actitud legalista le robe el verdadero propósito del evangelio: levantar a los caídos. Debe recordar cómo Jesús trató con la mujer tomada en adulterio. Debe tener cuidado de que la letra muerta de nuestras reglas no substituya al espíritu vivo del evangelio de redención. Debe recordar que tenemos el ministerio de la redención y no del juicio. En el momento que comenzamos a juzgar, cesamos de redimir. Esta declaración no significa que la iglesia no debe preocuparse de la disciplina. Aun en la disciplina, la iglesia debe buscar la redención del delincuente. [19]

El consejero pastoral, después de ayudar al asesorado, deberá mantener en secreto todo lo relacionado con el caso. Muchas iglesias se han dividido y muchos creyentes se han perdido porque el pastor no supo guardar las confidencias hechas a él. Lamentablemente algunos Ministros han tomado las confidencias para ilustrar sus sermones. ¡Qué problema se buscaron! El creyente que oye su dificultad lanzada desde el púlpito aunque sea en una forma indirecta, tendrá en poca estima la ayuda que puede brindarle la consejería pastoral.

Una vez terminada la entrevista, el consejero llevará el asunto a Dios en oración y pedirá la dirección divina para seguir ayudando a otros con problemas similares. Deberá hacer una evaluación de los resultados de sus esfuerzos con el orientado con el fin de reforzar los puntos débiles de su técnica y su metodología y usar en ocasiones futuras aquellas técnicas y métodos que le dieron resultados. Una advertencia, sin embargo, es necesaria en este punto y es que cada caso es individual, es único. Las soluciones serán distintas aunque la metodología y las técnicas sean las mismas.

VI. *Asesoría de los que padecen de problemas mentales*

Melvin Hodges ha dado algunas guías para el que trata de orientar a una persona con disturbios mentales. Citamos a continuación algunas partes:

El pastor por regla general no está preparado profesionalmente en materias de sicología, y deberá comprender sus limitaciones, tratando de dar solamente la ayuda que le permiten su conocimiento y experiencia en las cosas espirituales.

Los disturbios mentales pueden ser el resultado de una enfermedad o de un órgano en mal funcionamiento. El cuerpo y la mente están íntimamente relacionados. Muchos médicos declaran que una gran parte de las enfermedades físicas son el resultado de conflictos mentales. Sin embargo, algunos disturbios mentales son el resultado directo de alguna causa física. La glándula tiroides anormal, por ejemplo, puede producir desórdenes nerviosos y mentales, que se corrigen inmediatamente que la causa es quitada. Algunas medicinas tienen aspectos colaterales que afectan los nervios. Las mujeres que pasan por el período de la menopausia, pueden también experimentar gran nerviosidad.

Un colapso puede ocurrir cuando la persona ha sido sujeta a un esfuerzo mental que ha resultado demasiado para ella. El odio o lo ausencia del espíritu de perdón, pueden producir depresiones mentales. Los conflictos en el hogar o en el trabajo pueden dar lugar a una carga en la personalidad que el individuo a veces no puede sobrellevar.

Finalmente, hay colapsos mentales que son causados por posesión de demonios. Inclusive estos últimos pueden estar en alguna forma relacionados a una o a ambas de las causas anteriores.

Resulta innecesario mencionar que a fin de poder prestar ayuda, el pastor debe tener una idea muy clara de cuál es la causa de la enfermedad. Sería desastroso para un pastor tratar con una persona como si fuera poseída de un demonio, cuando en realidad fueran otras las razones. En lugar de traer alivio, esto produciría una ansiedad mayor y más compleja. [20]

¿Cuál sería la mejor forma de proceder en la orientación de una persona con problemas mentales? Hodges recomienda la manera siguiente:

1. Averigüe cuál es la verdadera dificultad.

2. Enseñe a la persona a traer esta dificultad a Cristo para obtener sanidad y perdón.

3. Anímele a confiar en las promesas de Dios. Ayúdele

a ser positivo en sus pensamientos. La derrota sólo ocurre a aquellos que rechazan el remedio, y deciden permanecer en sus problemas o fracasos. Filipenses 4:6-8.

4. No exhorte a la persona que está bajo grandes esfuerzos mentales a ayunar y a orar, o a luchar y batallar en oración. Tal batalla puede dar como resultado una continuación del mismo problema nervioso. La persona que está al borde de un colapso no debe ser animada a luchar, sino a pensar sobre las promesas de Dios, a entrar en su regazo de descanso. Anímele a tratar de dormir lo más que pueda y a comer regularmente. Si existe necesidad de luchar en oración, otra persona deberá hacerlo a favor de la afligida. Ella debe descansar, debe alabar a Dios, creer en sus promesas y confiar en su amor y cuidado. "Y acá abajo los brazos eternos."

Algunas veces la lectura lenta y meditada del Padrenuestro, el Salmo 23, Salmo 91, o Salmo 103, pueden traer paz a una mente atormentada. Deje que la persona afligida llene su mente con las promesas de Dios, y aprenda que "fe es la victoria". [21]

VII. Asesoría de los poseídos de demonios

Los libros de sicología no tratan el problema de la posesión de demonios. Muy escasa es la literatura evangélica que explique claramente lo recomendable para ayudar a los afligidos por este problema. Es por lo tanto que hemos estimado provechoso incluir los consejos de Hodges para este asunto. Citamos a continuación:

Primero, el pastor no debe tener dudas que está tratando con un caso de posesión de demonios. No todo el que llora histéricamente está poseído por los demonios. Cuando una persona está realmente poseída por los demonios, éstos pueden hablar a través de la persona poseída por los espíritus malignos. Vea I Corintios 12:1-3 y I Juan 4:2-3. Los demonios no reconocerán que Jesús es el Señor. No desean nada relacionado con la redención o salvación por la sangre de Jesús. Las personas poseídas por demonios, o permanecen en silencio cuando se les pregunta su opinión sobre Jesús, o tratan de evitar responder, o hablan contra Jesús. Si una persona está alabando a Dios y reconoce el señorío de Cristo y la redención a través de su sangre, no necesitamos preocuparnos acerca de la posesión demoníaca.
Cuando se encuentra con un caso de posesión de demonios, el pastor deberá tratar a esta persona según explicamos a continuación:

1. Como regla general, es mejor tomar a la persona y sacarla del servicio público para tratar con ella individualmente, en unión de otras personas que sepan cómo orar. Si se deja a la persona en el servicio público, el demonio puede producir una demostración desagradable que causará disturbio en el servicio. Algunas veces la pelea con los demonios puede prolongarse.

2. El pastor debe tener la confianza que el demonio dejará libre al individuo, al invocar el nombre de Jesús. El pastor no debe permitirse entablar una discusión o argumentación con la persona poseída por el demonio.

3. Algunos casos requieren oración y ayuno para la victoria final.

4. Si la persona afligida ha estado practicando la brujería, debe destruir de su persona y de su casa todo objeto de magia satánica. Los miembros de la familia deben estar seguros que esto ha sido llevado a cabo. La experiencia nos prueba que la victoria se demora en muchos casos mientras el demonio pueda encontrar algún punto en qué apoyarse.

5. Sobre todo, el pastor debe mantener una actitud de fe. No debe tener temor, sino darse cuenta de que Dios le ha dado poder sobre los poderes del enemigo.

6. Naturalmente, una persona libertada de la posesión demoníaca debe tener ayuda y cuidado especial, y no dejarle indefensa y abierta para otro ataque del enemigo. Ayúdele a que su vida sea llenada con Dios, y que El mismo evite cualquier actividad que pudiera abrirle la puerta de nuevo al enemigo. Si el enemigo no encuentra la "casa" vacía, sino ocupada por otro (el Espíritu Santo) no hallará cuarto dónde entrar de nuevo. Mateo 12:43-45. [22]

Se ha notado recientemente que el pastor consejero está cobrando una importancia sin igual. Hay una popularidad y apelación hacia este tipo de capellanía. Algunas denominaciones tienen credenciales especiales para Ministros que se han preparado para este ministerio. Varias iglesias tienen sus propios centros de orientación profesional.

El Ministro es el único orientador que escucha a sus pacientes en cualquier momento. Muchas veces les dispensa de la formalidad de las citas, pues siempre tiene personas buscando su consejo ya sea antes o después del culto, bien de día o de noche. En sus visitas diarias se le presentan oportunidades para asesorar a muchos con problemas.

Cada caso hay que tratarlo individualmente y con seriedad aunque el problema presentado parezca simple. No hay problemás simples, ni pequeños ni grandes. Mucho menos son iguales a los de otras personas. No ataquemos a las personas, sino a los problemas que molestan a la personas.

El Consejero pastoral no tiene todas las respuestas ni todas las soluciones a los problemas pero tiene un recurso poderoso en Dios y su palabra y en la ayuda fiel del Espíritu Santo.

1Hodges, Melvin, *El Pastor*, (Miami: Programa de Educación Cristiana) Mimeografiado. P. 28. Esta cita lo mismo que todas las demás de Hodges, se incluyen en este capítulo con permiso del autor.

2Thorton, Edward W., *Theology and Pastoral Counseling*, (Philadelphia: The Fortress Press, 1967), Pág. 27.

3Hodges, Melvin, op, cit., Págs. 37-42.

4Rogers, Carl, *Counseling and Psychotherapy*, (Boston. Hougton and Mifflin Company, 1942), Pág. 127.

[5]Anderson, Stanley, *Every Pastor a Counselor*, (Wheaton: Van Kampen Press, 1949), Pág. 55.

[6]May, Rollo, *The Art of Counseling*, (New York: Abingdon Press, 1949), Pág. 25.

[7]Williamson, E. G., *Vocational Counseling*, (New York: McGraw Hill Company, Inc., 1965).

[8]Warters, Jane, *Techniques of Counseling*, (New York. McGraw Hill Company, Inc., 1964).

[9]Adams, Jay E., *Competent to Counsel*, (Grand Rapids: Baker Book House, 1970), Pág. 65.

[10]Hodges, Melvin, op cit., Págs. 30, 31.

[11]idem., Pág. 31.

[12]idem., Pág. 32, 33.

[13]idem., Pág. 42.

[14]idem., Pág. 43.

[15]Thornton, Edward, op. cit.

[16]Cáceres, Ana, *Introducción a la orientación*, (Río Piedras: Editorial Universitaria, 1966), Págs. 65-77.

[17]Thornton, Edward, op. cit.

[18]Hodges, Melvin, op. cit., Pág. 28.

[19]idem., Pág. 28.

[20]idem., Pág. 34.

[21]idem., Págs. 35, 36.

[22]idem., Págs. 36, 37.

Otras obras consultadas

Basett, William, *Counseling the Childless Couple*, (Philadelphia: Fortress Press, 1967).

Bonhoeffer, Dietrich, *Ethics*, (New York: The Macmillan Company, 1955).

Brown, J. Paul, *Counseling with Senior Citizens*, (Philadelphia: Fortress Press, 1967).

Harris, Thomas A., *Counseling the Serviceman and His family*, (Philadelphia: Fortress Press, 1967).

Hiltner, Seward, *The Counselor in Counseling*, (New York: Abingdon Press, 1957).

Kemp, Charles F., *Counseling with College Students*, (Philadelphia: Fortress Press, 1967).

León, Jorge A., *Psicología pastoral para todos los cristianos*, (San José: Editorial Caribe, 1971).

BOSQUEJO DEL CAPITULO

El Ministro como consejero

I. ¿Por qué hace falta el asesoramiento espiritual?
   A. La dificultad del hombre de tener comunión con Dios
   B. El desarrollo espiritual
   C. La provisión de una oportunidad para la confesión que apoya la Biblia
   D. Los problemas de los creyentes

II. Lo que se desea lograr con el asesoramiento
   A. Aceptar diferencias individuales
   B. Ayudar al creyente a entender mejor la vida
   C. Adiestrar a una persona para enfrentar varios problemas simultáneos
   D. Aprender a ver todas las diferentes soluciones posibles
   E. Comprender que otros han tenido problemas similares
   F. Ayudar a dar luz a los problemas con las Escrituras

III. Las diferentes técnicas del asesoramiento

   A. La centralizada en el aconsejado
     1. Basada en la potencialidad del orientado de hallar su propia solución
     2. Expuesta por Carl Rogers
     3. La consideración de los derechos individuales
     4. La presuposición liberal que da supremacía a la autonomía del hombre
     5. El rechazo de la autoridad espiritual
     6. Actitudes del consejero que emplea esta técnica

   B. La centralizada en el consejero
     1. Basada en el adiestramiento y capacidad del consejero
     2. Diferentes nombres dados a esta técnica
     3. El papel del orientador
     4. Los pasos a seguir

   C. La exhortación directiva a base de la Biblia
     1. Consideración de la Biblia como la máxima autoridad
     2. Enfasis sobre la aceptación de la culpabilidad y su remedio en un cambio de actitud
     3. Enfasis sobre la obra del Espíritu Santo

   D. Comparación de la técnica centralizada en el aconsejado y la centralizada en el consejero

   E. La selección de lo que mejor servirá en el momento dado
     1. El diagnóstico
     2. Aplicación de la técnica más aconsejable
     3. Esfuerzo porque el orientado vaya haciendo más para aprender a solucionar sus problemas

IV. La conversación particular como instrumento de la orientación
   A. Descripción
   B. Llevada a cabo en una atmósfera de amistad
   C. Sus etapas
   D. La forma de enfocar sobre una sola fase (intensiva)
   E. La forma interrogativa (extensiva)

V. Las características del buen orientador
   A. Aceptación del orientado como persona igual a las demás
   B. Conocimiento de la naturaleza humana
   C. Comprensión de las potencialidades del orientado
   D. Manera de mostrar sus cualidades
   E. El peligro de divulgar lo que ha contado el asesorado
   F. Dado a la intercesión
   G. Costumbre de evaluar los resultados para superarse

VI. El caso de disturbios mentales

VII. Los casos de posesión demoníaca

UN ENCUENTRO CON LAS VERDADES

Emparejamiento. En el encabezamiento se encuentran cuatro diferentes técnicas que se podrían usar en la asesoría pastoral. Lea cada procedimiento en la lista que sigue y decida de qué técnica es una aplicación. Escriba el número de dicha técnica a la izquierda de la letra del procedimiento. Por ejemplo, ¿el primer procedimiento con la letra "a" corresponderá a técnica no-directiva o a la directiva? Si es la primera, escriba el número 1 al lado de la "a". Si es la segunda, escriba un "2". Se tendrán que repetir las técnicas.

   1. técnica no-directiva

   2. técnica directiva

   3. técnica nutética

   4. técnica ecléctica

..............a.   El consejero tiene cuidado de nunca decirle al orientado lo que debe hacer.

..............b.   El consejero trata de animar al orientado a ver por sí mismo cuál es la raíz de su dificultad.

..............c.   El asesor le hace ver a la persona en dificultades lo que dice la Biblia.

..............d.   El consejero analiza la situación de la persona para indicarle cuál es su problema.

..............e.	El consejero sirve como pared contra la cual rebotan las observaciones del asesorado.

..............f.	El orientado escucha lo que le explica el consejero de las indicaciones bíblicas.

..............g.	El consejero le urge a la persona a que reconozca su culpa y que se arrepienta.

..............h.	Después de decidir cuál es el problema, el asesor indica lo que va a pasar si sigue la persona así.

..............i.	El consejero trata de guiar al orientado.

..............j.	El asesorado es en última instancia quien tiene la solución y por lo tanto el consejero debe guardarse de indicar soluciones.

..............k.	El consejero escucha, no manifiesta su autoridad.

..............l.	Hay que aceptar a la persona tal cual es, sin criticar ni indicarle lo que debe hacer.

..............m.	El consejero es el que aclara la situación e indica lo que al asesorado tiene que hacer.

..............n.	El consejero trata de lograr que el orientado se evalúe a sí mismo, pero se da cuenta que oculta un odio en su interior y al fin decide indicarle lo que la Biblia dice para que luego él tome sus propias decisiones.

..............ñ.	El consejero le dice al que busca orientación que la experiencia enseña que la decisión que ha tomado lo va a llevar a la ruina.

..............o.	El consejero se vale de pruebas sicológicas, inventarios de aptitudes, anécdotas, sus propias anotaciones tomadas en la entrevista para recomendar cuál decisión debe tomar el interesado.

..............p.	El consejero sabe que el joven en busca de orientación tiene aptitudes en la música, y sabe cuáles son sus propias inclinaciones pero teme que no tendrá la fuerza suficiente para resistir las tentaciones de tal carrera y se lo dice bien claro citándole Marcos 8:34-38.

..............q.	El consejero le predica un buen sermón a la persona sentada delante de él.

..............r.	El consejero hace todo lo posible para escuchar al aconsejado y trata de insinuar las consecuencias solamente por medio de preguntas.

..............s. El consejero escucha un buen rato, pide al aconsejado que le señale todas las diferentes decisiones que podría tomar, y le ayuda a predecir las consecuencias probables de cada decisión, dándole información en los casos en que al aconsejado le falte conocimiento. Al ver que se inclina a lo inmoral lo amonesta.

DE LA TEORIA A LA PRACTICA

1. ¿Qué beneficios habrá para el consejero si pasa la primera parte de una entrevista escuchando mayormente?

2. ¿Qué beneficios habrá para el aconsejado si el asesor prefiere escuchar y le anima a exteriorizar sus pensamientos y sentimientos en la primera parte de la entrevista?

3. ¿Qué técnica del asesoramiento han empleado los consejeros a quienes usted ha acudido?

4. ¿Cuáles son las ventajas de hacer todo lo posible de ayudar al aconsejado a acostumbrarse a tomar sus propias decisiones?

5. ¿Qué técnica del asesoramiento prefiere emplear usted? ¿Por qué?

6. ¿Cuáles son las cosas del ambiente que pudieran estorbar el éxito de una entrevista entre el Ministro asesor y el que viene solicitando orientación?

7. ¿Qué decisiones ha tomado usted después del estudio de este capítulo?

PROYECTOS PARA LA CLASE

1. Que consideren en la clase los ejercicios que los estudiantes han realizado por su cuenta sobre este capítulo.

2. Asignar el papel del Ministro consejero y el de un aconsejado a dos personas de la clase. Que se hagan la idea de que un creyente viene a hablar con su pastor para buscar orientación en cuanto a su hogar. Su esposa tiene poco interés en las cosas espirituales y hace todo lo que ella quiere sin consultar con él. Que hagan estos papeles delante de la clase sin ensayar de antemano. La clase debe evaluar especialmente el papel del orientador. Una variación de este ejercicio muy práctico es pedir a los dos que se inviertan los papeles a mediados de la presentación, es decir, que el que hacía el papel de Ministro cambie y comience a hacer el papel del aconsejado, siguiendo el mismo hilo que llevaban en la entrevista.

3. Que dos personas presenten un cuadro dramático de un consejero con muchas características negativas, entre ellas, la de no escuchar atentamente al aconsejado en la primera fase de la entrevista. Que toda la clase haga una evaluación de la presentación.

4. Celebrar un debate sobre el tema: "Todo Ministro debe emplear siempre la técnica nutética en su ministerio de consejería".

5. Invitar a un Ministro que Dios ha bendecido de manera marcada en el ministerio de consejería para que explique a la clase qué técnicas él emplea y por qué.

ANGEL F. FURLAN, de nacionalidad argentina, nació en Buenos Aires. Actualmente es director del Instituto Bíblico "Río de la Plata" y ejerce el pastorado de la iglesia de las Asambleas de Dios en Belgrano. Ha desempeñado los cargos de Presidente Nacional de los Embajadores de Cristo, Vocal y luego Secretario de la Junta Ejecutiva Nacional. Está casado con doña Isabel Bezbach y tienen tres hijos.

Su desempeño eficaz en funciones ejecutivas capacitan al hermano Furlan para escribir este capítulo sobre la ética ministerial.

Capítulo 11

LA ETICA MINISTERIAL

Por Angel F. Furlan

Cada profesión tiene lo que se ha dado en llamar una ética profesional". La ética se define como "la ciencia que expone el fundamento de la moralidad en las acciones humanas", "que determina el principio y reglas de la conducta de la vida". Los profesionales, pues, al hablar de su ética, se refieren a las reglas de conducta y al fundamento de lo que considerará correcto o incorrecto en el ejercicio de su carrera.

Si cada profesión necesita de una ética que determine los principios de conducta de quienes la practican, cuánto más importante será que en el ministerio nos ciñamos a elevados principios de conducta profesional basados en el fundamento sólido y estable de la Palabra de Dios. El Ministro cristiano realiza una labor a nivel profesional; sin embargo, no es un profesional cualquiera. Aunque reciba salario o sostén, no es un asalariado. Aunque desempeñe a veces funciones ejecutivas, no es un simple ejecutivo de empresa.

El Ministro es un siervo de Dios. Ha sido ungido y separado para ser su embajador, para representarlo ante el mundo. Sus funciones son por demás delicadas, puesto que él ha sido enviado por Dios con el mensaje de la reconciliación. Debemos considerar, por lo tanto, la tremenda importancia que implica el hecho de que la ética ministerial no nos habla de las reglas de conducta de un oficio o profesión cualquiera sino del ministerio cristiano, la vocación más elevada y el trabajo de mayor importancia que pueda realizarse en el mundo.

Muchos problemas y situaciones caen dentro del terreno de la ética ministerial. En este capítulo trataremos de dar atención a los que son más comunes e importantes. Trataremos de encontrar el camino correcto a la luz de la Palabra de Dios y del sano criterio que el Señor ha dado para que, guiados por el Espíritu Santo, sepamos "cómo conducirnos en la casa de Dios que es la iglesia del Dios viviente, columna y baluarte de la verdad". I Timoteo 3:16.

I. *El compañerismo de los Ministros*

Es esencial al ministerio cristiano el espíritu de compañerismo. Tenemos una absoluta necesidad de trabajar, de luchar, de pelear juntos. Uno de los mayores daños que por siempre ha sufrido la obra del Señor ha sido las rivalidades y disputas entre los siervos de Dios. Estas han causado atraso a la obra y han sido de escándalo para el mundo. El Ministro se halla como soldado en pleno campo de batalla, en la guerra sin cuartel contra el reino de las tinieblas. Este conflicto exige la concentración de todos los esfuerzos. No da lugar para ningún momento de liviandad o ligereza, ni tampoco para rivalidades y enojos entre los que luchan en el mismo frente.

Nunca debemos hablar mal de un compañero de ministerio. Santiago tiene mucho que decirnos en el capítulo 3 de su carta sobre lo peligroso de nuestra lengua. Y aunque la Palabra de Dios es tan clara y hasta hemos predicado a menudo sobre este tema, la lengua sigue siendo un agudo problema que nos afecta lastimosamente. Sé que está de más decir que nunca debemos hablar mal de ninguno de nuestros compañeros de ministerio. Pero entonces, ¿por qué lo hacemos?

Pero nuestro deber no acaba con dejar de hablar mal de un compañero. Debemos defenderlo si otro habla mal de él. Nunca debemos sumarnos a una conversación donde se denigra o se burla de otro Ministro. Si no tuviéramos argumento para defenderlo o si se tratara de algo cierto que no podemos refutar, sería preferible callar. En el último caso debemos recordar que si se trata de problemas escandalosos de conducta, sería necesario traer el caso ante los oficiales responsables de la organización. Si por ser ejecutivos de la organización nos toca tratar un caso de disciplina contra un Ministro, debemos recordar especialmente lo que dice la Palabra en I Timoteo 5:19, que contra un anciano no debemos recibir acusación si no es por el testimonio de dos o tres testigos.

II. *Las relaciones entre Ministros en una misma región*

Una de las cosas que más daño ha hecho a la obra del Señor a través de los tiempos es el caudillismo (o caciquismo) de los que están más interesados en su propio reino (iglesia) que en el de Cristo. Este sentimiento lleva a un pastor a mirar muchas veces a los otros Ministros de la zona como rivales, y a su trabajo como competencia. En algunos casos cuando una iglesia vieja ha "reinado" en una ciudad por mucho tiempo sin "competencia" se puede llegar a mirar con mucho recelo el hecho de que alguien comience una iglesia nueva en el área.

Uno de los problemas principales en casos como éstos es el del movimiento de miembros de una iglesia a otra. Hablando, quizás con demasiada franqueza, diría que el movimiento de los miembros con sus diezmos, ofrendas y trabajo. Siempre va a existir el hecho de que algún miembro va a querer cambiar de iglesia o se va a encontrar más a gusto en la iglesia vecina. Es cierto que también, siempre este hecho podrá dar lugar a inquietudes, sospechas y hasta resentimientos.

Los pastores deben tener sumo cuidado cuando se trata de recibir a un miembro de una iglesia vecina. Hay que averiguar el porqué del cambio y hay que ver lo que piensa de esto el pastor de esa iglesia. La forma más correcta de averiguar esto es directamente con el pastor. No basta sólo con que se nos envíe una carta de recomendación. A veces una carta de recomendación expresa sólo la disconformidad resignada del pastor con el cambio. Otras veces puede significar la gozosa liberación de un miembro problemático. Nos podríamos librar de muchísimos problemas si solamente mantuviéramos un poquito más de comunicación entre Ministros.

Si un miembro de una iglesia vecina visita nuestra iglesia, debemos poner mucho cuidado en tratarlo bien pero sin darle a entender ningún interés personal en que él se una a nuestra congregación. Tenemos que reconocer sinceramente —en nuestra humana pastoral debilidad— que hay miembros apetecibles, ya sea por su talento, posición o capacidades. No nos dejemos tentar en esto. No tenemos ningún derecho a codiciar bienes ajenos, ni tampoco miembros ajenos. Más bien confiemos en que Dios nos dará en nuestra congregación los hermanos que necesitemos para suplir las necesidades materiales y de ministerio. En lugar de poner nuestra mira en alguno que otro miembro prominente de las iglesias vecinas, pongamos la mira en el Señor y confiemos en El para satisfacer las necesidades de la iglesia.

Algunos pastores han edificado sus iglesias no con las almas ganadas al mundo, sino con miembros ganados a otras iglesias, de otras y de su propia denominación. La experiencia que han tenido los tales ha sido siempre la misma. Les costó mucho más trabajo edificar una iglesia firme, si es que pudieron. Algunas veces, aun después de años de trabajo y esfuerzo, esas iglesias terminaron dividiéndose por el sencillo hecho de que el fundamento fue mal puesto. Esto debería servirnos de suficiente lección para no caer nosotros en el mismo error. Por otro lado, no podemos esperar la bendición de Dios sobre nuestro ministerio si actuamos así. Una actitud tal demuestra no un amor por la obra del Señor sino un interés muy marcado en el éxito personal basado en el egoísmo y la ambición. En la obra del Señor son mucho más importantes los motivos de nuestras acciones que el aparente éxito de las mismas.

Cambiemos ahora de punto de vista y pongámonos en el lugar del pastor cuyos miembros son invitados a unirse a otra iglesia. ¡Cuánto nos indigna que se comporten así con nosotros! Pero, pensándolo bien, ¿tenemos derecho? ¿Más bien no debería alegrarnos de que de alguna forma podamos contribuir al crecimiento de otra iglesia? Digo esto especialmente cuando se trata del caso en que la nuestra es una iglesia más antigua y fuerte y la iglesia que necesita de un miembro nuestro es una iglesia nueva. No deberíamos esperar a ver si es que alguno de nuestros miembros decide unirse a la nueva iglesia para ayudarle. Más bien, y esto sería lo cristiano, deberíamos acercarnos al pastor de la nueva iglesia para ver cómo podemos ayudar para el adelanto de la misma. Podríamos ayudar en sus campañas, o en sus reuniones al aire libre con nuestros obreros más experimentados, y ¿por qué no?, podríamos contribuir con algunos de nuestros mejores miembros que viven en la vecindad. ¿Para qué esperar temerosos a ver si la nueva iglesia nos los "roba"? Más bien debemos cedérselos con alegría y animarlos a colaborar con la nueva congregación.

Seguramente alguno se preguntará si tal actitud no empobrecerá a nuestra iglesia. Puede estar seguro que su propia iglesia será enriquecida, porque Dios no dejará de bendecir una actitud semejante. Podríamos aplicar aquí el proverbio que nos habla de echar nuestro pan sobre las aguas para recogerlo después de muchos días. Eclesiastés 11:1. Dios no va a fallar. Seguramente nos va a bendecir con abundancia si aprendemos a no portarnos en forma mezquina.

Otro de los peligros que surge de la relación entre las iglesias vecinas es el de la envidia. Gracias a Dios que no es un caso demasiado frecuente, pero lo suficiente para que le dediquemos algunas palabras. Debemos aprender a examinarnos y a dejar que Dios nos examine en cuanto a algunos sentimientos secretos que nacen en nuestro corazón. Pueden ser terriblemente dañinos para nuestra vida espiritual y para la de nuestra iglesia.

¿Qué sentimos cuando Dios bendice sobremanera una iglesia vecina, cuando tienen éxito en una campaña, cuando el Espíritu Santo es derramado, o cuando son bendecidos materialmente mucho más que nosotros? ¿Qué sentimos, por ejemplo, al enterarnos que ellos compran un precioso órgano mientras que nosotros tenemos que conformarnos con un destartalado acordeón? ¿O qué sentimos cuando nos cuentan que treinta o cuarenta de sus miembros han sido bautizados con el Espíritu Santo mientras que en nuestra iglesia hace meses que no ocurre nada semejante?

Bienaventurado el pastor que puede glorificar a Dios por el progreso de la iglesia vecina. Tenemos que reconocer que va contra nuestra naturaleza humana, pero nosotros tenemos una nueva naturaleza, la de Cristo, y podemos estar seguros de que El se regocija. ¿Por qué, pues, no regocijarnos nosotros? Si damos lugar a que la envidia se infiltre en nuestro corazón, no sólo nuestra vida espiritual se arruinará sino que habremos sido hechos inútiles para alcanzar esa bendición que estamos envidiando. Guardemos puro nuestro corazón y cuidemos celosamente nuestros sentimientos para que siempre sean los correctos.

III. *El cambio de pastorado*

Al comenzar a pastorear una nueva iglesia, tenemos responsabilidades en dos direcciones, por un lado hacia la iglesia que hemos dejado y su nuevo pastor y por el otro hacia la nueva iglesia y el pastor que nos precediera en la misma.

En cuanto a la iglesia que hemos dejado y al nuevo pastor que la guía, tenemos varias obligaciones cuyo desconocimiento podría ocasionar muchos problemas. En primer lugar, no debemos tratar de seguir dirigiendo los asuntos de la iglesia desde afuera. Es muy posible que por carta, o personalmente si estamos cerca, los miembros de esta iglesia nos consulten sobre problemas internos que son responsabilidad del nuevo pastor. En este caso debemos rehusar con cortesía pero con mucha firmeza el inmiscuirnos en esos asuntos. Algunos pastores, aun cuando se han trasladado a lugares lejanos, siguen por mucho tiempo manteniendo correspondencia con los miembros de su antigua iglesia. Si esa correspondencia tiene por base estrictamente alguna amistad personal no es incorrecta, pero si de alguna manera roba o resta algo del afecto que los miembros deben tener hacia su nuevo pastor, debe ser interrumpida. Otros, y esto es mucho más serio, al quedar en un lugar cercano, continúan visitando a los miembros. Será muy difícil que en alguna de estas visitas no se converse sobre algo que tenga que ver con la iglesia e indudablemente en muy poco tiempo surgirán problemas. Si por alguna razón seria nos viéramos en la necesidad de visitar a algunos miembros de la congregación que hemos dejado, deberíamos hacerlo con el conocimiento del nuevo pastor y en un todo de acuerdo con él.

Al realizarse el cambio pastoral debemos dejar la casa pastoral y todo el mobiliario que pertenezca en perfecto estado de limpieza y orden, como así también dejar en perfecto orden el libro de membresía de la iglesia y todo lo referente a la contabilidad e inventario de la iglesia. De ninguna manera debemos seguir recibiendo diezmos u ofrendas que pertenezcan a la iglesia y que perjudiquen a la obra del nuevo pastor. Por el contrario, debemos animar a los hermanos a que presten todo su apoyo espiritual y material al nuevo pastor.

En cuanto a la nueva iglesia debemos tener muy en cuenta que es posible que los hermanos sientan el cambio, especialmente los que se habían encariñado mucho con el pastor anterior. Un consejo prudente aquí sería tratar de no hacer innovaciones que agudicen esta situación. Si fuera posible, conociendo la forma del pastor anterior, no se deben introducir cambios durante un tiempo en la forma de dirigir los cultos o en el orden de las cosas de la iglesia.

Este asunto tiene especial importancia cuando el pastorado del Ministro anterior ha sido largo. Conozco el caso de una iglesia que llamó a un pastor joven para reemplazar a su anciano pastor que se jubiló. Era una iglesia muy antigua y el joven estaba lleno de vida, de entusiasmo, de dinamismo. Nada de esto es malo en sí mismo, pero cometió el nuevo pastor la imprudencia de comenzar a cambiar todo desde la primera semana. Los cambios vistos de afuera eran buenos. No hizo nada que estuviera fuera de lugar, pero ofendió la sensibilidad y los sentimientos de los hermanos, especialmente de los ancianos, y al poco tiempo, frente a tanto cambio... lo cambiaron a él.

Si hay algo en que debemos cuidarnos muchísimo al reemplazar a otro ministro es en cuanto a la forma en que nos referimos a él. Recordemos lo que decíamos en el párrafo anterior, que la iglesia está ligada afectivamente a su antiguo pastor. No sólo por esto sino por razón de la verdad y porque es nuestro deber ante Dios, no dejemos de darle el crédito que le corresponde. Esto es algo que debemos de hacer honradamente, conscientes del sacrificio y esfuerzo de nuestro antecesor. No debemos, por supuesto, caer en alabanzas exageradas, ya que éstas hasta podrían ser tomadas por insinceras o, en su mejor caso, como un medio de conseguir popularidad para nosotros mismos.

En el caso de tener que reemplazar a un pastor que haya fracasado en su ministerio por su conducta indeseable, habrá muy poco bueno que decir. Pero a pesar de esto hay que tener muchísimo cuidado en no referirnos nunca a su fracaso. Lo mejor será dar vuelta a la página y dejar todo esto en el pasado. Si un hermano trae algún problema relacionado con la actitud del pastor anterior, procuremos que él también trate de olvidar. En algunos casos tendremos que trabajar activamente y orar mucho para que se puedan sanar las heridas que pueden haber quedado en el corazón de algunos miembros. Es muy importante que en casos como éstos, podamos llevar a nuestros hermanos a encontrar la dicha de perdonar y también de reconocer las faltas propias que agravaron situaciones que de otro modo no hubieran sido tan dolorosas.

Mucho más difícil es enfrentar a una iglesia dividida, donde hay resentimiento no sólo contra el Ministro sino los unos contra los otros. En estos casos, hagamos lo que hagamos, recibiremos la crítica de uno de los sectores. Si hablamos bien del otro pastor y reconocemos sus méritos, los opositores se ofenderán. Si no hablamos, los que están a su favor interpretarán nuestro silencio como algo en su contra. Es muy difícil enfrentar a una iglesia dividida. Requiere mucha oración y también ayuno. Exige una unción muy especial del Espíritu Santo, y bajo esa unción debemos proclamar el mensaje de Dios con valor y sin temor de ofender a nadie. Tendremos que revestirnos de amor y esperar el momento en que la dureza que ha entrado en los corazones se quiebre y uno a uno los creyentes permitan al Espíritu Santo obrar en su corazón y sanar sus heridas. No nos engañemos pensando que esto se producirá de la noche a la mañana. Será un proceso lento y doloroso, pero con la fe puesta en el Señor y con el corazón lleno de amor hacia su congregación que se halla dividida podremos llegar hasta la más completa victoria. Sobre todo debemos tener cuidado en dirigir nuestra atención y la de los creyentes hacia Cristo. Nada ganaremos al principio con explicar lo necio y pecaminoso de la división. Lo que ellos necesitan es que el Espíritu Santo obre en sus corazones y los quebrante.

IV. *Cuando se es visita en otro lugar y cuando se reciben visitas*

Cuando alguien que hemos visitado llega para ministrar en nuestra iglesia debemos esforzarnos para hospedarlo lo mejor posible. Tengamos siempre en cuenta la regla de oro. Tratémoslo como desearíamos ser tratados en situación semejante. Es importante también levantar o designar una ofrenda a su favor, lo suficientemente generosa como para cubrir sus gastos de viaje por lo menos y si es posible más.

Si es importante lo que hacemos por una visita en el sentido material, mucho más lo es en el sentido espiritual. Debemos hacer que se sienta en casa en nuestra iglesia desde el primer momento. Darle la suficiente libertad para que les dé a los creyentes todo lo que tiene del Señor, no será sólo beneficioso para él sino que enriquecerá a la iglesia. Muy a menudo nos encontramos con pastores que tienen miedo de dar demasiada libertad a un visitante solamente porque su ministerio es un poco distinto al suyo. Esto es un error, debemos reconocer que Dios repartió distintos ministerios y dones y que todos ellos son necesarios a la iglesia. Si uno no puede estar de ninguna manera de acuerdo con la forma de ministrar de alguien es mejor no invitarlo a la iglesia que luego tratar de atarlo para que no cometa lo que nosotros consideramos como errores.

Por otra parte, cuando nosotros ministramos en otro lugar debemos recordar que como visitantes tenemos también ciertos deberes y que el cumplimiento de éstos es muy importante. En primer lugar, como huéspedes, debemos respetar sobremanera los derechos del pastor. De más estaría decir que jamás debemos meternos en asuntos internos de la iglesia a menos que el mismo pastor nos pidiera consejo o ayuda. Mucho más debemos cuidarnos en lo que hablamos si somos invitados a una casa. Jamás debemos andar de casa en casa escuchando o relatando cosas que hemos oído y que podrían dañar la reputación del pastor. A veces llegaremos a una iglesia con problemas, donde un grupo tratará de ponernos a favor o en contra de otro grupo o del pastor. Aunque parezca un poco dogmático decirlo así, debemos, a pesar de lo que pudiéramos sentir o pensar personalmente, prestar nuestra total e incondicional adhesión al pastor que nos invitó. Si realmente hay problemas, para esto están los ejecutivos de la organización que, enterados del caso, podrían intervenir y ayudar a solucionarlos.

Podrá suceder también que visitemos una iglesia en ausencia del pastor. Si él nos invitó especialmente para estar en su ausencia debemos redoblar nuestro cuidado en las cosas que acabamos de mencionar. Si justamente llegamos a una iglesia de visita en ausencia del pastor y alguna persona responsable nos invita a ministrar allí, debemos tener sumo cuidado. Si el pastor no está y no somos invitados por el cuerpo oficial o la persona encargada de la iglesia en ausencia del pastor, nunca debemos aceptar la invitación de otra persona para ministrar en una iglesia donde el pastor no está presente.

En todos estos casos es muy importante recordar que jamás debemos recibir dinero de nadie en perjuicio del pastor de la iglesia, muchísimo menos si la persona que nos ofreciera alguna ofrenda nos dijera que eso es un diezmo o que lo está tomando de lo que sería su ofrenda regular. No quiero decir que está mal recibir un regalo, pero cuando sospechamos que ese regalo va en detrimento de las finanzas de la iglesia y que por ende perjudicará también al pastor a quien la iglesia sostiene, debemos averiguar bien el asunto y rehusarlo costésmente si comprobamos que esto es así.

Si un presbítero o un ejecutivo de la confraternidad visita nuestra iglesia, debemos tratarlo con la mayor cortesía y procurar proveerle alojamiento si lo necesitara. No solamente debemos honrarlo por ser un hermano en Cristo y compañero en el ministerio sino por razón del cargo que ocupa. Su visita será una buena oportunidad de pedir sus consejos y también de interesarnos por la marcha general de la obra del Señor.

Debemos cuidarnos mucho de los comentarios que hagamos de su persona con los miembros de nuestra iglesia. A veces sucede que un pastor no está del todo de acuerdo con la administración de uno de los ejecutivos, pero eso jamás le dará derecho para hacer comentarios en detrimento de su persona. Los miembros de la iglesia con quien hiciéramos comentarios de otro ministro o de un líder de la obra no sólo corren el riesgo de escandalizarse sino que a la larga perderán el respeto por los ministros del evangelio y por nosotros mismos.

Otra cosa muy importante en nuestro trato con los presbíteros y ejecutivos es que en nuestras conversaciones personales con ellos nunca tratemos de enterarnos por su intermedio de los secretos de otras personas o de adquirir información que sea confidencial. El hacer preguntas indiscretas pondrá al dirigente en una situación embarazosa y nuestra imprudencia podría hacerle decir, sin darse cuenta, cosas de las cuales luego se arrepintiera.

Las mismas consideraciones que hemos venido haciendo hasta aquí son las que deben aplicarse a los evangelistas en su relación con los pastores y viceversa. Sólo haremos hincapié en algunas otras que tienen que ver particularmente con el ministerio del evangelismo y los peligros que entraña.

Cuando un evangelista visita una iglesia por invitación de sus dirigentes debe recordar que le invitó para envangelizar. Aunque esto parezca ser innecesario recordar y casi redundante, sin embargo es muy importante. El evangelista no debe tomarse atribuciones de enseñanza y administración que sólo pertenecen al ministerio del pastor. La queja de muchos pastores en cuanto a ciertos evangelistas es que a pesar de la bendición que su ministerio puede significar en la función específica de evangelizar, a ellos le gusta introducir en sus sermones algunas enseñanzas o doctrinas controversiales o muy espectaculares, que en lugar de edificar a la iglesia la dañan. El evangelista debe recordar que es a los pastores y a los maestros de la iglesia a quienes corresponde enseñarla y edificarla doctrinalmente.

No quiero decir que no sea absolutamente función del evangelista enseñar. El podrá enseñar a los nuevos creyentes en las verdades fundamentales del evangelio que son esenciales para el desarrollo del nuevo convertido. El problema surge no con los rudimentos doctrinales sino con las doctrinas más profundas, especialmente con los temas controversiales y espectaculares.

El pastor que invita a un evangelista a ministrar procurará por su parte hacer todo lo mejor posible para que su ministerio sea el más efectivo y sin trabas. Es importantísimo que prepare a la iglesia mediante predicación apropiada, oración y estímulo a favor de la fe y la victoria. Conviene también ponerse en contacto mucho antes con el evangelista para estar de acuerdo con él en cuanto a los preparativos, publicidad y visitación previos a la campaña. Si bien el pastor conoce mejor el terreno en el cual ministra, el evangelista tendrá seguramente mayor experiencia en este aspecto del ministerio.

El pastor cuidará que la ofrenda que reciba el evangelista sea suficiente para atender a sus necesidades y las de su familia como así también cubrir todos sus gastos durante la campaña. Cuando uno pastorea una iglesia generalmente olvida que los evangelistas, salvo algunas excepciones, no gozan de un sostén fijo, de los beneficios de una casa pastoral y tampoco pueden ministrar en campañas ininterrumpidamente. Por estas consideraciones nunca se debería calcular la ofrenda a entregar a un evangelista sobre la base de lo que recibe un pastor. Debería calcularse sobre la base de por lo menos el doble de lo que este último recibe por su ministerio. Si la iglesia que pastoreamos es fuerte financieramente, deberíamos darle más aún para ayudarle en su ministerio a favor de las iglesias más pobres.

Una última consideración a la que ya hemos hecho referencia, pero que tiene especial aplicación en el caso del ministerio del evangelista y su relación con quien lo invita, es la que tiene que ver con los comentarios que podrían surgir sobre otros ministros ausentes. Hablando claramente, hay un gran peligro de chisme, y si el evangelista no toma sumo cuidado en este aspecto se puede transformar en un portavoz de rumores y chismes que para nada edifican la obra de Dios. Para evitar este peligro, lo más sabio es negarse a escuchar. Si por desgracia se ha oído algo, hay que poner un freno en la lengua para no repetirlo.

V. El pastor y sus colaboradores inmediatos

De la misma forma que el pastor comprende que él no es un empleado de la iglesia sino que ejerce un ministerio sagrado, debe entender que su pastor ayudante (o copastor) no es su empleado ni el de la iglesia, sino que es un compañero de labor que también tiene ministerio. Desgraciadamente con demasiada frecuencia ha ocurrido que una iglesia llame a un pastor ayudante para transformarlo en el esclavo de los caprichos de una comisión o de un pastor. Eso de ninguna manera debe ser así.

Antes de llamar a un pastor para ejercer la función de ayudante, se debe considerar muy bien la potencialidad que tiene para la labor que se desea que desarrolle. Por otra parte, desde el mismo principio se le debe explicar claramente cuál es el ministerio que la iglesia necesita de él, para ver de qué manera él puede llenar la necesidad. No hablo de hacer un contrato de trabajo, pero sí de delimitar claramente las responsabilidades ministeriales.

Visto el asunto desde el otro lado, el pastor ayudante debe recordar que debe absoluta fidelidad al pastor quien ha depositado su confianza en él para llamarlo a ser su colaborador. Un deseo secreto de llegar a ocupar el lugar del pastor mediante alguna maniobra para desacreditarlo sería una tentación venida del mismo infierno y debe ser rechazada firmemente como tal.

Generalmente el pastor ayudante es un Ministro más joven, a veces un recién iniciado en el ministerio. Aquí tiene una preciosa oportunidad de crecer y aprender al lado de alguien con mayor experiencia. Además de servir con todo corazón, el aprendiz podrá templar su carácter en una sana y sensata sujeción al pastor.

En cuanto a la Junta Oficial de la iglesia, ésta no ha sido nombrada ni para controlar al pastor ni para mandarlo. Un pastor que mira a la Junta Oficial de esta manera ya está en camino de tener problemas con sus integrantes. Esto es algo que ellos deben comprender también, y el pastor hará todo lo posible para enseñarles. La Junta Oficial servirá como cuerpo consejero para el pastor y le ayudará en su ministerio para evitar que él se vea abrumado por la carga de enfrentar solo todas las responsabilidades que exige el ministerio pastoral.

Acerca del trato del pastor con su comisión o junta, algunos consejos pueden ayudarnos a un mejor desempeño del trabajo. Es importante siempre consultar con todos los miembros y no con uno o dos solamente. También lo es que todos expresen su punto de vista luego de una amplia discusión del problema. Si el pastor no está de acuerdo debe evitar agitarse o perder la serenidad para expresar sus opiniones. Finalmente una vez que se ha llegado a una decisión debe cumplirla aunque no sea la que coincida con su propia opinión. Si surgiera alguna diferencia con algún miembro de la comisión nunca debe criticarlo, más bien tratar esa diferencia amorosamente con la persona misma.

VI. *El Ministro y su denominación*

Un pastor de larga experiencia dijo que por cada punto negativo en cuanto a la membresía en una denominación hay cuando menos diez puntos positivos. Es una gran ventaja pertenecer a una denominación, sobre todo cuando la iglesia nacional mantiene relaciones fraternales con las otras iglesias de la misma denominación en todo el mundo. Uno llega a darse cuenta así que el círculo no es tan reducido como pareciera y que somos mucho más de lo que pensamos.

Pero no vamos a ocuparnos aquí de las ventajas sino más bien de las responsabilidades que significa pertenecer a la denominación. Es muy importante la asistencia y participación activa del pastor en las conferencias (o concilios) distritales y nacionales. Algunos acostumbran asistir sólo en raras ocasiones. Esto les priva a ellos de la bendición de la confraternidad y ministerio de sus hermanos y les priva a los demás de la bendición de su propio ministerio. En la iglesia de Jesucristo todos necesitamos del ministerio de todos como miembros del cuerpo. No podemos prescindir del resto del cuerpo ni tampoco privarle de nuestra función como miembros en particular.

En nuestro sistema de gobierno, es de mucha importancia ejercer el derecho del voto con plena conciencia de lo que hacemos. Este es quizá el acto en que más deberíamos buscar la guía del Señor para que nuestra democracia dé lugar a una verdadera teocracia. Esto se logrará si al votar cada uno de nosotros se transforma en un canal a través del cual Dios pueda manifestar su voluntad para el gobierno de su iglesia. Que Dios nos guarde de elegir despreocupadamente, a desgano o por mera simpatía y mucho más de participar en movimientos de tipo político que podrían desvirtuar el sentido de nuestra democracia. Donde esto ha ocurrido el daño que se ha hecho a la obra de Dios ha sido grande y los que se han involucrado, han sufrido amargas consecuencias.

Es un deber moral apoyar financieramente los proyectos de nuestra organización y cumplir cabalmente con todas las obligaciones en este aspecto. Algunos piensan más en lo que pueden recibir de la organización que en lo que pueden dar. Esto es contrario a las palabras del Señor y es una falta del genuino espíritu cristiano.

Ya hemos hablado de la honra que merecen los líderes, no en razón de su misma persona, sino del cargo que ocupan. Debemos reconocer a los líderes de la iglesia como ordenados por Dios y ejerciendo un ministerio a nuestro favor y el de la iglesia en general. Mantener una relación de cordial amistad con aquellos que el Señor ha puesto al frente de la obra allanará muchos problemas que tienen la apariencia de complicados. Si tuviéramos algo en contra de la forma de actuar de algún consiervo, jamás usemos el arma de la censura. Tengamos el valor y amor suficientes para tratarlo íntima y personalmente. Al hacerlo así, ayudaremos a nuestro hermano si es que realmente está equivocado, o en caso contrario, tendremos la oportunidad de cambiar su opinión. Si en algo no nos pusiéramos de acuerdo, eso no debe afectar nuestra amistad, ya que se puede diferir en opiniones y todavía amarse y glorificar a nuestro Señor. Romanos 14:1-8.

No quedemos con la mira puesta en los estrechos límites de nuestra propia iglesia. Comprendamos que somos una gran familia y estemos dispuestos a colaborar para el adelanto de la misma aun a costa de nuestros intereses o gustos. Romanos 15:3. Llegado el caso de que se nos llamara a servir en alguna posición oficial, recordemos que ése es un lugar de servicio, no de mando, y que finalmente hay un solo y gran Pastor de las ovejas. Hebreos 13:20; I Pedro 5:2-4.

VII. *El Ministro y otras denominaciones*

Nuestra organización no es la única iglesia de Jesucristo en el mundo. Muchos otros hermanos nuestros sirven a Dios y lo aman. Nos unen a ellos lazos de confraternidad en el Señor. A pesar de estas consideraciones, debemos ser prudentes antes de entrar en movimientos llamados "interdenominacionales" que signifiquen algún compromiso serio. En todo caso lo más sabio será consultar a los líderes de la organización.

Sería prácticamente imposible agotar el tema de la ética ministerial. Pero si comprendemos que la base de toda la materia la forman el sano criterio, el consejo de nuestros hermanos, y sobre todo la guía del Espíritu Santo, nos bastará con toda seguridad para enfrentar cualquier situación. Recordemos siempre las palabras del Señor en la regla de oro: que hagamos siempre a otros lo que queramos que ellos nos hagan a nosotros. Hagámonos, también, frecuentemente la pregunta que, sin duda, será una buena guía para nuestras acciones: "¿Qué haría Jesús en mi lugar?"

BOSQUEJO DEL CAPITULO

Las reglas de conducta del Ministro

I. La amistad entre Ministros
   A. Su gran necesidad
   B. No hablar mal de un compañero
   C. Guardar la reputación del hermano

II. Las relaciones entre Ministros de una misma región
   A. El perjuicio del caudillismo
   B. El cambio de un creyente a otra iglesia
   C. La necesidad de una comunicación directa entre los pastores
   D. La actitud de un pastor con un creyente de otra iglesia
   E. La actitud del pastor con un creyente que sale para estar en otra iglesia
   F. El mal de la envidia

III. El cambio de pastorado
   A. Los deberes con la iglesia que se deja
      1. Suspender las comunicaciones con los creyentes
      2. Dejar todo en orden
      3. No recibir diezmos de creyentes de la iglesia dejada
   B. Los deberes con la iglesia nueva
      1. Tardarse para hacer innovaciones
      2. Las referencias al pastor saliente

IV. Visitando y recibiendo visitas
   A. El trato con un invitado
   B. De visita en otra iglesia
   C. El caso de un superior de visita
   D. Las relaciones entre pastor y evangelista

V. La situación del copastor y otros ayudantes del pastor
   A. Aclaración de responsabilidades
   B. La necesidad de que sea fiel al pastor
   C. El trato imparcial del pastor con todos los miembros de la junta oficial

VI. El Ministro y su denominación
   A. Reconocimiento de beneficios de pertenecer a una denominación
   B. Responsabilidades del Ministro
      1. Una colaboración activa en las convenciones
      2. El uso esmerado del sufragio
      3. Fidelidad en el sostenimiento financiero de la organización
      4. Respeto a los dirigentes

VII. La relación con otras organizaciones

UN ENCUENTRO CON LAS VERDADES

Respuesta alterna. Subraye la palabra que complete correctamente cada expresión.

1. La (ética, constitución) es la definición de las reglas de conducta de la vida.

2. Los Ministros tienen una imperiosa necesidad de fomentar un espíritu de (compañerismo, individualismo).

3. La (rivalidad, educación) es un agudo problema que puede afectar negativamente la unión entre los Ministros.

4. El Ministro no solamente tiene el deber de dejar de hablar mal de un compañero sino también (defenderlo, desecharlo) si otro habla mal de él.

5. Si un pastor llega a pensar en su iglesia como su propio reino, llegará a considerar como (rivales, colaboradores) a los otros Ministros de la misma región.

6. Si un miembro de una iglesia manifiesta el deseo de trasladarse para otra iglesia en la misma área, los dos (pastores, presbíteros) involucrados deben consultarse al respecto.

7. Una iglesia establecida puede ser (debilitada, enriquecida) si contribuye con algunos miembros para ayudar a levantar una nueva iglesia.

8. Bienaventurado el pastor que puede alegrarse con el (progreso, estancamiento) de la iglesia vecina.

9. Al dejar de pastorear una iglesia, el Ministro (debe, no debe) mantener correspondencia con los miembros de esa obra.

10. El que comienza a pastorear una iglesia debe (tratar, dejar) de introducir cambios durante un período prudente de tiempo.

11. Debemos tratar a nuestros invitados en la misma manera en que desearíamos (pagarles, ser tratados) en semejante situación.

12. El que visita una iglesia tiene que respetar los (caprichos, derechos) del pastor residente.

13. El pastor debe cuidarse de (rebajar, condenar) a algún dirigente de la denominación delante de los creyentes locales.

14. El pastor debe hacer lo posible para que el ministerio de un evangelista invitado sea (efectivo, limitado).

15. El pastor debe calcular que la ofrenda para el evangelista debe ser por lo menos (lo mismo, el doble) de lo que él recibe.

16. El evangelista tiene que cuidarse de no llegar a ser un portavoz de (noticias, rumores).

17. El pastor debe tener presente que su ayudante es un (empleado, compañero) que tiene ministerio también.

18. El pastor ayudante debe absoluta (fidelidad, obediencia) al pastor.

19. Cada Ministro tiene la obligación de (callarse, participar) en las conferencias distritales y nacionales.

20. Debemos tratar de mantener una relación de (cordialidad, servilismo) con los dirigentes de la obra.

DE LA TEORIA A LA PRACTICA

1. ¿Por qué debe cada Ministro principiante tener un concepto claro de la ética ministerial?

2. ¿Cómo se sentiría usted si oyera que el pastor que lo reemplazó en su iglesia anterior, continuamente habla de cómo halló a la iglesia en pésimas condiciones?

3. ¿Qué bien hará el Ministro que les recuerda a los hermanos continuamente de todo lo bueno que ha resultado "desde que yo llegué"?

4. Relate cómo se podría haber evitado un problema del cual usted tiene conocimiento, si el involucrado hubiera observado la ética ministerial.

5. ¿En qué épocas o condiciones es prácticamente imposible que un evangelista reciba invitaciones para celebrar una campaña?

6. ¿De dónde recibirá ofrendas el evangelista en los períodos en que no puede realizar campañas?

7. ¿Qué regla de la ética ministerial que no se ha tratado en este capítulo cree usted que tiene importancia?

8. Haga una lista de argumentos a favor y en contra de la regla que si renuncia el pastor, el copastor también ha de presentar incondicionalmente su renuncia.

9. ¿En qué regla de este capítulo nunca había pensado usted?

10. ¿Qué decisiones ha tomado usted como consecuencia del estudio de este capítulo?

PROYECTOS PARA LA CLASE

1. Revisar los ejercicios que los miembros de la clase realizaron en las secciones UN ENCUENTRO CON LAS VERDADES y DE LA TEORIA A LA PRACTICA.

2. Presentar un cuadro dramatizado de los problemas que pueden surgir cuando un Ministro no observa las reglas de la ética ministerial.

3. Celebrar una mesa redonda sobre las relaciones entre el pastor y el copastor.

PARTE TERCERA

EL MINISTERIO DENTRO
DE LA IGLESIA

DIONISIO MEDINA RAMIREZ, de nacionalidad uruguaya, ejerce el pastorado del templo Broadway en la ciudad de Montevideo. También fue pastor de las iglesias de Colonia y Rivera. Actualmente dicta cátedra en el Instituto Bíblico de las Asambleas de Dios en Montevideo y asimismo en los Seminarios Intensivos de Preparación de Obreros. Fue Presidente Nacional de los Embajadores de Cristo de su país.

El hermano Medina y su esposa Esther Buchtik tienen dos hijos. Nos declara el hermano Medina Ramírez que lo que ha ejercido mayor influencia en el desarrollo de su ministerio ha sido el bautismo con el Espíritu Santo, la oración, la preparación en el Seminario Bíblico y sus estudios en el Instituto de Superación Ministerial, del cual es graduado.

Capítulo 12

EL MINISTRO EN LAS REUNIONES PUBLICAS

Por Dionisio Medina R.

La influencia del Ministro en los asistentes a una reunión es importante. Investido de una misión especial, sirviendo a Dios y a los hombres, el predicador es el punto de atención del público. En cierto sentido es la figura principal de la congregación.

Pregonar las Buenas Nuevas es la suprema tarea del Ministro de Dios. En el púlpito se encuentra a la vista de toda la congregación. Pero hay quien se olvida de que los asistentes lo siguen observando hasta en los más mínimos detalles aun cuando ya no ocupa el púlpito. Su comportamiento ejerce una influencia decisiva.

Toda la reunión recibirá el impacto espiritual que su dirigente le imprime. El tiene sobre sí la tremenda responsabilidad de ejercer la fe de que la mano de Dios se abra hasta derramar bendiciones sobreabundantes sobre su pueblo. Si el predicador es consagrado, humilde y reverente, su actitud inspirará a la congregación hacia la humildad y reverencia. Si tiene su corazón puesto en el cielo, su alma apegada al Omnipotente, también la tienen los asistentes. Vale la pena, pues, prestar mucha atención a las virtudes que el Ministro precisa cultivar en su actitud pública.

I. *Una actitud adecuada del Ministro*

La Biblia enseña que el que se acerca a Dios debe ser *reverente*. Pero, ¿cómo puede un Ministro esperar que los asistentes tengan reverencia en un culto si él mismo no la tiene? Cerciorémonos de que nuestro interior esté saturado de un profundo sentimiento de adoración hacia el Señor. Debemos estar quebrantados y contritos. Los de la congregación se sentirán movidos a ser más reverentes si observan que el Ministro es así.

En su actitud ante el público, se le debe notar al Ministro un *sentido de responsabilidad*. Una persona consciente de que la seguridad de muchas personas está en sus manos no va a actuar livianamente como un tonto. La mayor ocupación de un creyente es ganar almas para Cristo. El Ministro, por lo tanto, se mostrará preocupado y atento en el culto.

Cuando otro siervo de Dios es el que anuncia la Palabra, el pastor debe mostrar una actitud de reverencia y respeto a su colega. Sobre todo debe tener un interés genuino en escuchar la

Santa Palabra de su Dueño Eterno. El que conversa con otras personas les anuncia a todos con sus hechos que es indiferente a las cosas de Dios, que es orgulloso, que lo sabe todo.

La iglesia se perjudica, también, por esta actitud negativa y desatenta. El pastor que no atiende a su colega que predica sienta un mal ejemplo que con el tiempo resultará en perder el respeto de su congregación. Es muy posible que los creyentes llegarán a actuar de la misma manera cuando él predique. Es muy recomendable, entonces, mostrar atención, receptividad y devoción hacia el mensaje del Señor que otro siervo de Dios pronuncia.

Otra manera en que algunos Ministros manifiestan una falta de atención en el culto es al hablar con otras personas. ¿Qué impresión recibe usted al ver a un Ministro sostener una conversación en pleno culto delante de la congregación? No podrá él convencer a los demás que tiene importancia lo que se realiza si lo ven hablando con particulares. El Ministro debe evitar toda conversación, sea con creyentes o con Ministros que estén de visita. El debilita su propia autoridad y da la impresión de superficialidad si no enfoca toda su atención en lo que se va realizando en el culto.

Tampoco es correcto que el Ministro se ausente del culto para hablar con algún creyente. Esto distrae a los oyentes y demuestra que el Ministro le da poco valor a la reunión. Si tiene que conversar con alguien, lo hará antes o después de la reunión, nunca en el desarrollo de la misma.

Una tercera actitud que tenemos que cultivar los Ministros es la *mansedumbre*. En sus palabras, gestos y acciones el Ministro revela lo que es. Si es sencillo y genuino se le va a notar. Por más conocimientos que tenga, por mejor que haya preparado su mensaje, por más confianza que sienta, su actitud debe ser humilde. Cristo dijo: "Aprended de mí, que soy manso y humilde de corazón."

La humildad y seguridad son imprescindibles para aquel que desea servir al Señor. El Ministro tiene que actuar ante el público sin miedo y con entera confianza en el Espíritu Santo. La timidez y el nerviosismo son vencidos por la fe en el auxilio divino.

El predicador debe tener siempre *optimismo* y evitar toda actitud negativa. De ninguna manera conviene dar palizas públicamente. Los que tienen esta mala costumbre son generalmente los menos experimentados que creen que con unos cuantos gritos desaforados desde el púlpito podrán enderezar a todos los torcidos. Si solamente se dieran cuenta esos Ministros que la exposición de la verdad, en privado con amor y paciencia corrige muchos problemas.

En vez de criticar los errores y defectos de los débiles por medio de sus quejas, el Ministro debe hablar de las virtudes de los que están alcanzando un desarrollo espiritual. En vez de quejarse, por ejemplo, de aquellos que no testifican, que reconozca y felicite públicamente a hermanos que ganan almas para Cristo. En lugar de lamentarse por los que no diezman, que presente el testimonio de la bendición que ha resultado para algún creyente en particular, la práctica de la mayordomía cristiana. De esta manera se estimula a los creyentes y se conseguirá un efecto más valioso, que no se logra con la censura.

El predicador deberá abstenerse de retar desde el púlpito con el fin de enmendar a cualquier persona. Cuando alguien se porta incorrectamente, se le llamará la atención en la oficina del pastor o en su propia casa, pero no públicamente.

Una virtud que todo siervo de Dios debe poseer es esa firmeza positiva que lo mantiene entusiasta sean cuales fueren las circunstancias. A veces la iglesia pasa por períodos en que la concurrencia disminuye. Esto puede deberse a varios factores: problemas internos, falta de espiritualidad, falta de evangelismo, hasta el cambio de tiempo influye en la asistencia. En varias regiones de América Latina la concurrencia se aminora en el invierno. Jamás debe desanimarse el Ministro en tales momentos, sino más bien mantenerse consciente de su trabajo y de su responsabilidad para con los pocos, lo mismo que cuando asiste la mayoría. Y bajo ninguna circunstancia se les debe "cobrar" la falta de los ausentes, a los presentes. El optimismo y el fervor, más bien, serán favorablemente contagiosos en todos.

Si hay problemas en la iglesia, debe el Ministro procurar solucionarlos. Si existe falta de espiritualidad, él necesita llamar a la oración y consagración. Si los creyentes no testifican ni siembran el evangelio, se les exhortará a que trabajen más para el Señor. Si por causa del frío la gente no viene, se aconsejará eficazmente sobre la importancia de reunirse con fidelidad.

Antes de exhortar, sin embargo, el Ministro tendrá que preguntarse si los demás son los del problema. Cuántas veces los fieles han tenido que soportar una amonestación que verdaderamente necesitaban los ausentes.

II. *Los anuncios*

Se deben presentar los anuncios antes del sermón. Muchas veces se malogra la eficacia de un mensaje excelente lanzando una serie de anuncios triviales inmediatamente después de una conclusión conmovedora.

Deben ser breves y precisos los anuncios. El espíritu de la devoción se pierde con exhortaciones y minuciosidades.

III. *La oración pública*

Por la oración pública se fortalecen los corazones de los presentes y se elevan al cielo. La oración pública guía al pueblo de Dios. Ayuda para expresar la sincera y espontánea devoción. Lo conduce el trono del Altísimo.

Aunque las oraciones públicas por lo general deben ser cortas, y fervorosas, ellas tienen que ser precedidas por largos tiempos pasados con Dios en privado. Nuestras oraciones breves deberán su agudeza y eficiencia a las prolijas oraciones que hemos hecho en la cámara secreta. Mucho tiempo empleado con Dios es la llave maestra de toda oración de éxito.

Los pentecostales se caracterizan por su fervor. En sus reuniones se elevan varias oraciones públicas: la invocación, por las necesidades, por la ofrenda, por el mensaje, por los nuevos convertidos, por los enfermos. ¿Por qué conviene que sean breves estas oraciones? Hay iglesias que prolongan la oración inicial del culto. Pero los visitantes y niños que no tendrán el mismo deseo de orar se sentirán aburridos.

Para ofrecer largas súplicas al Señor, sería aconsejable aprovechar las oportunidades que prestan los cultos especiales de oración y adoración, las campañas de oración, los ayunos y vigilias. Pero en el culto público lo más eficaz es la oración breve y sencilla, la que brota efusivamente, pero sin prolongarse.

No olvidemos, sin embargo, que es el Espíritu Santo quien dirige y gobierna nuestras reuniones. A veces, durante el culto, él se moverá de una manera arrolladora, avasallante, dominándolo todo, bautizando, redarguyendo, exhortando y hablando. En tales circunstancias, las acciones del Espíritu no deben limitarse por una regla establecida de que siempre la oración tiene que ser breve. Tenemos, lógicamente, que dar al Espíritu Divino la libertad para operar como quiere en la vida de la congregación.

Nuestras oraciones públicas deben ser, también vivas y fervorosas, no aprendidas de memoria o leídas. Ni las frases acostumbradas que hemos repetido tanto deben ser pronunciadas mecánicamente. Hagamos el esfuerzo de orar sencilla y espontáneamente de lo más íntimo del ser como un fluir del Espíritu Santo en nuestra vida.

En tercer término, nuestras oraciones públicas deben ser específicas. Si oramos por la ofrenda, es sólo por ella y no por las necesidades, los inconversos, los enfermos, etc. Cada oración del culto público debe ofrecerse teniendo en cuenta el motivo especial por el cual se pronuncia.

IV. *La apariencia personal*

Merece una atenta consideración la apariencia personal del Ministro ya que en público el predicador debe mostrar educación y buenos modales. Un descuido en esto puede hacerlo fracasar.

Debe llevar a la reunión su mejor ropa, aunque no quiero decir con eso que debe usar trajes costosos. Más bien aunque humilde, su ropa ha de estar limpia y bien planchada. La ropa, de ser posible, debe estar acorde a la sociedad en que se halla la iglesia. Si el ambiente es rural, el Ministro tal vez verá la necesidad de usar una ropa diferente que si estuviera en la capital.

El respeto que el pastor debe a la congregación exige sobriedad y decencia en el vestir. Debe cuidar su apariencia personal, no por orgullo, sino por la consideración e importancia de su puesto.

Después de ver algunos aspectos de las acciones de un Ministro ante la congregación, sentimos más el peso de la responsabilidad que acompaña nuestra vocación. La verdad es que muchos Ministros, dándose cuenta de la importancia de sus sermones, se esfuerzan para estudiar la manera de hacerlos efectivos. Parecería, sin embargo, que no todos han entendido que presentan mensajes, también, con sus actitudes y comportamiento en público. ¿Qué se gana con exhortar a la gente y prestar atención si el Ministro no lo hace? ¿Qué se logra con hablar de la bondad del Padre celestial si el Ministro se convierte en regañón? Que Dios nos ayude a comunicar con eficacia el evangelio por medio de nuestras palabras a la vez que apoyarlo con nuestro buen comportamiento y una actitud correcta.

BOSQUEJO DEL CAPITULO

El comportamiento del Ministro en las reuniones públicas

I. Algunas actitudes necesarias
   A. La reverencia
   B. La atención seria a lo que se desarrolla
   C. La apacibilidad
   D. La confianza
   E. El optimismo

II. Cómo presentar los anuncios

III. La oración pública del Ministro
   A. La importancia de una intercesión previa
   B. La conveniencia de la brevedad
   C. La necesidad de la espontaneidad
   D. La ayuda de hacer específica la oración

IV. La presentación personal del Ministro en público
   A. Su influencia
   B. Una afinidad con el ambiente
   C. La moderación
   D. Una afinidad con la vocación

UN ENCUENTRO CON LAS VERDADES

Selección múltiple. Lea la primera parte de la frase y las cinco diferentes terminaciones con que se podría completar la misma. Escoja la terminación que mejor complete la frase. En algunos casos podrían servir más de una de las terminaciones, pero el alumno debe seleccionar la que *mejor* complete la idea. Aunque ninguna de las cinco le satisfaga del todo al estudiante, hay que escoger siempre la que más pudiera servir. Subraya la terminación escogida.

.... 1. El Ministro cuando está sentado en la plataforma...

    (A) podrá olvidarse de su ejemplo ya que el auditorio no se fija en los sentados sino en los que están parados.

    (B) debe mantener los ojos cerrados para que la gente vea su santidad.

    (C) debe decir "amén" continuamente para que los presentes oigan su espiritualidad.

    (D) debe observar a todos los asistentes para estar al tanto del estado de ánimo de cada uno.

    (E) debe recordar que todo lo que hace influye sobre la actitud de los demás presentes.

.... 2. El Ministro que mastica chicle durante el culto impresiona al auditorio con...

    (A) su deseo de ser reverente en la casa de Dios.

    (B) su indiferencia a la necesidad de la reverencia.

    (C) su capacidad de ser original.

    (D) su espíritu juvenil.

    (E) su naturaleza pecaminosa.

.... 3. El Ministro que lleva a cabo una conversación particular en la plataforma en pleno culto...

    (A) revela que es una persona de grandes aptitudes sociales.

    (B) revela que es amigable.

    (C) da una impresión de superficialidad.

    (D) hace ver que tiene la capacidad de prestar atención a dos cosas a la vez.

    (E) proclama al mundo que no es de esos que celebran cultos fríos y formales.

.... 4. Se puede echar a perder un ambiente devocional...

    (A) haciendo anuncios abundantes y largos.

    (B) cantando un coro de adoración.

    (C) orando por una necesidad.

    (D) invitando a los creyentes a presentar a Dios una ofrenda de gratitud.

    (E) repitiendo el Padrenuestro.

.... 5. El Ministro que se ausenta del culto para conversar con una persona...

    (A) es inteligente porque así puede aprovechar la presencia de una persona con la cual se hace difícil comunicar durante la semana.

(B) revela una indiferencia total hacia las cosas espirituales.

(C) puede causar la impresión de que cree que es más importante hablar con el hombre que con Dios.

(D) debe regañar a la gente cuando se salen del culto para hacer una llamada telefónica.

(E) debe pasar igual tiempo orando en su casa para no atrasarse en su cuota diaria de minutos que debe pasar en los ejercicios espirituales.

.... 6. Sería recomendable presentar los anuncios ...

(A) como la primera cosa en el orden del día para aprovechar que la gente tenga la mente despejada.

(B) en la parte preliminar para que no se reste de la solemnidad de la conclusión del mensaje.

(C) con lujo de detalles para lograr una mejor comunicación.

(D) inmediatamente después del mensaje para que no se le olviden a la gente las actividades venideras.

(E) con un fondo musical para hacer ver que hasta los anuncios son espirituales.

.... 7. Si el Ministro ve que la asistencia ha bajado mucho debe ...

(A) hacerles ver a los presente que la congregación tiene poca espiritualidad.

(B) convertir su risa en llanto.

(C) cambiar el tema de su mensaje.

(D) darse por vencido.

(E) preguntarse cómo podrá ayudar a los presentes.

.... 8. Si el pastor presta toda atención a la predicación de un Ministro visitante ...

(A) inspirará a los demás con su ejemplo.

(B) la gente se dará cuenta de que es hipócrita.

(C) los presentes podrán darse cuenta de que éste sí es un predicador de avivamiento.

(D) la gente se asustará al ver a su Ministro hacer algo tan inacostumbrado.

(E) da lo mismo como si no le presta ninguna atención.

.... 9. Los que acostumbran criticar y regañar públicamente a todo el mundo ...

(A) no tienen que dar cuenta a nadie de su espíritu porque son representantes de Dios.

(B) logran resolver los problemas que molestaban.

(C) deben recordar que la exposición con amor de la verdad en privado vale más que mil regaños públicos.

(D) hacen ver al mundo que no le tienen miedo a nadie.

(E) tienen que resignarse al hecho obvio de que Dios les ha encomendado un ministerio de corrección.

..............10. El Ministro que le pone cuidado a la apariencia personal hace ver que ...

(A) es vanaglorioso.

(B) respeta a la congregación.

(C) gana buen sueldo.

(D) es bien pobre

(E) estima mucho su vocación.

..............11. El Ministro que está más reclinado que sentado en su silla en la plataforma durante el culto da una impresión de ...

(A) mucha elegancia.

(B) mucha humildad.

(C) estar orando.

(D) ser muy sacrificado.

(E) ser descuidado e indisciplinado.

DE LA TEORIA A LA PRACTICA

1. Un conferencista de renombre pagaba el sueldo de un empleado de tiempo completo para que se sentara en la tribuna durante cada conferencia y le escuchara con una atención de encanto. ¿Qué le motivará al conferencista a hacer eso?

2. ¿Qué impresión tiene usted al ver a muchos creyentes orando mientras que el Ministro conversa con otros al fondo del santuario?

3. Algunos se animan cuando la asistencia es considerable, pero al concurrir pocos, se ven deprimidos. ¿Qué relación tiene eso con el materialismo?

4. ¿Qué papel debe hacer la fe en la actitud del dirigente cuando ha bajado mucho la asistencia?

5. ¿Cuándo fue la última vez que usted se deprimió con la poca asistencia? ¿Cómo trató usted a los presentes?

6. ¿Qué propone usted hacer la próxima vez que haya una baja en la asistencia?

7. ¿Qué posición física debe asumir el Ministro cuando está delante del público?

8. ¿Qué decisiones ha tomado usted con respecto a sus actitudes en las reuniones públicas después de estudiar este capítulo?

PROYECTOS PARA LA CLASE

1. Revisar en clase el trabajo de los alumnos realizado en la sección UN ENCUENTRO CON LAS VERDADES.

2. Dramatizar un cuadro exagerado del aspecto negativo de un Ministro en la plataforma durante un culto.

3. Dividir la clase en grupos para que cada uno realice un estudio de observación de personas (sin que éstas se enteren) en una reunión. Ver cuántas de esas personas se fijaban en las reacciones del dirigente antes de manifestar una reacción propia.

4. Dividir la clase en dos grupos, los cuales deben en diez minutos redactar los anuncios de acuerdo con una lista idéntica de actividades que en una iglesia hipotética ha de tener durante una semana. Después del período de preparación de diez minutos, una persona designada por el grupo presentará los anuncios como si estuviera en un culto.

5. Analizar en clase los extremos a que uno puede llegar en cuanto a su actitud ante la poca asistencia. Decidir si cualquier extremo es deseable. Por ejemplo, algunos dicen que no importa la cantidad mientras haya calidad. Otros dicen que uno debe estar angustiado al ver que no alcanza grandes grupos de personas.

DAVID AREVALO GAMA, mexicano, se graduó de Profesor de enseñanza Musical en el Conservatorio Nacional de México y ha estudiado cursillos de especialización en la dirección coral. Dictó clases de música en escuelas nacionales en el Distrito Federal de México, y fue Director de Coros de la iglesia "Getsemaní" en la misma ciudad. El hermano Arévalo nació en el seno de la iglesia, siendo sus padres pastores desde la iniciación de las Asambleas de Dios en México.

Actualmente sirve al Señor como Pastor laico de un grupo de nuevos creyentes en Guadalajara. Está casado con Raquel Serna y la pareja tiene tres niñas.

El hermano Arévalo Gama se admira de la manera cómo Dios ha empleado su ministerio, no solamente en la esfera de la música, sino también en su calidad de pastor laico.

Capítulo 13

EL MINISTRO Y LA MUSICA
EN LA IGLESIA

Por David Arévalo G.

Mientras la voracidad de las llamas consumía a Jerónimo de Bohemia en el año 1416, triunfalmente el mártir entonó este himno de resurrección:

"¡Salve hermosa aurora!
Todos cantarán.
¡Hoy venció la vida
Muerte ya no habrá!
¡Del sepulcro se alza
El libertador!
Todo el universo
Cante a su Creador."

En la música inspirada de arriba, Jerónimo halló el bálsamo y la inspiración para el momento más tormentoso, así como los creyentes en todos los siglos. No nos podemos imaginar lo triste que sería la iglesia sin música alguna; sin embargo algunos Ministros no han puesto importancia en ella. Poco se afligen si la iglesia cae en una expresión musical monótona, fría y vacía, o en la exagerada búsqueda de un gozo aparente en música que carece de profundidad y verdadero significado bíblico. Digo esto no como un "yo acuso" sino más bien con el deseo de que se le conceda su importancia a la música en la iglesia.

I. *Diferentes ministerios de la música*

La música es un medio evangelizador puesto que atrae al pecador. Muchos testifican que la música les interesó más que la predicación en el principio. Si los comerciantes procuran vender sus productos aprovechando la música para atraer al consumidor, cuanto más la iglesia debe utilizar la música como un imán potente para cautivar la atención del perdido.

En los casos en que la letra de los coros e himnos explica el evangelio o invita al pecador a aceptar a Cristo, realiza otra función evangelizadora. La persona que nunca asistiría a un templo para escuchar un sermón puede recibir el mensaje oyendo un canto. No olvidemos que el evangelio fue predicado por primera vez aquella noche buena por medio del himno entonado por las huestes celestiales que prorrumpieron en el canto: "Gloria a Dios en las alturas y en la tierra paz, buena voluntad entre los hombres."

La música es un medio por el cual el pueblo de Dios eleva sus alabanzas a la Santísima Trinidad. Muchas veces el creyente expresa lo que siente por medio de un himno de adoración. Abundan los pasajes bíblicos que nos exhortan a cantar las alabanzas a Dios. "Alabad a Jehová, invocad su nombre, dad a conocer en los pueblos sus obras. Cantad a Él, cantadle salmos; hablad de todas sus maravillas." Salmo 105:1, 2.

En los momentos trascendentales de cada judío, se hallaba un canto en sus labios. ¿Cómo, pues, iba a estar exenta de ello aquella hija de Israel a la cual se había elegido para ser la madre del Mesías? Le escuchamos cantar al haber recibido tan gratas nuevas: "Engrandece mi alma al Señor, y mi espíritu se regocija en Dios mi Salvador."

Zacarías, ya entrado en su vejez, tomó en sus brazos al pequeño Juan y entonó estos versos: "Bendito el señor Dios de Israel; porque ha visitado a su pueblo y ha obrado su redención."

Otro papel de la música en la iglesia es su función didáctica. No podría nunca poner en duda la eficacia de la música, cuando Dios confiadamente dejó que posara su palabra en buen número de cantos en las Sagradas Escrituras. El pueblo de Dios aprendía lecciones de teología y de la práctica de los preceptos divinos a través de los himnos que entonaban. Cuando iban de viaje a Jerusalén, los judíos cantaban y repasaban esas lecciones tan importantes. Hoy día el creyente no tiene que quedar solamente en la luz de la aurora de su experiencia, sino ayudado por las bellas enseñanzas de la música inspirada puede llegar a su día perfecto.

La música tiene un potencial enorme para consolar al creyente, también. En la noche más oscura, el hijo de Dios con un himno puede levantar las compuertas del alma, así aliviando la presión de las aguas de tribulación. Mantengamos nuestra fama de ser un pueblo que canta en medio del dolor.

La última función de la música que vamos a mencionar es la de inspirar al hijo de Dios a ser más fiel y a trabajar por su Señor. ¿Quién no se ha sentido impulsado a permanecer fiel después de unirse con un grupo de creyentes cantando "Firmes y Adelante"? El impulso de un himno que con su bella combinación de ritmo, letra y melodía marcial ha servido para mover a muchos a una mayor consagración.

II. *La historia del himno*

Dos maneras en que se utilizaban los salmos en el culto judío era la entonación de la antífona, o sea, el canto alternado entre dos coros, y el responsorio, el canto alternado entre un solista y la asamblea de fieles. Se desconoce la música original de

estos cantos por no haber existido los métodos idóneos de escritura de música en aquellas épocas tan remotas. Pero indiscutiblemente fueron el germen de la alabanza musical, el principio de
la hermosa práctica de utilizar la música en el culto. Estas composiciones han ejercido su influencia en todas las edades sucesi-
vas en la historia del pueblo de Dios.

La letra de algunos cantos que entonaban los cristianos del
primer siglo, ha llegado a nosotros registrada en el Nuevo Testamento. Tal es el caso de I Timoteo 3:16, cuya forma rítmica
nos sugiere que tuvo una entonación musical:

> "Quien fue manifestado en carne,
> Justificado en Espíritu,
> Visto de los ángeles,
> Predicado entre los gentiles,
> Creído en el mundo
> Recibido arriba en gloria."

Se ha supuesto, también, que son frases de un primitivo
himno los versos mencionados por San Pablo en Efesios 5:14:

> "Despiértate tú que duermes,
> Y levántate de entre los muertos
> Y brillará sobre ti Cristo."

Numerosos pasajes rítmicos del libro de Apocalipsis parecen
haber formado parte de los cantos de los primeros cristianos.
Por ejemplo:

> "Grandes y maravillosas son tus obras,
> Señor Dios Todopoderoso;
> Justos y verdaderos son tus caminos,
> Rey de los santos.
> ¿Quién no te temerá, oh Señor,
> Y glorificará tu nombre?
> Pues, sólo tú eres santo;
> Por lo cual todas las naciones
> Vendrán y adorarán,
> Porque tus juicios se han manifestado."
> Apocalipsis 15:3, 4.

El himno provee una estructura idónea para el poeta más
exaltado. Con su forma rítmica precisa y su división silábica,
fácilmente llegó a tener gran arraigo entre el pueblo de Dios.
Pone de manifiesto la fe sencilla pero excelsa que ha inflamado
los corazones de millones, que han recibido a Cristo a través de
los siglos.

Un buen número de clérigos se opusieron al canto de los
himnos en los primeros siglos de la iglesia, pues en su opinión
contenían gran parte de la herencia pagana que corrompía la

forma de vida mística y contemplativa en la que habían caído muchos. Esto tuvo su justificación aparente, si consideramos que en la antigua Grecia, el himno era parte imprescindible de la vida religiosa y política. Con frecuencia se entonaban loas a los dioses y a los guerreros victoriosos. (La voz "himno" tiene su origen en la palabra griega *hymnos*, que significa "canto".) Por otra parte por su cualidad de canto jubiloso y accesible a todo el pueblo fue bien acogido en la iglesia no sin antes sustituir sus palabras de índole pagana por las de la doctrina cristiana. Así fue cómo llegó a tener un gran auge el himno cristiano durante los primeros años. Pero fue palideciendo cada vez más y más a medida que la iglesia se fue oficializando, adoptando ritos externos.

Surgió nuevamente el himno en el marco de la iglesia de Occidente, atribuyéndose tal hecho al célebre Ambrosio, que lo utilizó para combatir al arrianismo que había hecho presa de toda aquella región.

Tocó a Agustín el avivamiento, perfección y divulgación mayor del himno, nuevamente consolidado al común de la iglesia. A él se debe un gran número de composiciones cuya escritura silábica utilizaba los llamados "modos musicales" heredados de la antigua Grecia, características que hicieron fácil su práctica en beneficio de toda la iglesia. Algunas de sus composiciones han trascendido hasta hoy como joyas de la antigüedad sin perder su frescura.

Con el crepúsculo de la Edad Media, surge en el escenario de la historia el Papa Gregorio I, quien al principio del siglo VII acrecentó la liturgia católica romana y el latín como idioma oficial. El mismo dio impulso a la fundación de la *"Schola Cantorum Romana"*, a donde ingresaban los alumnos a muy corta edad después de las más rigurosas exigencias, para destinar sus vidas exclusivamente a la práctica de la música eclesiástica. Esto trajo fatales consecuencias, pues limitó el canto religioso a un pequeño grupo de profesionales y excluyó al pueblo de toda participación en el culto. Así fue que el canto gregoriano, consistente de hecho en un rezo cantado, se esparció a todo el mundo.

Tras la noche medieval, aparece la aurora de la libertad expresiva; aquellos humildes pero geniales cantores y músicos ambulantes llamados juglares o *minnesingers*, que eran la expresión popular. Más tarde aparecería la composición de la música profana. Sacudió en sus mohosos cimientos al imperio absoluto de la música religiosa, hasta hacerla sucumbir. Con el siglo XI, aparecen los trovadores, que dejaron una rica producción de laudas, "misterios" y cantigas integrando nuevamente al pueblo, en la alabanza dentro del culto religioso extralitúrgico.

La música en su expresión más sencilla y espiritual, siempre ha permanecido como atributo de la verdadera iglesia de Cristo. Pero no encontramos vestigios sobresalientes de ella a través de extensas lagunas históricas que abarcan varios siglos. Con la aparición de los llamados "Hermanos Bohemios", seguidos de Juan Hus, encontramos nuevamente el canto congregacional, con el propósito de evangelizar y exhortar a la práctica de la vida cristiana. Hus, el cual muriera en la hoguera por su fe en Cristo, dijo: "Predicamos el evangelio no sólo desde el púlpito, sino también nuestros himnos son homilías."

Más tarde en Alemania, resurge el canto congregacional. El compositor del himno "Castillo Fuerte es Nuestro Dios", Martín Lutero, dijo: "Quien no gusta de la música, nunca podrá ser mi amigo." Los himnos del predicador de Wittenburg tuvieron la inmediata aceptación por todo el pueblo, pues los aprendían y cantaban con avidez tanto los artesanos que los entonaban durante sus labores, los campesinos mientras abrían el surco, como también las mujeres al arrullar al bebé en la cuna. Tales cantos inspirados por el Espíritu Santo, despertaron una fe en multitudes de todas las clases sociales.

El himno congregacional saturado de la sana doctrina preparó en Europa el terreno en el cual la Palabra de Dios habría de producir resultados asombrosos durante la Reforma. ¿Quién podrá contar los muchos que se agregaron a la iglesia de Cristo, por la influencia de sus himnos?

La influencia dominante del himno llegó a Inglaterra a través del Canal de la Mancha, con el movimiento reformador. Pero su importancia en el culto popular cedió el paso a los salmos cantados métricamente. Estos también más tarde cayeron en una práctica lóbrega y descorazonada, debido en gran parte a que teólogos extremistas predicaban en contra de "todo entusiasmo". Lo consideraban pecaminoso "al igual que todo lo que procedía del papa", lo que les llevó al extremo de prohibir la música y todo tipo de canto en el culto de la iglesia. En el siglo XVIII la música resultó una verdadera ruina en las iglesias inglesas. Solamente en la providencia de Dios fue posible el regreso a la vida sencilla del verdadero cristianismo, cuya manifestación encontramos en los himnos de Isaac Watts. Los latinoamericanos tenemos frecuente acceso a la belleza de sus obras en las más variadas traducciones.

Los ingleses Juan y Carlos Wesley, después de su conversión a Cristo dieron ímpetu al movimiento de una adoración entusiasta al Señor y al canto congregacional. A Dios gracias por ellos, que en medio de viento y tempestad marcaron la pauta realmente libre y expresiva del himno cristiano, que hoy gustamos. Solamente de Carlos Wesley se conocen aproximadamente seis mil himnos.

De la historia del himno queda un enorme trecho por recorrer. El himno en los Estados Unidos es más cercano y familiar para todos nosotros. De su influencia somos el resultado muchos creyentes.

En lo que toca a América Latina queda mucho por investigar y escribir sobre su música. La enorme producción permanece en gran parte inédita, pero el Señor no permitirá que se pierda ni la obra ni el objeto de ella.

III. La selección de la música para los cultos

Pasemos a considerar el mejoramiento de nuestra música en la iglesia contemporánea. Al igual que el predicador debe pensar y orar mucho antes de escoger su tema y texto para un mensaje; tenemos que pedir la dirección del Señor en la selección de la música para un culto. Dejémonos guiar verdaderamente por el Espíritu Santo, en la selección de los cantos congregacionales.

Al igual que el predicador tiene la responsabilidad de variar la clase de mensaje para que esté bien alimentada la congregación; el que dirige la música debe dar a la iglesia·la oportunidad de cantar himnos y coros de diferentes estilos y clases. "No solamente de cantos jubilosos vivirá la iglesia, sino también de aquellos que en su tiempo reposado, pero de profundo sentido bíblico, enseñan y transforman." Con esta paráfrasis de Mateo 4:4 deseo destacar que toda clase de canto tiene su importancia en la iglesia.

No despreciemos el canto inspirado, aunque carezca de vitalidad y fogosidad que nos impulse a palmear las manos, si es que por otro lado nos introduce a un sermón doctrinal. Como Elías supo distinguir la manifestación gloriosa del Señor no solamente en el fuego, sino también en el silbo suave y apacible, sepamos conducir a la iglesia en himnos que nos ayuden a disfrutar la presencia del Señor, en la cadencia suave y reposada.

Claro que por otra parte, la iglesia merece y necesita desbordar su corazón de gozo en la alabanza. Maravilloso don de Dios tiene el que sepa escoger y guiar con orden el batir de las palmas y la proclamación gozosa de las voces que pronuncian verdades a la vez que despiertan el ánimo.

Algunos de nuestros cantos, nacidos de la expresión popular, han mezclado nuestra alabanza con una defectuosa estructura o un contenido carente de inspiración. Manifiestan un nulo conocimiento de las Sagradas Escrituras. Que Dios nos ayude a buscar su dirección y aplicar el juicio sano. Debemos actuar con humildad y a la vez con firmeza, sin herir en su limitación a las personas, pero sí, guiarlas con paciencia a un culto racional, acepto y de olor fragante ante la presencia de nuestro Dios. Si bien es cierto que el Espíritu de Dios nos dirige, no nos engañemos, ni nos excusemos por nuestro descuido y negligencia. Dios nos ha dado de su Espíritu y de su Palabra para que cada día adquiramos la capacidad de juzgarlo todo, empezando por nuestras personas. La meta no es adquirir un culto tumultuoso sino uno que traiga gloria y honra a Dios.

Busquemos coherencia, o sea, afinidad, entre el tema del servicio y los cantos del día. Es, pues, recomendable que el que escoge los himnos y coros mantenga una estrecha comunicación con el predicador. No mezclemos los cantos que tratan del llamamiento al pecador en un culto de edificación para los que ya son creyentes. No dirijamos a la congregación en cantos de júbilo desbordante en un culto fúnebre. Oremos para que Dios desarrolle en nosotros un verdadero talento para escoger los cantos apropiados a cada ocasión. Debemos interesarnos en la recopilación de himnos y coros de variado estilo y clase.

IV. *El director de música*

Desde tiempos antiguos se ha reconocido entre el pueblo de Dios el ministerio especial que el Espíritu Santo otorga a ciertas personas en la música.

Asimismo David y los jefes del ejército apartaron para el ministerio a los hijos de Asaf, de Hemán y Jedutún, para que profetizasen con arpas, salterios y címbalos, hombres idóneos para la obra de su ministerio.[1]

De suma importancia es que los Ministros le den todo el énfasis que la música merece. Una de las maneras de hacerlo es animar a las personas idóneas para que desarrollen sus facultades musicales. No se puede decir que en cada congregación haya personas con un ministerio musical desarrollado. Hay que descubrir a quienes tienen el talento y luego animar a dichas personas a ejercer lo que el espíritu Santo les ha impartido. El pastor de la iglesia podrá hacer mucho en este sentido.

Algunas iglesias tal vez verán la conveniencia en nombrar un director de música para que se encargue de los diferentes aspectos del programa. No queremos decir con esto que dicha persona tenga que ser de "tiempo completo" y recibir todo su sostenimiento de la iglesia, pero tampoco se tiene que excluir esta posibilidad si la iglesia está en condiciones de hacerlo.

Para el mejor funcionamiento de su ministerio, el director de música debe saber con toda claridad cuáles son sus deberes. A continuación ofrezco algunas sugerencias con la observación de que no todas se podrán incorporar en cada iglesia. El director de música de una congregación pequeña tal vez no podría llevarlas a cabo en su totalidad, pero se sorprenderá cuántas se pueden adaptar a sus circunstancias:

1. Ser directamente responsable de la música en la iglesia, desarrollando un programa que incluya orquesta, coros, conjuntos y los cantos congregacionales.

2. Dirigir a la congregación en la adoración por medio de los cantos y coros. Podría, por otra parte, encargarse de nombrar quienes lo harán en cada culto si así fuera mejor.

3. Inspirar, alentar y mantener diferentes conjuntos y grupos corales, de acuerdo con las posibilidades, organizando varios coros de acuerdo a las edades.

4. Dar recomendaciones sobre el equipo musical, los instrumentos y otras necesidades que tengan que ver con su ministerio, al pastor y la junta oficial.

5. Organizar los ensayos de los coros y orquestas, contando con la opinión de la mayoría.

6. Preparar cuidadosamente los ensayos de los grupos que ha de dirigir.

7. Administrar sabiamente los fondos designados para la música, la biblioteca musical, la vestimenta de los grupos, etc.

8. Organizar reuniones de oración entre los que toman parte en la música de la iglesia.

9. Organizar eventos sociales en los cuales pueda convivir más intensamente con los músicos y cantantes de la iglesia.

10. Crear un anteproyecto de constitución o reglamento para los conjuntos y coros, el cual se presentará al pastor y demás miembros de la junta oficial. Después de aprobado, darlo a conocer con toda oportunidad a los interesados.

11. Aprovechar toda oportunidad de estudio de música, ya sean cursos de perfeccionamiento o conferencias que vengan a acrecentar su acervo cultural y musical.

12. Invitar con frecuencia a todos aquellos que tengan talentos en el ministerio de la música, para que participen en programas especiales o conciertos. Esto repercutirá en provecho de la iglesia entera.

13. Deberá preocuparse por adquirir conocimientos elementales en cuestión de administración, historia de la iglesia, historia de la música, teología, adoración y educación cristiana.

14. Enseñar nuevos cantos a la congregación.

15. Abordar la corrección de los cantos cuando se han estado cantando defectuosamente, desde luego, buscando una oportunidad apropiada.

El pastor y el cuerpo oficial, al seleccionar al director de música de la iglesia, harían bien en tener presente que tal persona ha de reunir ciertas características para poder desempeñar bien sus deberes. Entre las más importantes sugiero las siguientes:

1. Llevar una vida cristiana ejemplar, pues sólo así se ganará el respeto de la congregación y de los músicos.

2. Tener un verdadero interés en el progreso de la obra de Dios.

3. Poder diferenciar los grados de la escala musical. Debe tener una sensibilidad para distinguir el timbre del sonido, buen sentido del ritmo, sensibilidad para destacar lo bello en la música.

4. Lo deseable es que reúna habilidades de ejecutante, maestro, compositor, *arreglista*, entrenador de la voz y musicólogo. Tales aspectos se lograrán por la dedicación al estudio y la investigación constante, aunque no será indispensable que sea un virtuoso.

5. Será una persona con don de gentes, con una capacidad de trato para toda clase de personas. Mostrará amor y paciencia para todos.

6. Debe ser una persona que tenga la chispa de alegría en su vida y en sus ojos, que manifieste energía y entusiasmo.

7. Forzosamente debe tener un buen sentido del humor, pero con la habilidad de evitar el sarcasmo y las bromas pesadas a costa de otros.

8. De gran importancia es que muestre una estabilidad de carácter, que no tenga la tendencia de sentirse lastimado por cualquier problema o crítica. Emocionalmente tiene que ser maduro.

9. Debe ser una persona con humildad, sin considerarse a sí misma como director consumado, que sepa subordinarse al pastor y al programa de las demás esferas y departamentos de la iglesia.

Todo este cuadro expuesto enmarca lo ideal de un director de música. No debemos asustarnos sobremanera al ver tantas exigencias y aptitudes que debe reunir dicha persona. La lista presentada tiene como propósito principal descubrir el inmenso y vasto panorama de este preciado ministerio tan escaso entre nuestras congregaciones.

V. *El conjunto coral de la iglesia*

Con frecuencia se pone de manifiesto que la "voluntad" del "coro de voluntarios" es tan débil que cualquier vientecito lo destruye. Si llueve o truena, si hace mucho calor o mucho frío, la asistencia se ve afectada. El clima, los deportes, la novia, el novio, la tarea, con facilidad debilitan la voluntad del coro de voluntarios. A veces estos problemas surgen si el propósito y las metas del coro están vagamente definidos. Es por lo tanto muy importante precisar la actitud correcta de la iglesia para con su coro. Deben saber perfectamente que el coro es una organización cuyos miembros ofrecen libremente su tiempo y sus talentos. No es en realidad un coro de voluntarios, sino de obligación. Si bien es cierto que voluntariamente los miembros se han rendido a Cristo, ya como discípulos de El es igualmente cierto que tienen la obligación de servirlo y de poner a trabajar sus talentos. Se les debe recordar la historia que Cristo contó del préstamo de los talentos. Todos los interesados, el pastor, los oficiales, los miembros del coro y los de la congregación deben tener presente que cantar en el coro es un privilegio, un verdadero y particular encargo de Dios y un glorioso servicio al Señor. Aquel coro cuyos miembros le dan importancia a la oportunidad de servir al Señor, es el que logrará el éxito.

Todos deben tener presente cuál es el propósito del coro. Antes que nada, es para extender el reino de Dios. Luego debe ser guía de la adoración, actuando siempre como parte de una congregación en alabanza. El coro es un grupo sacerdotal que enaltece el acto de adoración, que se esfuerza por hacer el servicio de alabanza más hermoso y más significativo. Es una fuerza que unifica la vida de toda la iglesia. Por otra parte, no se pretende con el coro robar a la congregación su privilegio de cantar también al Señor en su debida oportunidad. Dios nos libre de caer en un profesionalismo de música como ocurrió en épocas oscuras.

Desde siglos remotos en la historia del pueblo de Dios, la música ha sido un elemento de gran importancia para rendir tributo a Jehová y para servirlo. Dios no ha rebajado esta importancia en nuestros tiempos. Abrumadora es la evidencia a favor de que se le merece un lugar prominente en la iglesia. En el esfuerzo por superarnos y hacer más eficaz la obra de la iglesia, hagamos todo lo posible por el progreso del ministerio de la música. Animemos a los que Dios ha llamado a esta rama de actividades. Aprovechemos todo medio posible para mejorar la calidad de la música, ya que Dios merece lo mejor.

---

[1] I Crónicas 25:1.

BOSQUEJO DEL CAPITULO

La importancia de la música en la iglesia

I. Maneras en que la música ayuda en la iglesia
   A. Evangeliza
   B. Expresa alabanza
   C. Enseña
   D. Consuela
   E. Inspira
II. La historia del himno
   A. Los salmos entre los judíos
   B. Los himnos de los primeros creyentes en Cristo
   C. La oposición creciente en los primeros siglos al himno congregacional
   D. El resurgimiento del himno
   E. La reforma musical de la Iglesia Católica Romana
   F. La música popular de la Edad Media
   G. Los himnos de las seguidores de Hus
   H. Los himnos en la Reforma
   I. Los himnos de los ingleses
   J. Los himnos en las Américas
III. Bases sobre las cuales debemos escoger los himnos para los cultos
   A. La dirección del Espíritu Santo
   B. La necesidad de variar
   C. La necesidad de calidad
   D. La concordancia con el resto del culto
IV. El encargado de la música en la iglesia
   A. En el Antiguo Testamento
   B. La necesidad de poner énfasis sobre este ministerio en la actualidad
   C. Sus responsabilidades
   D. El director idóneo
V. El coro de la iglesia
   A. Sus problemas
   B. Su propósito

UN ENCUENTRO CON LAS VERDADES

Emparejamiento. En la columna de la izquierda se encuentran diez sustantivos que tienen algo que ver con la música en la iglesia. En la columna de la derecha se hallan definiciones de doce cosas que tienen que ver con la música. El problema es enlazar la descripción, o sea, la definición del sustantivo correcto. Por ejemplo, el primer sustantivo en la columna izquierda es "himno". Busque la definición que mejor describa lo que es un "himno" y escriba una "A" en el espacio al lado del número de esa definición de la columna derecha. Puesto que hay más definiciones a la derecha que sustantivos en la columna de la izquierda, se deben dejar en blanco dos de las definiciones. No se repita ninguna palabra de la columna izquierda.

A. himno

B. evangelización

C. variación

D. antifonía

E. salmo

F. trovador

G. coro

H. pastor

I. inspiración

J. arrianismo

.... 1. salmo cantado entre la asamblea y un solista.

.... 2. un canto en honor a alguna personalidad o a la patria.

.... 3. cualidad de un buen director de música.

.... 4. una función de los cantos en la iglesia.

.... 5. se debe tener presente al seleccionar la música en la iglesia.

.... 6. salmo alternado entre dos coros.

.... 7. fue el germen del cual nacieron los himnos en la iglesia.

.... 8. especie de cantor popular que provocó una revolución en la música y llegó a tener influencia en la restauración de la participación de la congregación en la música de la iglesia.

.... 9. conjunto de cantantes cuyo ministerio es hacer el servicio de alabanza más hermoso y significativo.

..............10. persona clave para recalcar la importancia del ministerio de la música en la iglesia.

..............11. una función de la música en la iglesia para instar al creyente a servir mejor al Señor.

..............12. herejía que combatió Ambrosio por medio de himnos.

DE LA TEORIA A LA PRACTICA

1. ¿Qué himno diría usted que tiene un buen contenido bíblico?
2. ¿Cuál es el himno predilecto suyo? ¿Por qué?
3. ¿Qué va a pasar si uno trata de enseñar un himno solemne y con mucha enseñanza doctrinal a una congregación acostumbrada a cantar solamente coros sencillos y de poca profundidad?
4. ¿Cómo podrá el Ministro educar a su congregación a gustar de varias clases de música sagrada?
5. ¿Cuántos himnos sabe usted de todos los que trae el himnario que se emplea en su iglesia?
6. Para su iglesia, ¿el himnario consta de cuántos himnos? (Los que no se cantan, es como si no estuvieran en el himnario.)
7. ¿Qué himnos nuevos ha aprendido su congregación durante el último mes pasado?

8. ¿Cuántos himnos nuevos ha aprendido usted durante el último mes pasado?
9. ¿Qué variación de estilo de cantos ha procurado lograr en los cultos familiares en su hogar?
10. ¿Qué himnos típicos de su país ha aprendido últimamente?
11. ¿Qué pasos se han tomado en la convención nacional para compilar y editar un himnario con los cantos compuestos por hermanos de su país? ¿Qué va a hacer usted para ayudar a realizar los proyectos?
12. ¿Qué persona serviría como director de música en su iglesia?
13. ¿Qué pasos va a tomar usted para que la música tenga un ministerio más amplio en su iglesia?

PROYECTOS PARA LA CLASE

1. Considerar y evaluar lo que los miembros de la clase han hecho en los ejercicios de las secciones UN ENCUENTRO CON LAS VERDADES y DE LA TEORIA A LA PRACTICA.
2. Nombrar tres comisiones para analizar el contenido de los himnos y coros Una comisión debe analizar diez himnos del himnario. La segunda comisión debe analizar diez cantos típicos del país. La tercera analizará veinte coros. Algunas sugerencias para puntos de análisis se ofrecen a continuación. Claro está que cada comisión podrá añadir otros puntos de análisis.

    a. Contenido
       doctrinal   ......Mucho   ......Regular   ......Poco

    b. Profundidad
       de tema   ......Mucho   ......Regular   ......Poco

    c. Estructura
       literaria   ......Buena   ......Regular   ......Mala

    d. Calidad
       musical   ......Buena   ......Regular   ......Mala

    e. Habla la
       letra de la
       persona que
       canta   ......Poco   ......Regular   ......Mucho

    f. Habla de
       Dios   ......Poco   ......Regular   ......Mucho

3. Invitar a una persona que tenga un ministerio especial en la música a dar una conferencia a la clase. Pedirle que permita a los miembros de la clase hacerle preguntas en los últimos diez minutos de la sesión.
4. Celebrar una mesa redonda sobre el tema "Cómo podremos mejorar la música en nuestras iglesias".

ADULFO MANUEL JARA HUAMAN, peruano, es redactor de la revista "Agua de Vida", y ha comenzado a escribir un libro sobre la historia de las Asambleas de Dios en la América Latina. Actualmente es Secretario de la Junta Directiva Nacional de las Asambleas de Dios del Perú y dicta clases en el Instituto Bíblico de las Asambleas de Dios. Lleva a cabo el ministerio evangélico desde hace dieciséis años y ha ejercido el pastorado en iglesias en Cusco, Chimbote y Lima. Está casado con Alejandrina Elisa Reyes Alvarez y el matrimonio tiene tres hijos.

El hermano Jara Huamán considera que su formación teológica y espiritual y sus estudios en el Instituto de Superación Ministerial han sido influencias notables en el desarrollo de su ministerio.

Capítulo 14

EL MINISTRO APROVECHA LOS DIAS ESPECIALES

Por A. Manuel Jara H.

Salen a sus labores la mayoría de las personas todos los días. Van al campo, a la oficina, al taller, a la escuela. Vuelven al hogar. Salen. Regresan. Esta rutina con el tiempo los va cansando. Pero para gran alivio, los calendarios tienen unos números rojos que representan días diferentes: los domingos y los feriados.

¿Qué tienen de especial o atractivo estos días? "Un no sé qué" de misterioso remanso, cuando el torrente del diario vivir encuentra una llanura y se desliza suavemente entre las playas de solaz especial.

En la vida de la iglesia también, se deben observar tiempos en que se sale del marco de lo común, de la agotadora rutina para disfrutar de variedad renovadora. Estos tiempos son los que llamamos DIAS ESPECIALES.

I. ¿Por qué deben celebrarse días especiales?

La base bíblica. Desde la creación el Todopoderoso implanta un día especial a la semana. Más tarde la humanidad caída que comienza a pasar una época de preparación para el gran plan redentor, recibe normas mediante Moisés de acordarse del reposo para santificarlo. Se estipula, además, una serie de fiestas o días especiales con profundo significado profético y espiritual entre los cuales figuran el Día de los Panes sin Levadura, la Pascua, Pentecostés, etc.

Cuando las sombras ceden su lugar al cuerpo y los símbolos son reemplazados por la realidad en el Nuevo Testamento, no se establecen días de fiesta especiales ni siquiera se reitera la observancia del día de reposo de manera directa. Ahora los adoradores en Espíritu trascienden sobre los estímulos especiales para acercarse a Dios y servirlo. No se puede, sin embargo, dudar de que el espíritu de los días especiales se encuentra en la práctica de la iglesia primitiva y aun en algunos casos sin relación con el calendario judaico.

¿Qué menciones podemos hacer de días especiales en el Nuevo Testamento? Encontramos al Señor Jesucristo, como judío, observando el día de reposo. Aprovecha como Salvador universal y Autor de la forma superior de adorar a Dios, las reuniones de las sinagogas para predicar el evangelio. Otra mención especialísima de un día especial se relaciona con el "Gran Día de la Fiesta". Jesús se puso en pie y alzó la voz diciendo: "Si alguno tiene sed, venga a mí y beba. El que cree en mí, como dice la Escritura, de su interior correrán ríos de agua viva". Juan 7:37, 38. Mucho más allá del ritual judío de las fiestas, nuestro Salvador aprovechó el acceso a las multitudes para proclamarse como el agua viva que no sólo sacia a las almas sedientas, sino que les hace desbordar en poder y felicidad. ¿Habría mejor ejemplo para nosotros de aprovechar los feriados o días festivos para cumplir la voluntad de Dios?

¿Qué diremos de los tiempos especiales de oración de nuestro Salvador? Al igual que él, nosotros debemos observar tales ocasiones, no en concordancia con las reglamentaciones de la Ley, sino motivados por la Gracia. Una congregación que se reúne para buscar a Dios con sinceridad y fervor hará de cualquier época un tiempo especial. Es difícil concebir de una iglesia con fuerza sin tales días especiales de oración.

Pasando a las experiencias de los primeros años del cristianismo, vemos a San Pablo quien aprovechaba los días especiales de reposo para su predicación masiva. Como buen judío, guardó, también, en Jerusalén la fiesta. Hechos 18:21. No lo hacía, por supuesto, con el fin de hacerse mejor cristiano, sino que aprovechaba la ocasión y el tiempo libre para proclamar el Reino de Dios y desarrollar otras actividades.

Vemos no solamente bases bíblicas para celebrar días especiales de culto y actividad sino también una *base sicológica*. Como la variedad ofrece un incentivo que regula el comportamiento humano, presenta un argumento fuerte a favor de la necesidad de la observación de días especiales en que se practican actividades distintas a las cotidianas.

Algunas ilustraciones aclaran la potencia de la variedad. En un viaje largo por un camino árido, la monotonía del ruido y el movimiento del vehículo producen letargo. Pero al detenerse el aparato, se despiertan los pasajeros por el cambio o variedad auditiva y de movimiento. El mismo principio se ve cuando la predicación muy uniforme en tono y volumen de voz, se convierte en canción de cuna que arrulla a los oyentes. El predicador sabio, lejos de expresarse dogmáticamente que "es el diablo quien hace dormir", procura introducir una variante en la forma de su presentación. Quizá levantará la voz, o permanecerá en silencio, o hará alguna pregunta al auditorio. Cabe la posibilidad de que contará una anécdota apropiada. Con el impulso del cambio los durmientes despertarán.

¿No cree usted que la vida de la iglesia puede entrar en períodos de monotonía y sopor? ¿Qué mejor estímulo para despertarla que la variedad de vez en cuando mediante los días especiales? ¿Acaso no ha experimentado más de un dirigente el renacido entusiasmo de su grey ante el anuncio de una campaña, un paseo o una celebración especial?

La necesidad de proveer días especiales se funda, también sobre la *base sociológica*. Conviene que los Ministros de Dios nos preguntemos: ¿Estamos en contra de las tradiciones y costumbres de nuestro pueblo? ¿A favor de ellos? ¿Somos más bien indiferentes?

Jamás podremos aconsejar llanamente a los hermanos a que participen en todas las celebraciones costumbristas. Tampoco podríamos ser indiferentes, ya que dichos fenómenos producen un contagio mental y afectivo. Menos podemos oponernos abiertamente. En primer lugar, ofenderíamos a los no creyentes al censurar sus costumbres. Además, cabe el peligro de provocar quizá un descontento por los deseos reprimidos particularmente en los creyentes inmaduros, que se afectan con el contagio multitudinario.

¿Cuál debe ser, entonces, la actitud del Ministro de Dios para orientar al pueblo del Señor en su comportamiento ante fenómenos sociológicos como fiestas regionales, semanas jubilares y otras celebraciones que son propias de los pueblos latinoamericanos? El punto de vista equilibrado y recomendable sería encauzar en esos tiempos la actividad de la congregación para efectuar la celebración al nivel de la santidad evangélica.

¿Quisiera usted una muestra del éxito que produce esta posición intermedia de los hijos de Dios frente a las tradiciones, costumbres y folklore de los pueblos? Pues bien, "para muestra un botón", dice el refrán. En algunos pueblos de la sierra peruana se celebra la fiesta de la cosecha. Durante esta celebración los campesinos o agricultores exhiben sus productos en una feria. Hay danzas, bebidas alcohólicas. Como parte especial del programa, un sacerdote otorga la bendición de esas primicias del campo. Cuando el evangelio llegó a esos pueblos, los dirigentes se vieron en la tarea difícil de efectuar un cambio drástico en los nuevos creyentes que habían heredado esas arraigadas costumbres de sus antepasados. Sabían que era su deber prohibir la participación. Pero dudaban de la buena acogida a sus palabras al observar que uno que otro creyente, aunque no participaba como actor de esas fiestas, por lo menos lo hacía como espectador.

En esta situación crítica los pastores de cierta región, iluminados por el Señor, idearon tener una fiesta de la cosecha, pero a la usanza evangélica. Promovieron una exhibición de los productos como de costumbre, pero dentro de una confraternidad espiritual. Organizaron enseñanzas especiales de la Biblia, servicios bautismales, convenciones o campañas. Variaban estas actividades de año en año. Así ahora, es muy conocida "La Fiesta de la Cosecha" en varias de las congregaciones de los Andes peruanos.

Se sabe de otros ejemplos. En la celebración del inicio de la primavera, en algunas ciudades los evangélicos realizan conciertos y festivales de canto sagrado. Y en los casos de las ferias comerciales, algunos creyentes han aprovechado la oportunidad para alquilar un puesto de exhibición para ofrecer al público literatura evangélica. Así no solamente circulan el mensaje por escrito, sino que se les permitan oportunidades para orientar a muchos buscadores de la verdad por medio de pláticas alrededor de la exhibición de libros.

Lo dicho hasta aquí es motivo suficiente para que toda congregación evangélica celebre sus días especiales. Ahora sería recomendable no abundar en ellos, pues esto les haría perder su sabor de especialidad. Llegarían a convertirse en algo muy cerca a lo común y corriente.

II. ¿Qué días debe celebrar una congregación?

No pretendo especificar con exactitud ni siquiera sugerir los días que cada iglesia debe celebrar, pero sí ofrecer una clasificación de días especiales y mostrar que se prestan para actividades de la iglesia.

Consideremos primero *los festivos nacionales o regionales*. En el Día de la Independencia Nacional es recomendable hacer énfasis sobre la libertad espiritual que por la gracia de Dios disfrutamos los creyentes en Cristo Jesús. A la vez sería bueno enseñar a los creyentes sobre sus deberes como buenos ciudadanos de acuerdo con las orientaciones bíblicas.

La semana jubilar, o sea, el aniversario del pueblo o de la región. Esta clase de fiesta quizá sea la más difícil de encauzar por costumbres evangélicas. Con el ejemplo, sin embargo, que hemos citado anteriormente de "La Fiesta de la Cosecha" uno puede darse cuenta de que es totalmente posible aprovechar este tiempo con fiestas cristianas espirituales.

La fiesta universal de Año Nuevo. La sensación que la gran mayoría tiene de que en el nuevo año todas las cosas van a mejorar puede ser bien aprovechada para exaltar los valores de la nueva vida en Cristo. Una campaña evangelística en los primeros ᵗdías del año es muy oportuna.

Día de la Madre (y del Padre). Esta ocasión es adecuada para recalcar los fundamentos del hogar con la enseñanza bíblica de la obediencia y respeto a los padres. Es un tiempo magnífico para instruir y establecer costumbres evangélicas en el hogar, los deberes de los padres de enseñar a los hijos, de poner un buen ejemplo. Hay que enseñar a la congregación sobre la disciplina cristiana en el hogar, también.

Si se confecciona un programa atractivo, sería muy provechoso invitar a personas no evangélicas para que, de alguna manera comiencen a relacionarse con la iglesia. Aún más, se puede aconsejar a los niños y jóvenes que utilicen en su centro de estudios en que se efectúan celebraciones similares, los mismos números que presentaron en la iglesia, lo cual podrá servir como una forma de testimonio. Cuando lo permiten las circunstancias, esta práctica ha dado resultados formidables.

Día del Trabajo. Debe aprovecharse el descanso de los hermanos y del público en general para realizar actividades extraordinarias en este día. ¿No sería de utilidad alguna vez enseñar lo que dice la Biblia en cuanto al trabajo? El creyente necesita una orientación sobre los deberes de un patrón evangélico en el Siglo XX. Los trabajadores forman parte de nuestras iglesias y necesitan desarrollar actitudes que reflejen buen testimonio.

Los días *festivos religiosos* forman la segunda categoría de días especiales. A la cabeza de la lista va la Navidad. Todos la aguardan con gran espectativa. Es una época en la cual la iglesia entera se moviliza; de modo que su promoción está sobreentendida. Lo que debemos hacer es guiar debidamente el entusiasmo espontáneo de la iglesia. Luego, tenemos que incentivar a las personas inconversas a recibir el más grande regalo de Dios: la salvación mediante su Hijo Jesucristo.

La Semana Santa. Esta, posiblemente, es la época en que más se piensa en el Señor Jesucristo. Hay compunción, recogimiento y reverencia por las cosas de Dios en la mayoría de los pueblos de Latinoamérica. Las puertas, por lo tanto, se abren para el eficaz servicio a Dios en diferentes aspectos. Como nota especial, puede citarse la oportunidad que Dios concede a los Pastores de una ciudad del Perú. Se trata de Chimbote, puerto pesquero de 250.000 habitantes, donde en más de una oportunidad las emisoras radiales han invitado a los Pastores para predicar "El Sermón de las Tres Horas", cediéndoles ese tiempo tradicional sin costo alguno.

Fiestas patronales que se celebran en honor a algún "santo". Se recomienda aprovecharlas para actividades internas en las iglesias. Como muchas festividades religiosas en los pueblos latinoamericanos tienen un fondo antibíblico de idolatría, no ofrecen terreno propio para actividades externas, pues podrían interpretarse como una competencia o provocación. Se puede citar como sugerencia, sin embargo, la costumbre de cierto pastor que durante el día de difuntos en que mucha gente se moviliza al cementerio, organizaba venta al aire libre de Biblias y literatura adecuada acerca de la muerte y resurrección.

Los carnavales también estarían en esta clasificación. Por los juegos desenfrenados que se practican en muchos lugares, no es prudente realizar cultos al aire libre en tal época, sino más bien retiros, campamentos u otras actividades de carácter interno.

Una tercera clasificación de días especiales serían *los religiosos evangélicos*. Los hay de carácter nacional y de índole local.

Entre los primeros naturalmente se encuentran los ya mencionados anteriormente: Navidad y Semana Santa. Se ha publicado abundante material que debe ser aprovechado sabiamente. Respecto a la Semana Santa, conviene dar un consejo muy saludable. ¿Por qué se celebra con mucho entusiasmo y extensión la conmemoración del nacimiento del Señor y de su muerte pero no se se le da la misma importancia al Día de la Resurrección? ¿Habrá, tal vez, un pequeño resto de la herencia espiritual que los pueblos latinoamericanos recibieron de una nación que oficialmente vivía en la fe de un Cristo muerto? ¿No estaría dando la copiosa celebración de la Semana Santa y casi nulo servicio de resurrección alguna pequeña razón a ciertas críticas como la que hizo un nacionalista peruano a este autor diciéndole: "El dios de los incas fue un sol radiante, lleno de energía y calor. En cambio, el dios de los cristianos es un hombre sangrante, agónico, clavado en una cruz"?

Naturalmente, mi refutación inmediata fue: "Los cristianos evangélicos servimos a un Cristo que murió pero que se levantó victorioso de la tumba, asegurándonos que sus seguidores compartiremos ese mismo triunfo."

Habiendo, pues llegado a conocer a Jesucristo en la dimensión del glorioso Salvador triunfante sobre la muerte, ¿no cree usted que este conocimiento debe manifestarse en un mayor énfasis al mensaje angélico dicho al borde de la tumba vacía: "No está aquí, ha resucitado"?

Algunas iglesias acostumbran celebrar un culto al aire libre en la mañana de la resurrección. Esto ya es un buen índice. Es de esperarse, sin embargo, que sea más hondamente conmemorado este glorioso acontecimiento exclusivo del cristianismo. La semana de recordación del sacrificio del Señor debe tener un gran final en un culto dominical de campaña evangelística al cual se dedique el mayor empeño. Hagamos del Domingo de Resurrección el punto culminante de toda la actividad especial durante la Semana Santa.

El Día de la Biblia. Las Sociedades Bíblicas lo promueven. Cada iglesia debe aprovechar la oportunidad para explotar las posibilidades ilimitadas de ensalzar nuestra Regla de Fe y darle la debida importancia a su distribución. Las mismas Sociedades Bíblicas indiscutiblemente necesitan de nuestro apoyo a través de la promoción de este día. Sin dichas entidades, ¿qué dificultades no se nos multiplicarían para la diseminación de las Sagradas Escrituras?

El Día de la Reforma. El 31 de octubre debe servir para enseñar a la hermandad las raíces históricas del cristianismo evangélico en su época de reactualización como sucedió en el Siglo XVI.

Como ejemplo de *los días especiales regionales* podríamos citar las confraternidades de varias iglesias de una región determinada. Las actividades de carácter regional deben planificarse sin interferir con los días especiales de la iglesia local.

Consideremos ahora *los días especiales evangélicos en la esfera local.* Estos, también, deben exigir nuestro cuidado y esmero ya que el principio de evangelismo estriba en la iglesia local.

Las celebraciones locales pueden ser un método que esta institución, escogida por Dios para cumplir la gran comisión, puede emplear eficazmente en su tarea. El dirigente que despliega más entusiasmo y dedicación a las celebraciones regionales o nacionales que a las de su propia congregación, ¿no es de temer que llegue a lamentarse: "Me pusieron a guardar las viñas; y mi viña, que era mía, no guardé"? Cantares 1:6.

Entre los días especiales a nivel de Iglesia Local que mencionaremos figura el aniversario de la iglesia. En esta ocasión se acostumbra tener una confraternidad, un predicador invitado, se lee una reseña histórica de la iglesia y a veces se termina con un agasajo. Para variar el programa se puede combinar con una actividad evangelística anterior y el día de aniversario presentar a las nuevas almas ganadas para Cristo. Cabe la posibilidad de incluir previamente un servicio de bautismo y presentar a los nuevos miembros de la iglesia. También, en vez de todos los años hacer casi la misma reseña histórica, sería interesante cambiar con un resumen de las actividades de la Iglesia durante el último año.

Aniversarios de las ramas, o sea, los departamentos de la iglesia. En la organización como en su celebración deben evitarse dos extremos: por una parte la independencia de los otros departamentos de la iglesia y a veces (el colmo) hasta del Pastor o dirigente; pero también, los directivos de las ramas no deben esperar sólo los estímulos y orientaciones del Pastor para sus fiestas de aniversario, sino que deben tener su propia iniciativa. Es, pues, necesario guiarlos en el punto de equilibrio.

Días promocionales. En esta categoría se puede incluir un día de decisiones en que se pone mucho énfasis sobre la necesidad de tomar una decisión de aceptar a Cristo y se da una mayor oportunidad que de costumbre para nuevas profesiones de fe entre los asistentes a los cultos. Otros días de esta categoría podrían ser los servicios de bautismo en agua, el ascenso a la clase inmediata superior de los alumnos de la Escuela Dominical por razones de edad.

Día del Pastor. Se sugiere que lo organice una de las ramas de la iglesia. Mucho se presta para ello el Concilio Misionero Femenino (Sociedad de Damas). No sería recomendable que el propio Pastor o su esposa dieran impulso a este día porque en muchas iglesias se acostumbra hacer un obsequio al Pastor.

Además de estos días indicados, puede realizarse cualquier otra celebración de acuerdo a la particularidad en la vida de cada iglesia. Lo único que debe insistirse es que la cantidad no le quite su condición de días especiales.

III. ¿Cómo deben celebrarse los días especiales?

En lo que respecta a la forma de celebración, cada Pastor o dirigente, guiado por el Espíritu Santo, podrá determinar qué tipo de actividad es más adecuado para cada ocasión. En seguida ofrezco algunas sugerencias generales para lograr diferentes fines.

Un objetivo muy importante sería enseñar. Se deben impartir enseñanzas especiales que en los cultos ordinarios no podría hacerse con la extensión y énfasis adecuados. Si los feriados son dos o tres días seguidos, serán de mayor ventaja porque permitirán desarrollar un curso más amplio en el que pueden incluirse examen o control de aprendizaje. Algunos de los temas que se pueden considerar en tales ocasiones son: orientaciones para Maestros de Escuela Dominical, capacitación de líderes juveniles, congresos con temas especiales y apropiados para las damas o para los caballeros, el estudio de alguna doctrina en particular o de algún libro de la Biblia. Aparte de los programas que se organicen a nivel regional o nacional, la misma iglesia debe tener sus días especiales para desarrollar pequeños cursos. El Pastor debe cuidar que la grey no tome las "comidas" especiales solamente afuera sino también, y mucho mejor, dentro de su propio hogar espiritual.

Otro fin importante de las actividades especiales en la iglesia sería inspirar a los creyentes. Como se anotó anteriormente, los días más indicados para actividades internas deben ser aquellos en que por la naturaleza de la celebración por parte de los creyentes resulten problemáticos para desarrollar actividades fuera de la iglesia.

A continuación señalo algunas actividades internas:

Ayuno y oración. Esto es aún mejor si se celebra con énfasis sobre la recepción del Espíritu Santo. Se recomienda la confección previa de un horario y quizá temario en los mensajes. Tales planes no tienen que ser rígidos e inflexibles ya que el Espíritu Santo puede tener algo especial que no haya sido previsto por el director del programa. Siempre hay que dar libertad al Espíritu.

Vigilias de oración. El mejor tiempo para esta clase de culto es la noche anterior a un día festivo. El objetivo de una vigilia no es simplemente privarse de las horas de sueño, sino aprovechar el tiempo prolongado y la quietud de la noche para una oración más intensa. Cuando después de la vigilia es un día de culto regular como un domingo, habrá ausentismo en la iglesia o los hermanos estarán soñolientos durante el servicio. En cambio, si es un día feriado se podrá tener el descanso necesario.

Bautismo en agua. Debe ser planificado con la debida anticipación. Si se realiza en el campo se deben nombrar comisiones de transporte, de preparación del lugar (especialmente si se trata de un arroyo de poco caudal), de refrigerio si es que no se emplea el sistema de que cada familia lleve el suyo. Hay que buscar un fotógrafo, preparar una carpa, nombrar encargados de dirigir la hora de recreo, anticipar a los candidatos que deben prepararse para dar un corto testimonio.

Confraternidades. Esto se refiere a invitaciones a otras iglesias del mismo barrio o pueblo. Debe practicarse la cortesía, llamando a los dirigentes al estrado y en lo posible preguntar previamente sobre la participación de cada iglesia visitante para desarrollar el culto de un programa. Es aconsejable calcular el tiempo y ordenar adecuadamente las diferentes participaciones. Cabe indicar en lo que respecta a coros o conjuntos musicales, si es que se sabe cuáles están mejor preparados, anotarlos en las partes finales del programa para servir "el mejor vino" al último.

Un tercer objetivo para las actividades de días especiales podría ser la evangelización. Debe haber ocasiones en que los creyentes puedan llevar a la práctica lo que han recibido y aprendido. La evangelización es la razón de la existencia de la iglesia. "Me seréis testigos." "Id por todo el mundo y predicad el evangelio a toda criatura." Son clarinadas de llamado a la tarea principal de la iglesia.

Al hablar de la evangelización en días especiales o festivos, tiene que pensarse mayormente en visitas casa por casa o el evangelismo personal. Con una preparación reciente, pueden los hermanos mediante un plano, distribuirse las casas que van a visitar. Se recomienda que salgan de dos en dos, según el método bíblico. Cada pareja la deben componer personas del mismo sexo por razones obvias, salvo los matrimonios. Deben ser equipados con literatura adecuada, tarjetas de notas, de decisiones y si fuera posible, de Biblias o Nuevos Testamentos. Tendrán la oportunidad de "cerrar con broche de oro" su obra de visitación invitando a los entrevistados a un acto evangelístico celebrado al aire libre por la tarde o por la noche en la vecindad, o a un gran culto de la iglesia.

Las épocas más recomendables para actividades evangelísticas pueden ser: El Año Nuevo (primera semana de enero) cuando muchos creen que es posible comenzar una nueva página en su vida. La Semana Santa mucho se presta, también, porque es el tiempo de mayor meditación en Dios y el sacrificio del Señor Jesucristo. Existe la posibilidad de aprovechar las vacaciones escolares para una mayor factibilidad de asistencia y de participación de los estudiantes que son creyentes.

En cuarto lugar, un fin de las actividades especiales podría ser la celebración de programas especiales. Entre ellos se pueden incluir recitales de canto y música sagrada, Escuela Bíblica de Vacaciones, Día de Cuna, Campañas de Lealtad y de Extensión de la Escuela Dominical. En cada paso, el Pastor o dirigente debe proveerse del material necesario que puede conseguir en las librerías evangélicas.

Un quinto objetivo de las actividades especiales sería el de recrearse. Ya me he referido al hecho de que se puede incluir un tiempo de expansión y recreo en la celebración de bautismos si se efectúa en el campo, pero también se puede programar un día especial con carácter exclusivo para el recreo. Siempre se tendrá un corto tiempo devocional preferiblemente antes de desarrollar las actividades recreativas. El día de expansión se puede llevar a cabo con un paseo al campo o a la playa con algunas actividades deportivas o juegos organizados. Es importante tener una lista de los asistentes para comprobar que al regreso no se ha quedado ninguno.

Deben tenerse momentos de recreo en los que participe toda la congregación. Será muy oportuno que los visitantes o invitados se presenten, dando sus nombres y referencias personales. La segunda parte será el recreo en forma libre en el cual será prudente nombrar jefes de sección o equipos para alguna forma de supervisión.

Otro fin para actividades especiales que menciono en último lugar sería confraternizarse. En la vida de la iglesia, además de la adoración a Dios, de la instrucción de los creyentes y de la extensión para ganar nuevas almas, es una parte indispensable el fomento de relaciones fraternales entre todos los componentes de la familia espiritual. Esto mayormente se cumple de una manera espontánea. Los hermanos, después del culto, se reúnen en grupos en un lugar un tanto aparte de la sala de cultos para departir en amena conversación.

Pero aparte de las expresiones expontáneas el dirigente debe promover racionalmente reuniones sociales. Podría ser con motivo del cumpleaños de los Diáconos u oficiales. En algunos casos pueden realizarse aun sin motivo especial con tal que no sean demasiado frecuentes. Hay manuales de juegos sociales que el Pastor debe tener en su biblioteca, cuidando siempre de seleccionar aquellos que encuadran en las normas bíblicas de hacerse todo decentemente y en orden. Un agasajo ligero es recomendable para evocar los ágapes (comidas de confraternidad) de la primera iglesia cristiana.

Algunas congregaciones organizan comidas o almuerzos con fines benéficos; es decir, de recaudar fondos. El autor no está muy de acuerdo con este sistema porque cree que si los hermanos cumplen debidamente con sus diezmos, habrá suficiente "alimento" en la casa de Dios para cualquier programa, aun tratándose de inversiones en mobiliario, terreno, construcciones. Si con ocasión, sin embargo, de algún retiro, confraternidad u otra actividad similar, los hermanos se ven obligados a estar fuera de su hogar por más de un culto, y si se quiere dar facilidades de proveerles refrigerio, es muy oportuno combinar este servicio con la utilidad que pueda resultar para incrementar los fondos de la iglesia.

IV. *La preparación de un calendario para celebrar los días especiales*

Algunos ponen objeciones a la preparación de un calendario anual que indica los planes de actividades y días especiales durante un período determinado. Dicen que les falta la capacitación para hacerlo. Pero eso no es nada insalvable. Es de suponer que todo pastor debe tener nociones de organización y planificación. Ninguna ama de casa toma su bolsa o recipiente y se encamina al mercado en donde lo llena de todo lo que le viene a la mano sin tener en cuenta la clase, calidad y precio de los artículos. Al contrario, prepara su lista, ya sea escrita o mental, de acuerdo a las comidas que piensa preparar. Algunas veces lo hace en su casa y otras en el mercado. Pero planifica su tarea. Esto que diariamente se hace para el alimento natural debe practicarse también al preparar el alimento espiritual. Dentro de esta práctica se planifica lo que se va a hacer en los días especiales.

Otra objeción es la falta de tiempo. En algunos centros de trabajo se colocan letreros como el siguiente: "¿Cómo dice usted que no tiene tiempo para hacer las cosas bien hechas si lo ha tenido para rectificar una y otra vez lo que ha hecho mal?" Si se tiene en cuenta que las actividades efectuadas en su debida oportunidad y lugar se hacen mejor, el confeccionar un plan o calendario de días especiales significará más bien ahorro de tiempo.

Algunos creen que no se debe preparar un plan anticipado de actividades porque el que lo hace no le da libertad al Espíritu Santo para obrar como El quiere. Pero podemos observar que el Espíritu Santo tuvo parte juntamente con el Padre y el Hijo en la planificación de la redención de la humanidad desde antes de la creación del mundo. I Pedro 1:20. Sabemos que el Señor Jesucristo cumplió esta obra de redención siguiendo un programa anticipado porque supo decir en varias oportunidades: "Mi hora aún no ha llegado." Como Dios trabaja mediante planes, El no se ve estorbado por nuestra planificación. Se complace, al contrario, en ayudarnos a cumplir nuestros planes y corregir lo que a causa de nuestra imperfección, desconocimiento del futuro y otros elementos humanos, no hayamos determinado bien.

¿Cuáles son algunas ventajas de planificar anticipadamente los días especiales? Una es que podemos así evitar los riesgos de la improvisación. Conociendo de antemano la forma y partes de celebración, tenemos posibilidades de ir mejorando el programa y anticiparnos a las emergencias que pudieran presentarse para reducirlas al mínimo. Quizá se puede comparar una actividad de la iglesia a un viaje por una región desconocida. Resultará más fácil si los viajeros se ayudan por un mapa que vendría a ilustrar la planificación por anticipado. Así, al llegar a una encrucijada, con la ayuda del mapa los viajeros sabrán la ruta que deben tomar, porque ya han estudiado anticipadamente esta eventualidad. De lo contrario, se perderá tiempo pensando qué ruta escoger y con el riesgo de decidirse equivocadamente.

Una segunda ventaja de la planificación es que ayuda a coordinar con otras actividades regionales o nacionales, sin interferencia, las actividades de la propia iglesia. Especialmente en una ciudad grande que cuenta con diversas congregaciones y en donde las actividades especiales abundan, precisa prestar más atención a una buena coordinación. Cada iglesia envía una invitación a las demás para una actividad especial. Con las invitaciones de varias iglesias, uno puede encontrarse en una situación en que se ha absorbido toda la actividad de su propia iglesia. Pero al planificar los días especiales, el Pastor tiene la oportunidad de dar preferencia a los de la propia iglesia local. Entonces al llegar una invitación a otra iglesia, si es que por la actividad local no puede ir la mayoría de la hermandad, puede determinar el envío de una representación a la iglesia anfitriona. En todo caso se debe enviar una comunicación disculpándose por la inasistencia.

La planificación tiene la ventaja, también, de crear expectativa. Mediante la fijación de los días especiales en un tablero de anuncios, de repetirlos verbalmente con anticipación, se puede lograr el aumento de entusiasmo e interés por parte de la hermandad. Como un niño cuya madre prepara los domingos el plato favorito o con motivo de una fiesta familiar sirve algo especial, los creyentes con expectación aguardarán la llegada de esos días en que participarán de cosas especiales.

La cuarta ventaja de la planificación es que ayuda a mantener la perspectiva. Ya nos hemos referido a la comparación de un viaje con la ayuda de una carta geográfica. Queremos recalcar que sabiendo anticipadamente los días especiales que han de celebrarse, se podrá ver toda la ruta por donde se va a viajar y así llegar a la meta sin desviarse. En la planificación uno establece los objetivos que quiere alcanzar con los días especiales, y aun cuando alguien tuviera la idea de realizar algún programa poco antes de un día especial, con la planificación se verá la imposibilidad del proyecto ya que se acerca un evento en que todos van a tener que hacer un esfuerzo especial.

Queremos insistir con una recomendación final, que el Pastor no tiene la obligación de esclavizarse al calendario o plan de actividades y días especiales. Considerando que la diferencia entre los planes de Dios y los de sus siervos radica en que lo divino es perfecto y lo nuestro es susceptible de corrección o de cambio, debemos estar siempre atentos a la voz del Espíritu Santo quien puede impresionarnos con otras actividades fuera de nuestro calendario.

El Ministro del Señor hará bien en prestar atención solemne al lugar de los días especiales en la Biblia. Se dará cuenta de que llenan una necesidad sicológica de nuestras gentes. Estudiará el calendario para ver cómo podrá aprovechar las oportunidades que presentan los días feriados de su país. Será pronto en comprender que algunos días tienen características especiales para atraer a los nuevos a la iglesia. Tomará el cuidado de planificar el año completo para lograr al máximo los beneficios que le pueden surtir un programa variado de actividades en los días especiales.

BOSQUEJO DEL CAPITULO

La iglesia puede sacar beneficio de los días feriados

I. Motivos de la celebración de días especiales
   A. Mencionados en la Biblia
   B. La necesidad sicológica
   C. Las tradiciones de la cultura

II. Días apropiados para una congregación
   A. Festivos nacionales o regionales
   B. Festivos religiosos
   C. Religiosos evangélicos
   D. Evangélicos locales

III. Fines de los días especiales
   A. Enseñanza
   B. Inspiración
   C. Evangelización
   D. Programas especiales
   E. Expansión
   F. Convivencia

IV. La planificación de los días especiales
   A. Objeciones a la planificación
   B. Algunas ventajas
   C. La flexibilidad en seguir el plan hecho

UN ENCUENTRO CON LAS VERDADES

Respuesta alterna. Subraye la palabra que complete correctamente cada expresión.

1. Dios instituyó un día especial de la semana desde la (salida de Egipto, creación del mundo).
2. (Cristo, Apolo) aprovechaba los días especiales de reposo para su predicación masiva.
3. La variación proporciona un (problema, incentivo) sicológico.
4. El pastor debe procurar encauzar en los días tradicionales la actitud de la (juventud, congregación) para efectuar una celebración festiva en el nivel evangélico.
5. En el Día de la Independencia Nacional se puede hacer énfasis sobre la (alegría, libertad) espiritual.
6. La gran mayoría de personas tiene la sensación de que todas las cosas van a (mejorar, cambiar) en la fiesta de Año Nuevo.
7. El día de (reyes, la madre) ofrece una oportunidad de enseñar sobre los principios espirituales del hogar evangélico.
8. La época en que el pueblo latino piensa más en Cristo es (Semana Santa, Corpus Christi).

9. Es recomendable que durante las fiestas patronales de algún "santo" la congregación evangélica lleve actividades de carácter (participante, interno).

10. El pueblo evangélico debe celebrar el (Viernes Santo, Domingo de Resurrección) como culminación de la Semana Santa, poniendo énfasis de esta manera sobre su trascendencia.

11. Sin la ayuda de las Sociedades Bíblicas, nuestra tarea sería (igualmente, más) difícil.

12. Algunos días especiales proporcionan oportunidades para presentar (enseñanzas, películas) con mayor énfasis y amplitud.

13. Una actividad inspiracional de gran importancia espiritual en un día especial es la celebración de un día de (ayuno y oración, comida típica).

14. El objetivo de una vigilia de oración no es privarse meramente de las horas de sueño sino aprovechar el tiempo prolongado para orar con más (ruido, intensidad).

15. Debe haber ocasiones en que los creyentes puedan llevar a la práctica lo que han recibido por medio de actividades de (evangelización, estudio).

16. Es imprescindible en la iglesia el fomento de relaciones (comerciales, fraternales) entre todos los creyentes.

17. Se debe (programar, suspender) lo que se va a hacer en todos los días especiales durante el año.

18. La planificación de los días especiales ayuda a (improvisar, coordinar) mejor las actividades.

19. Los (ancianos, creyentes) se entusiasman al tener en cuenta la proximidad de la celebración planeada de algún día especial.

20. El pastor no tiene la obligación de (planificar, regirse por) el calendario o plan de actividades especiales si ve que el Espíritu Santo dirige de otra manera.

DE LA TEORIA A LA PRACTICA

1. ¿Qué posibilidades había visto usted antes de estudiar este capítulo sobre el uso de los días especiales para el beneficio de la iglesia?

2. ¿Qué días feriados en este próximo año proporcionarían una buena oportunidad para que su iglesia evangelice un barrio o pueblo cercano que no tiene obra?

3. ¿Qué evidencias ha podido observar usted de beneficios verdaderos que haya recibido alguna iglesia local como resultado de actividades especiales durante un día festivo?

4. ¿Por qué será lógico escoger temas para enseñanza en la iglesia que estén de acuerdo con un día feriado próximo a celebrarse en el país?

5. ¿Cuál es el próximo día festivo que se ha de celebrar en su país? ¿Qué actividades se podrían llevar a cabo ese día con los hermanos de la iglesia?

PROYECTOS PARA LA CLASE

1. Revisar en clase el trabajo realizado por los alumnos en la sección UN ENCUENTRO CON LAS VERDADES.

2. Nombrar una comisión para estudiar e informar a la clase sobre las diferentes maneras de programar las actividades en los días especiales de una iglesia. La comisión debe decidir qué personas en una iglesia local serían las más aptas para preparar dicha programación. Por ejemplo, el cuerpo oficial podría hacerlo en una reunión, lo podría preparar el pastor para presentarlo al cuerpo oficial después, una comisión nombrada por el cuerpo oficial podría hacerlo, lo podría realizar una junta compuesta del cuerpo oficial junto con todos los demás oficiales de la iglesia.

3. Dividir la clase en grupos de dos o tres estudiantes. Preparar cada grupo un calendario de actividades para un año en una iglesia. Asignar a cada grupo una iglesia de características diferentes: por ejemplo, un grupo encargarse de pensar en las actividades para una iglesia urbana que recién comienza, otro grupo en una iglesia del campo, otro grupo en una iglesia de tamaño mediano en la ciudad y así por el estilo.

4. Nombrar cinco alumnos para que presenten cada uno un proyecto de actividades para cinco días feriados diferentes.

DAVID MORALES ALMANZA, boliviano, ejerce el cargo de Superintendente General de las Asambleas de Dios en Bolivia, es presidente de la Sociedad Bíblica de Bolivia y Secretario de la Sociedad Nacional de Evangélicos de su país. Ha sido Evangelista y Presidente Nacional de los Embajadores de Cristo. Lleva catorce años en el ministerio. Está casado con Alice Rodríguez Costa y la pareja tiene seis hijos.

El hermano Morales Almanza estima que su afición por la lectura y su amistad con otros dirigentes han ejercido especial influencia en el desarrollo de su ministerio.

Capítulo 15

EL MINISTRO OFICIA LAS CEREMONIAS ECLESIASTICAS

Por David Morales A.

En cierta ciudad donde no se había logrado vencer el prejuicio de los conservadores, un avisado pastor buscó al reportero de un diario progresista y logró convencerlo de que podía ofrecerle una primicia. Días después apareció el reportaje titulado: "BAUTISMO EVANGELISTA." La nota destacaba varias fotografías y reportaba con lujo de detalles el acontecimiento. Esta verdadera revelación les hizo a muchos en la comunidad cambiar de actitud hacia la iglesia protestante y el evangelio. Algo parecido se hizo con una ceremonia de bodas en otro lugar.

I. *El propósito de las ceremonias*

Usadas sagazmente, las ceremonias eclesiásticas pueden constituir un ariete que rompa las barreras del prejuicio y la indiferencia frente al evangelio. Tales prácticas, por su rico simbolismo, pueden apelar poderosamente a la religiosidad intrínseca del latinoamericano, comunicándole grandes verdades del evangelio que despiertan su interés o quiebren sus recelos infundados.

Para lograr estos objetivos, tenemos que afinar bien la puntería y echar mano de las armas disponibles con certera oportunidad. Es verdad que las ceremonias son ante todo, medio de gracia para los creyentes. Pero eso no quita reconocer que tienen una vasta potencialidad secundaria. Aunque se ha recurrido a veces a extremos sensacionalistas en la celebración de matrimonios en parques públicos o la ministración de la Santa Cena en plazas a multitudes indiscriminadas con efectos cuestionables, es ciertísimo que el gran público desconoce este aspecto de la vida de nuestra iglesia.

II. *Lo necesario para lograr buenos resultados*

Se debe buscar la mayor participación posible del público para las ceremonias, excepto para la Santa Cena. Los anuncios del culto son excelente medio de publicidad si se insta a los fieles a invitar a amigos y parientes para la celebración de las ceremonias. Mucha gente que no iría para escuchar un sermón, tendrá curiosidad de ir al templo para ver un matrimonio o un bautismo y así estas ceremonias rendirán mayores frutos.

Unos sencillos avisos en la radio, o canal de televisión como también un aviso en el periódico obviamente ofrecen buenas posibilidades para la publicidad. El boletín que tantas iglesias publican puede ser también un medio especial para destacar el acontecimiento. Y no se puede despreciar la efectividad de algún afiche colocado en el pórtico del templo.

De poco valdría la más compleja maquinaria publicitaria si a la enorme multitud de curiosos no se le ofrece algo de verdadera calidad. El pueblo raramente nos ofrece dos veces la oportunidad de defraudarlo. Veamos algunos ingredientes que contribuyen a la calidad. Son elementos que contribuyen a la celebración de los sacramentos y ceremonias.

Procuremos la solemnidad. Evitemos sistemáticamente cualquier factor de disturbio, distracción o irreverencia. Mantengamos el control total de la situación en todo momento. Fomentemos un ambiente de gozosa seriedad. Las actitudes de los principales dirigentes tienen mucho que ver con esto.

El mayor atractivo de cualquier acto religioso está en ese algo inmaterial pero notable que es la presencia de Dios. Es algo que cautiva el corazón y despierta una sed inmensa de volver a gustar lo mismo una y otra vez. Por ello, todo Ministro de Cristo debe tener la misma unción divina cuando celebra sacramentos y ceremonias que cuando predica su mejor sermón.

Se requiere, además, una máxima dosis de convicción de la importancia solemne de la ocasión de parte del oficiante de ceremonias, toda vez que el hueco ritualismo está execrado por la gente. Las ceremonias que se consignan en este capítulo son guías para orientar, no textos sagrados para repetir de memoria o leer al pie de la letra. Por esto se recomienda orar espontáneamente y sinceramente por el propósito específico del momento de la ceremonia, evitando salirse del tema.

Otro elemento necesario es la sencillez. El mejor resultado de las ceremonias no viene de su excesiva laboración ni complejidad sino de su sencillez. Se deben evitar detalles complicados que nos hagan perder el gozo al oficiar.

El Ministro debe también proveer para una flexibilidad en llevar a cabo las ceremonias. Tendrá que estar preparado siempre para introducir variaciones de último momento para acomodarse a circunstancias inesperadas o adaptarse a las personas.

Otro elemento de indiscutible importancia es el amor. El profesionalismo comercializado en los sacramentos cristianos no tiene lugar. El frío lector de fórmulas impersonales le hace un pobre servicio a la iglesia de Cristo.

El último elemento que voy a mencionar es la necesidad de lograr una variedad en las ceremonias. La mente humana está creada de tal forma que la monótona repetición de lo mismo que se dijo la última vez deja de estimular los sentidos. Resulta por tanto imperativo darles a las ceremonias, como a los cantos y sermones, una bien dosificada variedad, especialmente a aque-

llas que se repiten con frecuencia. Salmo 149:1; Mateo 13:51, 52.
Deseoso de contribuir a ello ofrezco algunas sugerencias que pueden ser un punto de partida para lograr más variedad. Lo demás lo hará el inagotable genio del Ministro.

III. *La presentación de niños*

Dedicar a un niño es esencialmente reconocer la soberanía de Dios sobre la criatura humana. Es también una búsqueda de la bendición de Dios sobre la vida del niño. Finalmente es un compromiso que contraen los padres para criar al pequeño para Dios y como Dios manda. Esto se debe resaltar en la dedicación.

En muchas iglesias se limita la ceremonia a los hijos de los padres creyentes sobre el argumento de que una pareja de inconversos no puede comprometerse a criar a sus hijos para Dios ni darles la enseñanza debida. Esto dependerá de las normas de cada iglesia.

¿Se debe invitar a otros a que participen junto con los padres en la presentación de un niño? Como rasgo cultural latinoamericano sobrevive a muchos ataques la costumbre de los padrinos. Esta práctica presenta en el continente una gama de significados. Por tanto se debe proceder según las específicas normas de la iglesia en cada país.

La variedad puede lograrse en atención a la composición del auditorio, usando énfasis diferentes. Se puede variar, también, usando diferentes textos bíblicos. Asimismo el Ministro puede pedir la participación de terceros para la lectura, la oración o la ejecución de un himno sobre los niños.

Para la ceremonia deben comparecer los padres frente al púlpito, de cara hacia el Ministro. El padre portando la criatura se coloca a la derecha de la madre. El Ministro lee la escritura seleccionada.

Si el auditorio es esencialmente de creyentes, comenzando con la lectura del salmo 127:3-5, se puede hacer el siguiente enfoque:

Hermanos, es justo reconocer la soberanía de Dios sobre nuestras vidas y las de nuestros hijos, porque somos hechura de Dios. La Sagrada Escritura proclama: "De Jehová es la tierra y su plenitud, el mundo y los que en él habitan", y añade: "El nos hizo, y nosotros a nosotros mismos. Pueblo suyo somos y ovejas de su prado."

Aunque no se puede decir que esta criatura ha sido formada especialmente por Dios, sabemos que el Señor ha dado capacidad al hombre de multiplicar y prolongar su propia existencia a través de sus hijos. Dios es el Creador, y nosotros somos procreadores. Hace bien el creyente en expresar este reconocimiento por medio de la dedicación de sus hijos a Dios y hacer un compromiso de criarlos para El y como El manda.

A la congregación: Puestos en pie, hermanos, dedicaremos a esta criatura a Dios en oración.

Tomando al bebé en los brazos el Ministro ora. Lo entrega a Dios y pide que sea de El todos los días de la vida. Implora al Señor que sea glorificado en él y que el Espíritu Santo lo conduzca al conocimiento de su Salvador personal y siempre se ocupe en servirlo. Pide que sea bendecido y preservado.

Luego se dirige al niño y dice: (*Menciona el nombre y apellidos del niño*), yo, como Ministro del Señor y por voluntad de tus padres, te dedico a Dios Padre, Dios Hijo y Dios Espíritu Santo para que seas de El todos los días de tu vida. Que Jehová te bendiga, alce sobre ti su rostro, te mire con favor y ponga en ti su paz. Amén.

Le devuelve el niño al padre y dice: En el nombre del Señor le entrego este niño en mayordomía. Críelo para el Señor.

Se canta: "Con Cristo en la familia un feliz hogar."

Cuando la concurrencia cuenta con la presencia de inconversos, se puede usar Marcos 10:13-16 o sus paralelos. También la dedicación del niño Jesús por María y José en Lucas 2:21-24 es muy apropiada en la lectura hispanoamericana.

Hermanos, en esta iglesia no bautizamos a los niños porque tal práctica se hace en la suposición de que un niño sin bautizar no va al cielo. Pero el Señor Jesús que tiene la palabra autorizada para todo dijo: "De los tales es el reino de los cielos." Entonces entendemos que todos los niños nacen con derecho de la redención y la morada en el reino de los cielos. Pero un día este niño crecerá y llegará a la edad en que tendrá que escoger entre seguir el pecado o pedirle al Señor por su propia cuenta que le perdone sus pecados y obre regeneración, que lo haga nacer de nuevo.

Entonces para retener su lugar en el reino de los cielos tendrá que arrepentirse creyendo en la provisión que Jesucristo ha hecho al morir en la cruz, y tendrá que bautizarse. El bautismo es símbolo de nuestra unión con Cristo, de nuestro injertamiento en su cuerpo. Pero cuando los niños alegran nuestros hogares como un regalo de Dios, los dedicamos a Dios, como también nuestro Salvador fue dedicado siendo de ocho días de edad en el templo de Jerusalén. Cristo no pidió su bautismo para dejarnos ejemplo hasta tener treinta años de edad.

Así que, ahora vamos a dedicar esta criatura a Dios, reconociendo que es de El, y pidiendo la ayuda de Dios para criarlo como para El. Oremos, puestos de pie. (La oración como en el primer caso.)

IV. *El bautismo en agua*

Los bautismos en agua se practican en cuanto a situación física en dos lugares: al aire libre y en el bautisterio del templo.

Se deben tomar especiales precauciones de seguridad, mayormente cuando se realizan los bautismos en ríos, lagos o el mar. Sería trágico que un bautismo terminara en funeral. Se debe explorar el lugar con anticipación para no correr riesgos innecesarios.

Hay que procurar mucha reverencia. Se debe buscar un lugar o momento en que no haya gente chapoteando en el agua.

Para mantener el pudor necesario, sería bueno procurar toldos, aunque sean improvisados, donde la gente pueda cambiarse de ropa sin exponerse a miradas indiscretas.

Es muy recomendable, también, que cada iglesia establecida tenga unas túnicas de alguna tela consistente para que los bautizados entren al agua vestidos con ellas. Por debajo de la túnica deben tener su ropa interior puesta para no ofrecer espectáculos indecentes al salir del agua. Si no se cuenta con las túnicas, más recomendable sería que las personas sean bautizadas con ropa corriente antes que en traje de baño.

Se debe impulsar a los espectadores a alabar a Dios por cada bautismo antes que estar atentos a comentar los gestos de los bautizados. En seguida de vestirse, se aconseja que los bautizados se reúnan para orar buscando el bautismo del Espíritu Santo.

La variedad se puede lograr presentando unas veces a los candidatos antes del bautismo ya vestidos de sus túnicas. Si no pasan de veinte pueden testificar uno por uno en ese preciso momento. Otras veces se puede tomar el voto de fidelidad a todos en conjunto. En otra oportunidad se puede requerir un breve testimonio cuando ya están en el agua antes de ser sumergidos. Asimismo al pronunciar la fórmula se puede variar la redacción: Por tu fe en Jesucristo nosotros, como Ministros del Señor te bautizamos ... Siendo Jesucristo tu Señor y Salvador, te unimos a El por el bautismo en el nombre ... Conforme a tu deseo de pertenecer a Jesucristo por siempre ...

Para la ceremonia, el Ministro y un ayudante, si es posible, entran al agua. El oficiante proclama: El Señor Jesucristo antes de ascender, ordenó a sus discípulos: "Id por todo el mundo y predicad el evangelio a toda criatura. El que creyere y fuere bautizado será salvo." Mateo registra estas palabras del Señor: "Id, y haced discípulos a todas las naciones, bautizándolos en el nombre del Padre, del Hijo y del Espíritu Santo." En cumplimiento a este mandato hemos predicado el evangelio conforme Dios ha abierto las puertas y muchas personas han creído. Así que ahora nos reunimos para poner por obra la otra parte del mandato de bautizar a los que han creído. Y lo hacemos conscientes de que el trino Dios está presente para llevar a cabo sus eternos propósitos. Por tanto, rogamos a cada uno de ustedes que participen con reverencia y gratitud a Dios. Preciso es que los que ya son bautizados renueven sus votos de fidelidad a Dios, y los aún no bautizados, que se propongan obedecer también la voluntad de Dios en un futuro cercano, uniéndose a Cristo por medio del bautismo.

Oremos...

Entra al agua el primer candidato y los demás esperan en orden en un lugar estratégico para entrar al agua en armónica sucesión sin pausas molestas. Conviene que estén en filas separadas hombres y mujeres. Pueden entrar primeramente las mujeres o alternando uno y otra. Asimismo deben estar listos un hermano y una hermana con sendas batas o alguna prenda para cubrir a las personas que salen del agua y conducirles a donde han de cambiarse de ropa.

Ya en el agua el candidato, el Ministro dice: Hermanos, les presento al hermano (menciona su nombre y apellidos). Les va a explicar por qué se bautiza. El candidato testifica. Luego dice el Ministro: Hermano, por tu fe en Jesucristo, conforme al mandato de Dios, te bautizo en el nombre del Padre, del Hijo y del Espíritu Santo. Luego lo sumerge sin muchos apresuramientos.

Al terminar de bautizar a todos y antes de salir del agua, el Ministro se dirige nuevamente a la congregación para dar gracias a Dios y despide a la gente.

V. La recepción de miembros

Se puede celebrar una recepción de miembros en una de dos ocasiones: (1) Un culto especial en el cual se hace resaltar el privilegio de ser miembro del cuerpo de Cristo y cristiano militante. (2) En una reunión de Santa Cena en cuyo preámbulo se puede presentar a los nuevos miembros con recomendaciones pertinentes a los antiguos sobre el amor, el deber de ser ejemplo y estímulo a los nuevos para crecer.

En ambos casos los nuevos miembros son llamados al frente uno por uno, por sus nombres y apellidos para que la grey se familiarice con ellos. Ellos expresan su deseo de formar parte del cuerpo. Luego se ofrece una solemne oración, encomendándolos a las manos de Dios. A continuación los oficiales de la iglesia les entregan los certificados de bautismo y tarjetas de feligresía. Representantes de los diferentes departamentos de la iglesia ofrecen palabras de bienvenida. Se podría tener un juramento de fidelidad de parte de los nuevos.

VI. Las bodas

Conviene tener un ensayo previo para familiarizar a los contrayentes con las diferentes etapas de la ceremonia. Debe tenerse presente que los novios generalmente están muy agitados y nerviosos ante la inminencia del gran paso a dar en la vida. El ensayo debe consistir principalmente del orden de entrada de damas y pajes, si los hay, luego del novio y de la novia. Debe fijarse muy bien el lugar donde cada uno se situará durante la ceremonia. Luego se les da a los interesados una ligera explicación de las diferentes partes de la ceremonia. No es aconsejable realizar toda la ceremonia en el ensayo, pues perdería su nota de novedad.

Se debe tener especial cuidado de que se guarde reverencia durante la ceremonia. A las bodas acuden familias con niños. Hay que mantener el orden con firmeza.

En cuanto al adorno del templo, a veces se destaca una competencia de ornamentaciones a cual más sofisticada para cada boda. Conviene poner un límite, pues existe el peligro de fijar los ojos en esto antes que en la esencia espiritual. Aconsejo prescindir de otros ornamentos que no sean flores.

Los contrayentes tienen libertad de escoger al Ministro que oficie la ceremonia. Son ridículas las imposiciones de algunos pastores con respecto a esto.

En cuanto a la cuestión de tener padrinos, los contrayentes deben poder nombrarlos si así lo quieren. Es "su" boda.

Se podrá lograr razonable variedad si la congregación es numerosa y se celebran bodas a menudo. Esta puede lograrse con poco esfuerzo de las maneras siguientes:

● Con diferentes tipos de ceremonias. Se pueden encontrar muchos modelos en los manuales eclesiásticos. El Ministro debe tener cuidado de estar bien familiarizado con el esquema antes de intentar un nuevo modelo.

● Con diferentes estilos de lenguaje. Por ejemplo, usando tú y vosotros con lecturas de la versión Reina Valera. Usando usted y ustedes con lecturas de versiones modernas que sean dignas de aceptación. Pero hay que evitar cuidadosamente la mezcla de estilos. Resulta terrible escuchar: "Vosotros serán marido y mujer hasta que la muerte los separe."

● Con la participación de un buen predicador que puede disertar antes de la ceremonia, reemplazar con un sermón toda la segunda parte o insertar un breve mensaje al final de la segunda parte inmediatamente antes de las promesas.

● Con la participación de un solista o conjunto vocal al final de la segunda parte.

Una vez que los contrayentes y sus posibles acompañantes están frente al Ministro, el varón a la derecha y la dama a la izquierda de la congregación, con sus acompañantes a la inversa, el Ministro comienza la primera parte dirigida a la concurrencia.

Hermanos, dijo Dios: "No es bueno que el hombre esté solo; le haré ayuda idónea." Creó entonces a la mujer y la presentó al varón y los bendijo, realizando así en el paraíso el primer matrimonio. Desde entonces y a través de las generaciones, las personas piadosas han buscado esa misma bendición para su matrimonio. Y ahora, los hermanos *(menciona sus nombres)* transitando por el sendero de la vida que Dios ha señalado a sus criaturas, han sentido unidos sus corazones por las fuertes ataduras del amor. Por ello nos han convidado para presenciar el glorioso momento, cuando invocando el Creador, recibirán la misma bendición que Adán y Eva en Edén.

Dado que nuestra presencia aquí obedece a tan elevado propósito, conviene que todos hagamos un marco espiritual adecuado, guardando reverencia y contribuyendo a la solemnidad del momento.

Oremos. En la oración el Ministro invoca la bendición sobre la ceremonia y que sea inolvidable para los contrayentes. Pide para ellos valor para enfrentar cualquier situación adversa de la vida.

La segunda parte se dirige a los contrayentes. *(Menciona sus nombres)*, están ustedes en los umbrales de la vida matrimonial. Hoy comienza para ustedes una nueva etapa en la existencia, etapa importante y decisiva. De hoy en adelante afrontarán juntos las victorias o derrotas del diario vivir, bebiendo como marido y mujer la miel o la hiel que les depare la existencia. De ustedes dependerá en gran medida que esta nueva etapa de su vida sea hermosa y feliz, o lo contrario.

La base de la felicidad conyugal está en el reconocimiento de que el matrimonio no es invención humana que se puede manejar a capricho, sino una institución divina con principios permanentes. La felicidad en el matrimonio es algo alcanzable en la proporción en que el ser humano esté dispuesto a observar las sencillas normas que el Creador puso para el funcionamiento de esta relación. Por eso conviene que hoy escuchen ambos lo que Dios encarga de manera especial a cada parte contrayente.

En primer lugar a usted, hermano (nombre), el Señor le dice:

"Maridos, amad a vuestras mujeres, así como Cristo amó a la iglesia, y se entregó a sí mismo por ella, para santificarla, habiéndola purificado en el lavamiento del agua por la palabra, a fin de presentársela a sí mismo, una iglesia gloriosa, que no tuviese mancha ni arruga ni cosa semejante, sino que fuese santa y sin mancha. Así también los maridos deben amar a sus mujeres como a sus mismos cuerpos. El que ama a su mujer, a sí mismo se ama. Porque nadie aborreció jamás su propia carne, sino que la sustenta y la cuida, como también Cristo a la iglesia, porque somos miembros de su cuerpo, de su carne y de sus huesos. Por esto dejará el hombre a su padre y a su madre, y se unirá a su mujer, y los dos serán una sola carne. Grande es este misterio; mas yo digo esto respecto de Cristo y de la iglesia. Por lo demás, cada uno de vosotros ame también a su mujer como a sí mismo." Efesios 5:25-33.

Asimismo a usted, hermana (nombre), el Señor le encarga:

"Las casadas están sujetas a sus propios maridos, como al Señor; porque el marido es cabeza de la mujer, así como Cristo es cabeza de la iglesia, la cual es su cuerpo, y él es su Salvador. Así que, como la iglesia está sujeta a Cristo, así también las casadas lo estén a sus maridos en todo." Efesios 5:22-24.

Por tanto, como Ministro del Señor les amonesto hoy, que apliquen diariamente todas sus capacidades para poner por obra estos mandatos de Dios. Bienaventurados los que andan por las sendas del Señor. No pueden dejar de hallar la felicidad.

Tercera parte dirigida a los contrayentes. En primer lugar al novio: Hermano Fulano de Tal, ¿quiere recibir a la hermana Fulana de Tal como su legítima esposa?

El novio debe responder en voz audible: Sí.

Ministro: ¿Promete delante de Dios y estos testigos amarla como Dios manda?

Novio: Sí

Ministro: ¿Promete conservarse sólo para ella mientras los dos vivieren?

Novio: Sí.

Ministro: (Si hay anillos) ¿Entrega alguna prenda en testimonio de sus promesas y votos?

El novio entrega el anillo al Ministro quien lo devuelve con estas palabras: Su amor por esta mujer sea sin fin como este aro y consistente como el metal de que está hecho.

El contrayente lo coloca en el dedo anular de la novia diciendo: Fulana, este anillo es el testimonio de mis votos de amor y fidelidad.

En segundo lugar a la novia:

Hermana Fulana de Tal, ¿quiere recibir a Fulano de Tal como su legítimo esposo?

Novia: Sí.

Ministro: ¿Promete delante de Dios y estos testigos sujetarse a él como Dios manda?

Novia: Sí.

Ministro: ¿Empeña su voto en conservarse sólo para él mientras los dos vivieren?

Novia: Sí.

Ministro: (Si hay anillos) ¿Entrega alguna prenda en testimonio de sus promesas y votos?

La novia entrega el anillo al Ministro quien lo devuelve con estas palabras: Su amor por este varón sea sin fin como este aro y consistente como el metal de que está hecho.

La contrayente lo coloca en el dedo anular del novio y dice: Fulano, te entrego esta prenda como el testimonio de mis promesas de amor y fidelidad.

En este momento los contrayentes pueden arrodillarse. Luego el Ministro, imponiendo las manos a ambos, hace la oración de bendición. Pide que Dios bendiga a la pareja, el hogar que en este momento se forma, que los preserve del mal y que fortalezca los lazos del amor para que el matrimonio permanezca hasta la muerte.

Al ponerse de pie los contrayentes, el Ministro exclama: ¡Lo que Dios juntó, ningún hombre lo separe!

Si hay velo, puede ser levantado. El novio puede besar a la novia en el caso que no se vea mal dentro de las costumbres culturales de la localidad.

Se dirige luego a la congregación, luego de una pausa.

Los hermanos *(menciona el nombre de la pareja)* han decidido unir sus vidas en matrimonio y para este efecto han cumplido con las formalidades de la ley ante las autoridades que representan la nación; asimismo, aquí ante Dios y todos ustedes como testigos han confirmado su deseo pronunciando solemnes votos de amor y fidelidad, y entregándose prendas para memorial.

Por tanto, yo.............................., Ministro del Señor, los declaro marido y mujer en el nombre de Dios y su santa iglesia. El Dios Todopoderoso, Padre, Hijo y Espíritu Santo los bendiga, guíe y preserve. Amén.

Hermanos, les presento al nuevo matrimonio, los esposos .... y ....

Los contrayentes se dan la vuelta y termina la ceremonia con el desfile de salida.

VII. *Los cultos fúnebres y los entierros*

Los acontecimientos mortuorios presentan generalmente la necesidad de dos o más actuaciones: (1) culto fúnebre en la capilla o casa, (2) culto antes de la traslación de los restos y (3) ceremonia de entierro en el cementerio. Frente a la realidad de la muerte nadie desecha el mensaje del cielo. En las actuaciones de la capilla o la casa, conviene hacer énfasis en el origen, realidad y remedio de la muerte.

Debido a la infinita variedad de casos que pueden presentarse, los cultos fúnebres requieren especial atención. Hay que tener presente que los creyentes fallecidos no siempre tienen toda la familia convertida. A veces ni siquiera la minoría conoce al Señor. En no pocas ocasiones surge el conflicto entre los deudos sobre la clase de ceremonia o la presencia de hermanos evangélicos.

El Ministro debe escoger con cuidado los ingredientes del programa según cada circunstancia. Tenga en cuenta el consejo de Romanos 12:15. Instruya a los participantes sobre los límites de la situación.

Ofrezco las siguientes sugerencias para estos casos, pero aclaro que el Ministro debe mantener una flexibilidad para adaptarse a las necesidades del momento. Para el culto fúnebre se podría poner énfasis en el origen y remedio de la muerte. Se deben presentar las condolencias. Los cantos se deben escoger de acuerdo a la solemnidad del momento. La oración es un momento especial para elevar a los deudos al Señor con la fe que el Espíritu Santo haga una obra nueva en cada corazón. Algunos textos apropiados serían Génesis 2:16, 17; Deuteronomio 32:39; Eclesiastés 3:2; Isaías 25:8; Oseas 13:14; Juan 11:26; Romanos 5:12; 8:38, 39; Filipenses 1:21; Apocalipsis 14:13.

Después del mensaje se debe hacer un llamamiento a la búsqueda de Dios. Antes de la despedida sería oportuno tener palabras de representantes de la iglesia.

La ceremonia del entierro se comienza tan pronto se congreguen los deudos, hermanos y amigos ante la tumba. El énfasis de esta ceremonia se debe poner sobre la resurrección. Después de un himno el Ministro da un breve sermón para el cual se podría escoger uno de los textos que siguen: Job 14:14; Lucas 20:37, 38; Juan 1:25; 5:28, 29; 14:1-3; Romanos 8:11; I Corintios 15:20-23, 35-38, 42, 43, 45.

Al terminar su exposición, el Ministro dice: Mientras esperamos que el Señor Jesús haga clarear el día en el cual nos vestirá de inmortalidad, tendremos que cumplir con el humano deber de sepultar los restos mortales de nuestros hermanos que se nos adelantan en el viaje a la patria celestial. Así ahora, entregamos esto que es polvo al polvo, como una semilla que a la voz de Dios germinarán en un nuevo cuerpo inmortal.

Hace una pausa y espera que sea bajado el féretro a la tumba o que sea introducido en el nicho. Entonces el Ministro echa unas paladas de tierra o simplemente ordena que se proceda al cierre del nicho. Al terminar esto, dirige a todos en una oración de despedida.

VIII. *La Santa Cena*

Siendo la Santa Cena una ocasión solemne de adoración y comunión con el Señor es mejor realizarla como reunión privada de miembros. La razón principal es que en la Santa Cena se presentan casos de confesión o reconciliación. Además, la presencia de extraños puede estorbar el espíritu de comunión. Muchas de las más tiernas experiencias del creyente pueden ser incomprensibles para el inconverso, como el compás de un himno para un sordo.

Como las enseñanzas de la Santa Cena advierten severamente contra la participación indigna, el Ministro oficiante debe dar oportunidad para que haya encuentros de perdón entre hermanos ofendidos o para que haya confesión si alguien ofendió a la iglesia. En este punto dos extremos se deben evitar: la liviandad que no discierne de trascendencia de la Santa Cena, y el temor negativo que por cualquier cosa el creyente se priva de la Santa Cena en lugar de buscar la solución al problema.

Las posibilidades de variedad para este sacramento son amplias. Se pueden considerar algunas de las siguientes:

● Copas individuales o una colectiva.

● Las bancas se pueden dejar en su arreglo normal, o se pueden poner en cuadro o rectangular para dar la idea de estar alrededor de una mesa.

● La ceremonia puede incluir algunos testimonios sin mensaje, o con un sermón.

● Horario variado. Se puede cambiar el día y la hora entre mes y mes para alcanzar a todos los hermanos. Se podría, también, celebrar repetidas veces en el mismo mes.

● Posición del creyente. Una vez se puede pedir que se arrodille y otra que permanezca sentado.

● Lectura bíblica. Se puede celebrar en forma antifonal o seleccionar a alguna persona de la congregación que la haga. La porción seleccionada se debe variar cada vez. Muchos pasajes del Antiguo Testamento que hablan de la expiación o profetizan la obra redentora de Cristo serían apropiados.

Reunidos todos con los elementos puestos en la mesa cubierta con manteles, se adelanta el Ministro a la mesa con los oficiales de la iglesia a ambos lados. Después de las palabras introductorias se cantan himnos apropiados para la ocasión que conduzcan a un espíritu de adoración y consagración. Luego se presenta el mensaje después del cual se debe hacer un llamado a reconciliación o confesión.

Cuando todo esté listo para la distribución de los elementos, el pastor los entrega a los oficiales con la aclaración a los participantes de esperar la indicación para ingerirlos. Luego inicia la parte culminante sirviendo a los oficiales.

Ministro: El Señor Jesús la noche que fue traicionado tomó pan y habiendo dado gracias lo dio a sus discípulos (el Ministro en este momento parte el pan que tiene delante) y dijo: "Reciban y coman, esto es mi cuerpo que por ustedes es partido." Comamos, hermanos. (Todos comen. Se hace una pausa para dar la oportunidad de orar y alabar al Señor.)

Luego de comer el pan el Ministro continúa: Asimismo después de haber cenado Jesús tomó también la copa y la dio a sus discípulos diciendo: "Beban de ella todos, porque esto es mi sangre que por ustedes se derrama para la remisión de pecados de muchos. Hagan esto todas las veces que beban en memoria de mí." Bebamos todos. Se hace una pausa. Inevitablemente surge una oleada de oraciones, acciones de gracias y alabanzas. Dirigido adecuadamente, este momento llega a ser de mucha bendición. Puede ser concluido con cantos.

Luego se recogen las copas y todo se cubre de nuevo. Sería bueno proveer la oportunidad para que los hermanos tengan un momento de comunión fraternal, bendecirse y alentarse mutuamente.

En algunos lugares se recoge una ofrenda de amor para algún miembro pobre o en problemas.

IX. *La instalación de oficiales*

Siendo la instalación de oficiales una presentación de ellos a la grey, así como un acto de posesión en el cual se busca la unción de Dios sobre los oficiales como ocurrió en Hechos 6:6, se debe celebrar con la mayor asistencia posible y rodeado de solemnidad. Conviene mucho que oficie alguna autoridad de la organización nacional, especialmente para la imposición de manos.

Puede ser un culto especial con el propósito de resaltar el valor del liderato en la obra de Dios. Se puede desarrollar una exposición sobre el llamamiento, la fidelidad, la superación. Pero puede hacerse también como parte de un culto, tomando solamente una porción del programa total.

El oficiante llama a cada oficial mencionando su nombre y apellidos y el cargo que desempeñará. Este llamado debe seguir en lo posible el orden de importancia de los cargos que ocupan los oficiales. Una vez que todos están al frente, se les pregunta si aceptan las responsabilidades para las que han sido elegidos o nombrados. La respuesta puede ser un Sí, o un Amén.

Luego de palabras exhortativas a la fidelidad, se hace la oración de instalación mediante la imposición de manos de los más altos oficiales de la iglesia. Después se los presenta a la congregación exhortando a los fieles a cooperar con los oficiales en el cumplimiento de sus deberes. Finalmente, se puede dar oportunidad a cada oficial para expresar unas palabras de ocasión.

Las ceremonias en la iglesia pueden degenerar en ritos mecánicos sin importancia, o pueden adquirir espíritu de vibrante devoción. El pueblo latino sabe corresponder a una ceremonia que se lleva a cabo con solemnidad, espíritu y espontaneidad.

Sabio es el Ministro que reconoce el valor de la ceremonia como vehículo de comunicación entre Dios y el hombre, como una oportunidad de alcanzar a personas que de otra manera no asistirían a una capilla evangélica. El siervo de Dios que acepta el valor de la ceremonia, buscará la unción y bendición divina sobre cada una y se esforzará por llevarla a cabo con toda dignidad.

BOSQUEJO DEL CAPITULO

Las ceremonias en la iglesia

I. Su potencial para romper prejuicios y la indiferencia

II. Factores importantes para su efectividad
    A. Buena propaganda
    B. Excelencia
        1. Dignidad
        2. Bendición divina
        3. Sinceridad
        4. Ausencia de pomposidad
        5. Adaptabilidad
        6. Devoción
        7. Diversidad

III. La dedicación del niño
- A. Observaciones
  1. Su propósito
  2. Requisitos
  3. La cuestión de padrinos
  4. La diversidad
- B. Guías del acto
  1. Si la concurrencia se compone de creyentes
  2. En el caso de la presencia de personas de poco conocimiento bíblico

IV. El bautismo en Agua
- A. Observaciones
  1. El sitio
  2. La necesidad de explorar de antemano el lugar
  3. El mantenimiento de un ambiente de respeto para el sacramento
  4. La provisión de lugares satisfactorios para el cambio de ropa
  5. La ventaja del uso de túnicas
  6. Motivar a todos a buscar a Dios
  7. Diversidad
- B. Guía del acto

V. La recepción de miembros
- A. La ocasión
- B. Guía del acto

VI. Las bodas
- A. Observaciones
  1. El ensayo
  2. Mantenimiento de un ambiente de respeto
  3. Adorno del santuario
  4. La selección del oficiante
  5. El nombramiento de padrinos
  6. Diversidad
- B. Guía del acto

VII. Las ceremonias mortuorias
- A. Observaciones
  1. Los diferentes actos relacionados con la muerte de un creyente
  2. La oportunidad de comunicar verdades eternas
  3. La gran necesidad de tener diplomacia
  4. La preparación cuidadosa
- B. Guías de los actos
  1. En la casa
  2. Para el entierro

VIII. La Santa Comunión
  A. Observaciones
    1. Limitarla a los miembros
    2. Dar oportunidad para restablecer la armonía
    3. La diversidad
  B. Guía para el acto

 IX. El acto de toma de posesión de los oficiales
  A. Observaciones
    1. Darle importancia
    2. La presencia de dirigentes de la iglesia nacional
    3. Propósito
  B. Guía del acto

UN ENCUENTRO CON LAS VERDADES

Respuesta alterna. Subraye la palabra que complete correctamente cada expresión.

1. Las ceremonias eclesiásticas son medios de (gracia, lucirse) para el creyente.

2. Las ceremonias de la iglesia evangélica por su rico (vestuario, simbolismo) pueden apelar a la religiosidad del latinoamericano.

3. Se ha dado el caso en que por medio de una ceremonia se ha podido romper la barrera del (sonido, prejuicio) de algunos que ignoraban las prácticas de los evangélicos.

4. Mucha gente que no iría a una capilla evangélica para escuchar un sermón tendría curiosidad para ir a presenciar un (matrimonio, culto de damas) o un bautismo.

5. Para que el mayor número posible de personas asista a la realización de una ceremonia, el Ministro debe procurar darle amplia (música, publicidad).

6. Para darle solemnidad a la ocasión de una ceremonia, hay que evitar todo factor de (programación, irreverencia).

7. La actitud del oficiante puede ser un factor determinante en el establecimiento del (preludio, ambiente) de gozosa seriedad.

8. La ceremonia se lleva a cabo en vano sin la (unción, voz) de Dios.

9. Es recomendable pretender una (sencillez, brevedad) de las ceremonias en vez de una excesiva elaboración o complejidad.

10. El oficiante de una ceremonia debe estar preparado para en el último momento introducir (un coro, cambios) con el fin de adaptarse a factores inesperados.

11. Hay que esforzarse en lo máximo para evitar el (capitalismo, profesionalismo) en los sacramentos cristianos.

12. Para evitar la monótona repetición, el Ministro debe procurar (leer, variar) las ceremonias que se celebran con frecuencia.

13. La presentación del niño es esencialmente un reconocimiento de la (tiranía, soberanía) de Dios sobre la criatura humana.

14. Para la presentación del niño, el pasaje que relata la dedicación de Jesús por (Ana y Simeón, José y María) es muy apropiado en la cultura hispanoamericana.

15. Para asegurar más respeto en la hora de un culto de bautismos en agua al aire libre, no debe haber personas (metidas, nadando) en el agua.

16. Es de suma importancia motivar a los hermanos a mantener una actitud de (alabanza, fiesta) durante el culto de bautismos.

17. La recepción de miembros presenta una buena oportunidad para enseñar a la iglesia sobre el deber de ser (ejemplo, superiores) de los nuevos.

18. En la organización y preparativos para unas bodas, el Ministro debe tener en cuenta los gustos y deseos de (él mismo, los novios).

19. En vez de decir "vosotros serán marido y mujer hasta que la muerte los separe", se debe decir "vosotros (habrán de ser, seréis) marido y mujer hasta que la muerte (os, les) separe.

20. Frente a la realidad de la muerte, muchos (rechazan, reciben) un mensaje sobre la vida futura.

DE LA TEORIA A LA PRACTICA

1. ¿Cuál es un extremismo en que el Ministro puede caer al pensar en las ceremonias como ritos externos?

2. ¿Cuál es el peligro de exagerar el valor de las ceremonias?

3. ¿Cuál es el mejor de los dos extremos que usted señala en No. 1 y No. 2?

4. ¿Cuáles serían algunos temas apropiados para presentar a personas nuevas antes de comenzar la ceremonia de una boda?

5. ¿Cuáles serían algunos temas para presentar a unos nuevos que llegan para presenciar unos bautismos?

6. ¿Qué opina usted de la idea de que un creyente mande imprimir tarjetas de invitación para su bautismo en agua?

7. ¿Qué se ganaría en su comunidad si los padres que van a presentar a su niño nombraran padrinos, o sea, testigos, para la ceremonia? ¿Qué se perdería?

8. ¿Qué valor tiene una ceremonia de bodas para impresionar a los jóvenes solteros sobre lo serio del compromiso del matrimonio?

9. ¿Qué responsabilidad tendrá el Ministro de celebrar una o varias sesiones de orientación y asesoría espiritual con los novios varias semanas antes de la celebración de las bodas?

10. ¿En qué posición debe tener las manos el que se bautiza? (Algunos recomiendan que se tape la nariz con la mano izquierda y con la derecha se agarre del brazo izquierdo. De esta manera no tiene ninguna mano libre para luchar contra el Ministro.)

PROYECTOS PARA LA CLASE

1. Revisar en clase los ejercicios realizados por los miembros de la clase.

2. Llevar a cabo un simulacro de cada ceremonia. Deben decidir hasta dónde van a tomar tiempo para estas actividades ya que pueden llegar a tomar demasiado tiempo en su preparación y ejecución en relación con todas las otras clases de esta materia.

CARLOS JIMENEZ RAMIREZ nació en Barranquilla, Colombia. Está casado con Fanny Herrera y la pareja tiene cuatro hijos. El hermano Jiménez ha desempeñado varios puestos en el ejecutivo de las Asambleas de Dios en Colombia. Ha pastoreado ocho iglesias y ha prestado servicio como Profesor del Instituto Bíblico Central en Bogotá y del Instituto de Superación Ministerial. Actualmente es Director del Instituto Bíblico Central de las Asambleas de Dios de su país. El hermano Jiménez aceptó al Señor Jesús en un pequeño culto celebrado en una casa particular. Dos años más tarde comenzó en el ministerio evangélico en el que lleva más de 17 años.

Al preguntársele qué factores habían ejercido notable influencia en el desarrollo de su ministerio, el hermano Jiménez Ramírez respondió que lo habían sido la lectura, los cursos postgraduado del Instituto de Superación Ministerial y las experiencias como Evangelista.

Capítulo 16

EL MINISTRO, FORJADOR DE OBREROS

Por Carlos Jiménez R.

Hace algunos años visité una iglesia que se encontraba en crisis. Esta se debía a que su pastor estaba hospitalizado con una afección cardíaca por el exceso de trabajo. Este hermano era un hombre orquesta, uno que todo lo hace. No había forjado obreros. Se hacía notar la falta de ello en la crisis que había estallado, lo que a su vez empeoraba el estado de salud de este hermano. El sabía que su iglesia navegaba a la deriva.

Un Ministro de la Biblia pudo tener visos semejantes al descrito arriba; pero por consejo sabio, descubrió lo provechoso que es delegar autoridad al forjar obreros para la labor. Jetro, al visitar a su yerno que pastoreaba la congregación israelita, encontró que los problemas en su totalidad eran traídos al sobrecargado Moisés. Esto lo mantenía hasta la noche sin respiro ni descanso resolviéndolos. Exodo 18:13-26. Si yo lo hubiese visto, habría exclamado: "¡Qué Moisés tan consagrado! Siempre tan ocupado en la obra de Dios", pero su suegro vio algo diferente y perjudicial para él y para la obra. "No está bien lo que haces, desfallecerás del todo tú" y como consecuencia lógica, "y también este pueblo".

El ministerio de forjar obreros redunda en mejor salud física, multiplicidad de esfuerzos y gozo de ver nuevos ministerios en desarrollo. Acordémonos que somos un cuerpo y no sólo un miembro, que en el cuerpo todos los miembros trabajan. Moisés escuchó el consejo y forjó obreros que le ayudaron a dirigir al pueblo de Israel. ¿Cómo, pues podrá el Ministro de hoy seguir su ejemplo?

I. La fragua ideal

¿Cuál es el significado de la palabra forjar? El diccionario la define así: "Fabricar, inventar o dar forma con el martillo a un metal." La forma más práctica para comprender este vocablo es visitar una herrería y ver cómo el metal frío en la fragua va tomando formas bellísimas como obras de arte con la mano del forjador quien usa el calor, el martillo y su trabajo.

¿Cuál es la fragua para la formación de estos obreros? Hay quienes inmediatamente piensan en el Instituto Bíblico para responder a esta pregunta, pero cuán equivocados están. Bíblicamente el lugar básico para esta labor es la iglesia local. Con decir esto no se menosprecia a los Institutos ya que ellos tienen la labor de seguir el proceso de forjar a los líderes nacionales. Para ilustración consideremos dos casos de la Biblia. Primero, la fragua del Señor Jesucristo, segundo, la del apóstol Pablo.

La fragua del Señor Jesucristo aunque era pequeña, tiene su importancia pues ella es la base de toda la cristiandad. El Señor le dio mucha importancia a los componentes del grupo y por eso pasó tiempo en ellos. Lo primero que hizo para producir obreros fue instruirlos. En Mateo 5:1 y 2 hay estos apartes; versículo 1, "vinieron a él sus discípulos", los que necesitaban ser forjados. El versículo 2, "y abriendo su boca les enseñaba", nos presenta al forjador en acción por la enseñanza. Empleaba dos clases de enseñanza. Desde el capítulo 5 hasta el 7 de Mateo la enseñanza es teórica y desde el capítulo 8 al 9 la enseñanza es práctica. La experiencia es la herramienta.

La enseñanza, tanto teórica como práctica es de suma importancia para el obrero. El Señor considera que los obreros deben practicar por sí solos lo que han aprendido y les envía a hacer lo que han oído y visto. A esto llamaremos acción sobre lo aprendido. El apóstol Juan, años más tarde escribió: "Lo que hemos oído, lo que hemos visto con nuestros ojos, lo que palparon nuestras manos . . . eso os anunciamos." 1 Juan 1:1-3. Al final de su ministerio, el Señor inicia la última fase de enseñar a sus discípulos: la transmisión de lo aprendido. "Id . . . enseñándoles que guarden todas las cosas que os he mandado." Mateo 28:20. Así los lanza en forma definitiva a la conquista de un mundo perdido.

Podemos resumir las etapas de instrucción que el Señor siguió con su grupo de esta manera: (1) instrucción teórica; (2) entrenamiento; (3) acción permanente; (4) transmisión de lo aprendido.

En la obra del apóstol Pablo, se siguen los mismos principios. El siempre utilizaba tiempo en los lugares donde ministró para instruir e instituir a personas que llevarían más adelante la obra del Señor. Cuando el apóstol consideraba que su tiempo en un lugar se había cumplido, las personas que quedaban al frente de la obra eran las mismas que habían nacido y recibido instrucción bajo su ministerio. Casi nunca se solicitaba su reemplazo a Jerusalén o a la sede. Esto se debía a que el apóstol vertía su vida en aquellos que estaban a su lado, ya sobre el lugar, ya sobre la marcha. No perdía ocasión para enseñar. Cada acompañante de sus viajes se convertía en un discípulo y sobre ellos dejaba la huella de su enseñanza. Ahí están Timoteo, Tito, Lucas, Juan Marcos y otras personas que abundan en sus escritos y sobre las cuales ejerció una magnífica influencia.

Pablo en sus cartas aconseja a Timoteo a forjar obreros. "Si esto enseñas a los hermanos . . ." "Esto manda y enseña."

"Esto enseña y exhorta." I Timoteo 4:6, 11; 6:2. En su segunda carta a este compañero, hallamos más de la misma idea. Me permito parafrasear II Timoteo 2:2: "Lo que escuchaste de mis labios entre otras personas forja exactamente esa verdad en hombres fieles que sean capacitados para forjar también a otros." Tito recibe el siguiente consejo de Pablo: "Por esta causa te dejé en Creta, para que corrigieses lo deficiente y establecieses ancianos en cada ciudad." Tito 1:5. Corregir lo deficiente es forjar como también lo es establecer, ya que estas dos cosas no se pueden hacer sin enseñar ni entrenar.

En las regiones tropicales de nuestra América, se da una planta de la cual podemos aprender este principio. Me refiero al plátano. Cuando su fruto está por caer en tierra, los retoños siguen con la función de producir un nuevo racimo. Es interesante notar que cuando el retoño ya llega a cierta estatura, a su pie viene saliendo uno nuevo para reemplazar a éste una vez que haya cumplido su cometido. Estamos nosotros involucrados también, en una obra de continuidad la cual no se hará si no forjamos obreros.

II. Descubriendo el potencial de cada persona

El sentido de observación ayuda al pastor a descubrir el potencial de cada individuo. Cada persona es en cierto grado, genio, sabio, literato, maestro. Pero en algunas esas facultades se han quedado dormidas porque nadie ha sabido descubrirlas y explotarlas.

Cristo supo descubrir el potencial de las personas a quienes él llamó. Supo qué lugar asignarle a cada uno. Descubrió el potencial del líder en Pedro, quien el día de Pentecostés abrió las puertas del reino a los judíos y más adelante a los gentiles. Pero no se le veían estas cualidades cuando tendía las redes en las playas de Betsaida.

Andrés fue útil, también. Ganó para el Señor a Pedro su hermano. Cuando había necesidad de alimentar a las personas que escuchaban a Jesús, trajo al muchacho de los peces y los panes, en el milagro de la multiplicación.

Allí está en su pecho recostado el pensativo y meditativo Juan. Era un joven impulsivo que quería pedir fuego del cielo para acabar con un pueblo. Pero era un teólogo en potencia, que más tarde asombró al mundo con su libro el Apocalipsis. A pesar de que de antemano conocía su infidelidad, el Señor no le niega la oportunidad a Judas Iscariote de encontrar el camino de la redención y un lugar en la historia. Cristo le reconoció sus dotes de administrador y lo nombró tesorero del grupo; quería darle la oportunidad de tener un ministerio.

No puede faltar en esta lista el joven rico a quien Cristo amándolo, lo llama. Vio en él algo de valor para su servicio y le invita a repartir sus riquezas entre los pobres y seguirle para ser su discípulo. No le negó la oportunidad de descubrir su potencial.

Estos dos últimos ejemplos muestran que en algunos casos fracasará el cometido, pero a nadie se le debe negar la oportunidad. Tarde o temprano vendrán otros a ocupar el lugar de los que fracasan. El sembrador esparció la semilla en toda clase de terreno porque Dios no hace acepción de personas.

¿Qué tiene Pablo que decirnos al respecto? Nos habla del cuerpo compuesto por muchos miembros y en el cual cada uno debe comportarse de acuerdo a su potencial o capacidad. Romanos 12:4-8. En Efesios 4:11, encontramos una lista de ministerios específicos para la edificación del cuerpo de Cristo que el Señor imparte de acuerdo al potencial de cada persona. A nadie se le pide que haga lo que no puede hacer. Tengamos en mente que Dios no anula nuestra personalidad sino que lo bueno de ella explota para su causa. Lo malo lo corrige.

A nadie se debe subestimar. Todos tienen algo que ofrecer en el mercado de ofertas y demandas que hace el Señor. La parábola de los talentos ilustra esta verdad. Algunas personas reciben más que otras pero no por esto las que reciben menos son menospreciadas. Se les da igual importancia a todas pues deben producir de acuerdo a su potencial. Si el Dios soberano tiene en cuenta todo esto, ¿no debo yo como su Ministro ponerme a descubrir el potencial de cada creyente en el cuerpo de Cristo?

III. El potencial de la fuerza colectiva

"Una golondrina no hace verano" dice el refrán. Una sola persona por más capacidades que tenga, si no las canaliza en otros individuos no realizará nunca lo que podría hacer el grupo completo. El concepto del cuerpo entra nuevamente en acción, esta vez para ver el trabajo en conjunto producido por el esfuerzo de cada miembro. Pablo habla de los dones espirituales repartidos por el Espíritu Santo a cada quien como El quiere. I Corintios 12:1-12. Luego nos habla del cuerpo en función colectiva donde cada miembro da su aporte. Versículo 13. Termina el capítulo preguntando: "¿Son todos apóstoles?, ¿son todos profetas?, ¿todos maestros?, ¿hacen todos milagros?, ¿tienen todos dones de sanidades?, ¿hablan todos lenguas?, ¿interpretan todos?" Versículos 29 y 30. La respuesta lógica es ¡NO! Cada quien en el cuerpo de Cristo tiene función específica. En el versículo 28, Pablo lo afirma: "...a unos puso Dios en la iglesia, primeramente apóstoles, luego profetas, lo tercero maestros, luego los que hacen milagros, después los que sanan, los que ayudan, los que administran, los que tienen don de lenguas."

El ministerio no puede estar solamente sobre los hombros de un hombre carismático sino que debe descansar sobre todo el cuerpo. Eso es la fuerza colectiva en función. Cada uno de nosotros tiene algo que hacer; cada ministerio tiene su importancia. El dirigente debe procurar que la gente no vea su obra sino la labor colectiva a la cual estamos llamados todos. Cristo en el día de hoy está escondido en nosotros; no es El quien hace la obra en su totalidad sino que usa nuestras bocas, manos, pies y demás facultades. Escondido en nosotros, trabaja. Nosotros somos el frente o la fachada de ese trabajo que la gente ve.

En I de Corintios 14:26 encontramos otro texto que arroja más luz. "¿Qué hay, pues, hermanos? Cuando os reunís, cada uno de vosotros tiene salmo, tiene doctrina, tiene lengua, tiene revelación, tiene interpretación. Hágase todo para edificación." Feliz el pastor que se vale de la fuerza colectiva, pues su trabajo será multiplicado por el número de personas que pueda motivar.

IV. La paciencia: cualidad necesaria en un forjador

El que teme fracasar, tal vez nunca se atreverá a emprender algo. La historia muestra que quienes llegaron a la meta que se trazaron, sufrieron antes muchos fracasos. El gran misionero, Guillermo Carey dijo: "Emprended grandes cosas para Dios; esperad grandes cosas de Dios."

El forjador de obreros debe estar dotado de paciencia. Los objetivos trazados no se alcanzarán de la noche a la mañana. Habrá que utilizar horas y horas para formar hábitos en los educandos. Será necesario repetir algunas lecciones.

La paciencia es uno de los frutos que el Espíritu Santo forma y desarrolla en la persona que se somete a su dirección. La manifestación cuantitativa de esta obra en nosotros sirve como termómetro para medir nuestro grado de comprensión y tolerancia. La paciencia es obra del Espíritu Santo. "No con ejército, ni con fuerzas, sino con mi Espíritu, ha dicho Jehová de los ejércitos." Zacarías 4:6.

No olvidemos que la obra de Dios está en manos de personas falibles. Me imagino al Señor mirando la escena donde nosotros nos desarrollamos. Ve muchas fallas y podría hasta intervenir para lograr que la tarea que nos encomendó se cumpla de manera más rápida y efectiva. Pero a pesar de nuestros yerros y fracasos o nuestra lenta marcha al objetivo, permite que sigamos adelante. Si Dios tiene paciencia con nosotros, tengámosla también nosotros con los que estamos forjando.

V. La actividad, martillo poderoso en la mano de un forjador

"Avanzan la ciencia y la tecnología,
la santidad decae, el alma se vacía,
la iglesia se detiene, el siervo enmudece,
y contemplando todo, el hombre desfallece."

—Efraín Sinesterra

¡Qué gran verdad dijo este dirigente juvenil! La iglesia de hoy está inactiva en la forja de obreros cuyo potencial pudiera ser utilizado para llevar adelante la obra del Señor. Los siervos de Dios no pueden inspirar a quienes esperan indicaciones y ánimo para trabajar. En una iglesia donde no se programen actividades permanentes, habrá problemas y por la inactividad la gente tendrá que ocuparse en asuntos que no edifican. Las personas necesitan ser activas.

Hasta Dios mismo cree en la actividad. La Biblia dice que Dios hizo lo que se ve de lo que no se veía y para eso tuvo que accionar. Nuestro Dios es de movimiento, actividad y "no se fatiga con cansancio" a pesar de lo mucho que hace. Isaías 40:28.

Recordemos que las actividades que se programen no son para entretener a la gente sino para lograr objetivos. ¿Qué programar? Esfuerzos evangelísticos, campañas de oración, ayunos colectivos, visitación casa por casa, reuniones en los hogares, cursillos para líderes. Hay mucho que hacer. Pero, ¡que se haga ya!

Conozco una iglesia que mientras celebraba una campaña al aire libre decidió hacer un esfuerzo extraordinario de visitación a las almas que se habían entregado. Se logró consolidar, según palabras del propio pastor, no menos del 80% de las conversiones. ¿Qué les parece? La consigna es: acción. Hay que trabajar, y motivar a nuestra gente para que trabaje con nosotros.

El buen forjador verá ventajas en dejar la mayor libertad de acción posible a los obreros en su actividad. A nadie le gusta trabajar amarrado. No conviene tratar de supervisar como una madre a sus pequeñuelos. Más bien, se debe permitir que los obreros mismos aprendan ciertas lecciones a través de su experiencia. Así sentirán el gozo de descubrir cosas maravillosas sin que nadie les mande hacerlo todo. Así se animarán a seguir hurgando en el cofre de la experiencia.

VI. Saber animar, un factor del éxito en un forjador

Para asegurar el éxito, el dirigente tendrá que infundir aliento en los principiantes. Hará bien en mostrar confianza en sus obreros. Su espíritu de fe en ellos aumentará los deseos de seguir adelante.

Cuando alguien fracasa, tiende a abandonar lo iniciado. Es en ese momento en que el forjador se debe convertir en animador, abriendo nuevos horizontes y posibilidades a aquel que se cree vencido y tal vez abatido. El ojo experimentado del forjador le permitirá ver las cosas más claramente que el que está ofuscado por su fracaso. Lo animará a intentarlo de nuevo. Le hará ver que nada es imposible. Nada se pierde con intentarlo de nuevo.

Una de las mejores maneras de animar a los obreros es buscar que tengan éxito. El forjador no debe creerse desplazado si su obrero tiene éxito. Sólo los inseguros no ven con buenos ojos el éxito de los demás. No estamos para realzar nuestra personalidad u obra sino que laboramos para la honra y gloria de Dios.

VII. *La necesidad de la asesoría*

Los grandes barcos son guiados por expertos timoneles quienes suavemente corrigen el rumbo equivocado. De igual manera, el Ministro tiene que recordar que no es solamente cuestión de mantener el ánimo de los obreros, sino también de estar disponible para orientarlos. Suavemente y con sabiduría tenemos que corregir sus errores o desvíos.

En el proceso de aconsejar, el dirigente no debe imponer sus propias ideas sino dejar que el principiante encuentre luz por sí mismo. Hay que procurar que tome su propia decisión para que aprenda a actuar solo.

No permita que el aconsejado reciba la impresión de que el dirigente se considera superior. Hay que convencerle de que él es parte indispensable en la labor. Uno se siente más cómodo con un compañero que con una persona de más alta categoría.

VIII. *La necesidad de mantener buenas comunicaciones*

Para mantener buenas relaciones con las personas que tratamos, es necesario tener constante comunicación con ellas. Se crean tensión y frustración si la gente no se comprende.

Las dos fases importantes de la comunicación son: transmisión y recepción. El buen comunicador no es el que sólo transmite sino el que también se dispone a recibir a los demás.

Desafortunadamente, en la preparación de obreros, hay quienes sólo quieren abrir su boca para enseñar, pero sus oídos permanecen cerrados, desperdiciando así la oportunidad de saber si su enseñanza está dando en el blanco. Oyendo podremos descubrir una manera más efectiva para la comprensión de nuestro mensaje.

El Señor Jesucristo es un buen comunicador. En Mateo 16:13-16, Jesús pregunta: "¿Quién dicen los hombres que es el Hijo del Hombre? Ellos dijeron: Unos, Juan el Bautista; otros, Elías; y otros, Jeremías, o alguno de los profetas." Hasta aquí el Señor inquieta el corazón de ellos para luego comunicarles el verdadero mensaje. "El les dijo: Y vosotros, ¿quién decís que soy yo? Pedro respondió: Tú eres el Cristo el hijo del Dios Viviente." Esta era la verdad que deseaba comunicar, pero notemos cómo transmite y cómo escucha para ir corrigiendo y llegar al objetivo deseado. Esto le lleva a comunicar otra verdad: "Bienaventurado eres Simón, hijo de Jonás, porque no te lo reveló carne ni sangre, sino mi Padre que está en los cielos."

Si no usamos sabiduría para ejercer la comunicación, puede haber interferencias que dañen la buena recepción. Debemos hacer todo lo que podemos para que nuestra comunicación sea lo más clara posible. Muchos problemas existentes en la Iglesia se deben a la poca comunicación.

Nadie va a discutir el hecho que la fragua despide calor que a veces molesta al herrero. Tampoco se puede negar que el cuerpo se canse con repetidos martillazos sobre el hierro duro. Pero el sentido de responsabilidad, el orgullo del artesano, la misma necesidad del artículo terminado sirven para que ese valiente siga forjando. Redoblemos nuestros esfuerzos para producir obreros. Huyamos de la posibilidad de ser un hombre orquesta. Con paciencia y diligencia llegaremos a la satisfacción de ver multiplicados los obreros que ayudemos a forjar. La tarea no tiene fin, es hasta que Cristo venga. Cada día, hora o minuto busquemos nuevos elementos para pulirlos, entrenarlos y lanzarlos a su misión correspondiente. Forjamos para el hoy como también para el mañana. "Bienaventurado seréis, si cuando yo viniere, os hallare haciendo así."

BOSQUEJO DEL CAPITULO

El deber del siervo de Dios de fraguar otros obreros

I. El mejor taller es la iglesia local
   A. Definición de "forjar"
   B. El ejemplo de Cristo
   C. El ejemplo de Pablo

II. La necesidad de descubrir la capacidad latente en cada creyente
   A. Imprescindible una percepción aguda de las posibilidades de cada persona
   B. El ejemplo de Cristo
   C. El derecho de cada persona de probar sus capacidades
   D. Las enseñanzas de Pablo
   E. Todos tienen el mismo valor como persona

III. La suma total de las capacidades individuales representa posibilidades no soñadas
   A. Las limitaciones de una sola persona
   B. La suma de todos los ministerios produce una iglesia fuerte
   C. El deber de todos de llevar la responsabilidad de la obra
   D. La responsabilidad del Ministro de tener la imagen de estar unido al grupo

IV. La tranquilidad perseverante que necesita el que fragua obreros
   A. No sorprenderse con las frustraciones
   B. Su misión no es de corta duración
   C. Un don divino

D. La comprensión de que la humanidad falla mucho

V. Los beneficios de poner a todos a trabajar
   A. La tristeza de la inactividad
   B. Dios no es pasivo
   C. La necesidad de ser constructivo
   D. El valor de la amplitud de acción

VI. La responsabilidad del dirigente de alentar
   A. Mostrar fe en sus obreros
   B. Inspirar al derrotado a comenzar otra vez
   C. Procurar el éxito de los demás

VII. El papel del dirigente como consejero
   A. La importancia de la orientación
   B. El valor de guiar en vez de obligar
   C. El nivel del aconsejado

VIII. Imprescindible el diálogo entre el obrero y el dirigente
   A. Robustece la armonía del grupo
   B. Hay que comprender los componentes de la comunicación
   C. La desventaja de no escuchar al otro
   D. El ejemplo de Cristo
   E. El daño de las interrupciones

DE LA TEORIA A LA PRACTICA

Selección múltiple. Lea la primera parte de la frase y las cinco diferentes terminaciones con que se podría completar la frase. Escoja la terminación que mejor complete la frase. En algunos casos podrían servir más de una de las terminaciones, pero el alumno debe seleccionar la que *mejor* complete la idea. Aunque ninguna de las cinco le satisfaga del todo al estudiante, hay que escoger siempre la que más pueda servir. Subraye la terminación escogida.

1. Un hombre orquesta es aquel que ...
   (A) sabe tocar muchos instrumentos musicales.
   (B) realiza todo el trabajo del grupo.
   (C) sacrifica todos sus deseos personales para ocuparse en las cosas de Dios.
   (D) coordina los esfuerzos de todo el grupo.
   (E) se esconde entre los demás del grupo.

2. Cuando falta el Ministro que acostumbra a hacerlo todo en la iglesia ...
   (A) la gente por lo general se pone contenta porque al fin tendrá una oportunidad de trabajar.

(B) Dios lo castiga por su incumplimiento.
(C) la gente queda desorientada.
(D) la iglesia experimenta mucho crecimiento.
(E) él puede darse cuenta de que es indispensable ya que baja el ánimo de la gente.

3. El mejor lugar para el desarrollo de obreros es . . .
(A) el Instituto Bíblico.
(B) la iglesia local.
(C) un seminario de seriedad y alto prestigio.
(D) su propia casa.
(E) ninguno, ya que Dios es el que levanta obreros.

4. Lo primero que hizo Cristo para forjar obreros fue . . .
(A) quitarles todos sus libros.
(B) inculcarles el espíritu de no obedecer a ninguna autoridad humana.
(C) enviarles a provocar divisiones en las sinagogas.
(D) enseñarles.
(E) ponerlos en actividades.

5. Pablo se ocupaba de . . .
(A) hacer todo el trabajo de la obra para que estuviera bien hecho.
(B) asegurar que nunca le faltara su sostén.
(C) lamentar el hecho de que nadie lo ayudaba en la obra.
(D) averiguar quiénes habían votado en su contra en las elecciones de pastor.
(E) preparar obreros que quedaran frente a la obra.

6. El Ministro tiene la obligación de preocuparse . . .
(A) por la continuidad de la obra.
(B) para que ningún obrero tenga mucho éxito.
(C) por los problemas del año próximo.
(D) por la ropa que va a necesitar llevar en el próximo concilio.
(E) para que todos lo respeten por la autoridad que es.

7. El buen forjador de obreros . . .
(A) les ofrece buen sueldo.
(B) se esfuerza por descubrir todas sus habilidades potenciales.
(C) no permite a nadie intentar una obra si tiene la más mínima posibilidad de fallar.
(D) espera que el creyente lleve tiempo en el Señor antes de darle oportunidad de servir en algo.
(E) no les permite hacer nada hasta que puedan trabajar a toda perfección.

8. Cristo hizo ver que se debe dar oportunidades...
   (A) a los jóvenes solamente.
   (B) a las mujeres, ya que tienen más disposición para trabajar.
   (C) a todos.
   (D) mayormente a los de más preparación.
   (E) solamente a los que le caen bien a uno.

9. Más se puede realizar si el Ministro...
   (A) lo hace todo por ser el de más experiencia.
   (B) espera que la congregación pueda tener un templo propio de lujo.
   (C) regaña con dureza a la congregación.
   (D) busca motivar que cada creyente haga lo que pueda.
   (E) espera que se acabe la oposición.

10. El Ministro tiene que tener presente que un obrero...
   (A) no se forma de la noche a la mañana.
   (B) no servirá si fracasa una vez.
   (C) nace, no se hace.
   (D) tiene derecho a pecar ya que es humano.
   (E) aprende siempre una enseñanza la primera vez que la oye.

11. El Ministro debe tener paciencia con los obreros que va forjando porque...
   (A) así puede esperar un incremento del sueldo.
   (B) la paciencia es una virtud pocas veces manifestada.
   (C) eso le ayudará a ganar puestos altos en la organización.
   (D) Pedro dejó un buen ejemplo.
   (E) el Señor tiene paciencia con él.

12. Hay que proveer la actividad en la iglesia...
   (A) porque el obrero aprende haciendo.
   (B) porque la pedagogía moderna insiste que es la mejor técnica.
   (C) porque mejora la circulación.
   (D) porque muchos lo hacen.
   (E) porque así se ve el entusiasmo del Día de Pentecostés.

13. La actitud del forjador de obreros ante las actividades que éstos realizan debe ser una de...
   (A) delegarles lo menos posible de autoridad ya que son nuevos.
   (B) concederles amplitud de acción.

(C) no permitirles que realicen ningún culto sin que él esté presente.

(D) desconfianza.

(E) resignación al hecho de que no son tan adiestrados como él.

14. Una de las responsabilidades vitales de uno que forja obreros es...

(A) dejarlos completamente para que no se sientan incómodos.

(B) recordarles con frecuencia que son inútiles para así evitar que sean orgullosos.

(C) animarlos.

(D) nunca darles una segunda oportunidad de triunfar donde tuvieron una derrota.

(E) apagar su iniciativa propia para que no sean problemáticos.

15. El buen forjador de obreros...

(A) no puede permitir que ellos tengan éxito porque la gente los ensalzará demasiado.

(B) necesita mantener un control absoluto sobre todas las actividades de ellos para evitar fracasos.

(C) siente sincera alegría por el éxito de ellos.

(D) debe negarles cualquier cooperación si no se han portado bien en todo momento.

(E) felicitarles por sus triunfos aun cuando no le caen bien.

16. El forjador debe aconsejar a los obreros...

(A) como uno que está en el mismo nivel.

(B) rebajándolos para que lo respeten más.

(C) con amenazas para que vean lo serio del caso.

(D) limitándose a insinuar algunas cosas que no pudieran ofender.

(E) con un buen regaño.

17. El que desea fomentar las buenas relaciones...

(A) tendrá que dejar el ministerio porque el diablo siempre se ocupará de destruir la armonía.

(B) debe mandar orar a los que causan los problemas.

(C) debe visitar a los perturbadores y prohibirles que sigan obrando.

(D) debe esforzarse para tener buenas comunicaciones.

(E) debe estudiar la electrónica.

18. El forjador de obreros no solamente necesita aprender a expresarse sino a...

(A) oír atentamente lo que ellos dicen.

(B) tener la voluntad de "ponerse pantalones."

(C) trabajar solamente con aquellos que lo estimen.

(D) tener la astucia de evadir la pérdida de tiempo cuando un obrero viene a hablarle.

(E) escribir con buena caligrafía.

DE LA TEORIA A LA PRACTICA

1. ¿Qué hombre podría haber construido solo las pirámides de los Mayas o la del Sol en Teotihuacán?

2. ¿Qué hombre podría haber construido Cuzco y organizado el imperio inca solamente con sus propios esfuerzos?

3. ¿Qué presidente puede gobernar sin ayudantes y asesores?

4. Si un Ministro cree que la iglesia se va a extender, ¿qué preparativos debe hacer?

5. Si un pastor no tiene quién le ayude, ¿qué debe hacer?

6. ¿Qué aplicación al forjador de obreros tendría la ley de lo que "Queráis que los hombres hagan con vosotros, así también haced vosotros con ellos"?

7. ¿Cuándo debe el pastor buscar reclutar nuevos obreros?

8. ¿Cómo puede un pastor buscar y animar nuevos reclutas?

9. ¿Qué parte del ministerio de forjar obreros será la más difícil de realizar?

10. ¿Qué es lo que ha hecho usted para forjar obreros en este año?

11. ¿Cuántos obreros produjo su iglesia el año pasado?

12. ¿Qué decisiones ha tomado usted después del estudio de este capítulo?

PROYECTOS PARA LA CLASE

1. Analizar lo que han hecho los miembros de la clase en las secciones *Un encuentro con las verdades* y *De la teoría a la práctica*.

2. Pasar cinco minutos para pensar en el mayor número posible de maneras de reclutar obreros en la iglesia. Luego deben pasar otros cinco minutos evaluando las mejores sugerencias.

3. Invitar a un pastor que haya sido bendecido en su ministerio con números extraordinarios de obreros para que explique lo que ha hecho para inspirar y producir sus obreros.

4. Nombrar a un estudiante para preparar un estudio y darlo en la clase sobre el ministerio de Bernabé en la formación de obreros. Algunas citas para considerar: Hechos 4:36, 37; 9:26,27; 11:22-25; 15:36-39; II Timoteo 4:11. Entre todos realizar una evaluación del trabajo y llegar a conclusiones.

VICTOR GONZALEZ MARQUEZ nació en la ciudad de Chimbote, Perú. Aceptó al Señor Jesucristo en su ciudad natal hace más de 40 años. Ha sido Pastor de la Iglesia Pentecostal en Trujillo, del Templo Apostólico de Chimbote, del Templo El Redentor del Callao y durante más de 25 años ejerció el pastorado en la iglesia Las Buenas Nuevas en la capital peruana.

Ha ocupado los cargos de Presidente de los Embajadores de Cristo, ha dirigido el departamento de Escuelas Dominicales y ha sido Presidente de la Comisión de Escuelas Dominicales de la Conferencia de las Asambleas de Dios de Sud América. Durante su largo ministerio ha sido miembro del Presbiterio Ejecutivo del Concilio de las Asambleas de Dios del Perú, Director del Instituto Bíblico Nocturno de Lima y Profesor en el Instituto de Superación Ministerial. Está casado con doña Esther de González Márquez y la pareja tiene dos hijos. Cuenta el hermano González Márquez que cierta vez, agobiado por profundos problemas y serias necesidades, estaba a punto de dejar el ministerio cuando tuvo un sueño maravilloso, mediante el cual Dios le hizo ver el peligro de no cumplir con su llamado divino.

Capítulo 17

EL MINISTRO Y LA DISCIPLINA

Por Víctor González M.

Un hogar sin disciplina es un desastre. Difícilmente un equipo de fútbol indisciplinado va a ganar el campeonato. Una planta industrial necesita principios disciplinarios para proteger a todos los empleados y para lograr una buena producción. Los sindicatos y hasta los partidos políticos por lo general mantienen una disciplina. El ejército no serviría para nada si no mantuviera la disciplina.

La iglesia no es ninguna excepción a esta necesidad. Algunos alegan que para la iglesia, la disciplina sería faltar al amor. Citan el caso de la mujer tomada en adulterio que fue traída ante el Salvador. Juan 8:1-11. Pero esto no se puede aplicar a la disciplina en la iglesia porque aquello fue el subterfugio de unos malvados que no tenían ningún interés en la santidad del pueblo, sino en la derrota del Hijo de Dios. Juntamente con el espíritu con que Cristo trató a la pobre mujer, le advirtió que no debía volver al pecado.

En otras partes, Cristo nos habla de dar autoridad para atar y desatar, y en cuanto a la autoridad para expulsar. Mateo 18:17. El Apóstol Pablo estaba convencido de la necesidad de una acción disciplinaria como el elemento de fe y de obediencia. La Biblia nos recuerda que "El Señor al que ama, disciplina." Hebreos 12:6.

La disciplina es necesaria. No tenerla es fatal, pero el mal uso de ella es más fatal todavía. Procuro en este estudio, por lo tanto, ser lo más explícito posible después de examinar mi propia experiencia como pastor y mis observaciones en casos de disciplina que he considerado como procedimientos injustos. Dios nos libre de actuar como un cuerpo policial. Después de todo, Dios hará alcanzar al ofensor su pecado. Jamás se le podrá engañar. A la vez, tenemos que hacer todo lo posible como padres espirituales para ayudar a los que Dios nos ha entregado, a desarrollar un testimonio y un carácter fuerte y santo.

I. Los propósitos de la disciplina en la iglesia

La Biblia revela que la iglesia debe mantener una disciplina para el bien de los que caen en faltas así como para los demás miembros del cuerpo. Cristo dejó instrucciones acerca de este tema, lo mismo que Pablo. Moisés tuvo que ocupar mucho tiempo resolviendo problemas relacionados a la disciplina. El autor de

Hebreos nos recuerda que Dios tiene la costumbre de disciplinar y que no debemos despreciar esta obra divina. Hebreos 12:5-11.

Uno de los propósitos de ejercer la disciplina en la asamblea local es para que uno que ha caído en pecado no siga en él, sino que lo deje de hacer.[1] II Corintios 7:8, 9. Se espera que la persona culpable se dé cuenta de que va mal, que se avergüence de su conducta. Es como un niño que se mete un caramelo sucio en la boca. Su madre se lo quita muy a disgusto del niño, pero sabe que le va a hacer daño si no lo hace.

No solamente se pretende corregir el procedimiento equivocado de un hermano en la fe, sino restaurarlo a un lugar de salud espiritual. Gálatas 6:1. La acción disciplinaria tiene un fin redentor, lo que es de importancia incalculable en la obra de Dios.

Otro propósito de la disciplina es el de mantener en alto el testimonio de la iglesia delante del mundo. La iglesia evangélica se ha hecho acreedora de la confianza de muchos que no son creyentes. No podemos traicionar esa confianza permitiendo toda clase de conducta de parte de los que profesan ser miembros de la iglesia. I Timoteo 3:7. La iglesia de Cristo se ha de caracterizar por su santidad.

Asimismo la disciplina tiene el fin de proteger a los demás miembros de la corrupción. El Apóstol Pablo emplea el simbolismo de la Fiesta de la Pascua para poner énfasis sobre la necesidad de ver que todo el grupo no se contamine con el pecado de algunos. En dicha fiesta, se hacía el pan sin levadura y se cercioraba de que en toda la casa no quedara nada de ella. I Corintios 5:6-8.

II. *Distintos casos con los cuales es necesario tratar*

La disciplina en la iglesia se aplica a diferentes clases de problemas. Vamos a enumerar algunos:

- Una falta que resulta de la ignorancia
- Ofensas personales. Mateo 18:15-18
- Pleitos entre hermanos
- La caída de un hermano en pecado
- La conducta de personas que ocasionan divisiones o escándalos en la iglesia
- Personas que han llegado a aceptar doctrinas falsas por falta de enseñanza, por interpretaciones equivocadas o por la influencia de otros
- Personas (lobos) que se infiltran en la iglesia con doctrinas heréticas
- Pleitos contra un Pastor o Anciano

III. *El procedimiento correcto a seguir*

La experiencia ha mostrado que si el Ministro procede solo y actúa por su propia cuenta en cuestiones de disciplina, se acarrea muchos problemas. Por otra parte, se ha visto que con la intervención de varias personas, muchas veces se puede lograr una perspectiva más amplia. Se recomienda, por lo tanto, que se establezca un comité de Disciplina en cada iglesia local. Lo más lógico es que ese comité sea del Cuerpo Oficial de la iglesia, sirviendo de presidente el mismo pastor. En ciertas circunstancias puede ser que se requiera la adición de uno o dos miembros más. En algunas iglesias el Comité de Disciplina se compone del Pastor, el Superintendente de la Escuela Dominical, el Presidente de la sociedad juvenil, la Presidenta del grupo de damas y el Presidente de la Fraternidad de Varones.

Lo más pronto posible se debe reunir la Comisión de Disciplina para considerar lo que se sabe del caso. Necesariamente hay que citar al acusado para que comparezca y se le oiga.

Si el acusado no confiesa su culpabilidad, insistiendo en su inocencia, el Comité de Disciplina tendrá que proceder con un examen de las evidencias de la veracidad de las acusaciones. Los testigos tendrán que ser de fe y verdad. Deben ser por lo menos dos, regla que fue establecida en la ley de Moisés y reiterada por Pablo. II Corintios 13:1; I Timoteo 5:19. Se sobreentiende que el acusado tiene derecho de expresar su punto de vista. El Comité de Disciplina tiene la responsabilidad de descubrir la verdad del caso sin favoritismos.

Si el acusado no quisiera comparecer ante la comisión después de citado en dos ocasiones, tendrá que proseguirse oyendo a los testigos. Por supuesto que si el acusado no puede comparecer se le fijará otra fecha. Después de la investigación, el comité decide sobre la culpabilidad del acusado y fija el período de prueba en el caso de no absolverlo. Informa a la iglesia en su próxima reunión de las decisiones tomadas.

Tomada una decisión, deben informarle al acusado de ella y luego buscar la manera de ayudarlo. Ya no serán jueces, sino hermanos mayores, orientadores, consejeros. Ahora su mayor preocupación será encontrar la manera de restaurarlo. Deben tratar de ayudar a conducirlo a un arrepentimiento genuino. II Corintios 7:8, 9.

Si el acusado se humilla, se arrepiente y pide perdón, la Comisión tiene el deber cristiano de perdonarlo. Pero perdonar no quiere decir que se suspenderá el período de prueba que se había fijado. Es bíblico insistir en que se muestre el fruto del arrepentimiento. Mateo 3:8; Santiago 2:17, 18. Para eso, en muchos casos hay que esperar un poco de tiempo para que se haga ver. Pudiera ser que un poco más adelante la Comisión redujera el tiempo fijado de prueba después de ver que el disciplinado evidencia un genuino arrepentimiento. El arrepentimiento significa un cambio de actitud.

El tiempo de prueba no es un castigo, sino una oportunidad para que el creyente arrepentido muestre al mundo y a la iglesia su restitución. Hasta la hermana de Moisés tuvo que pasar un tiempo de prueba. Números 12:1-15.

Durante el tiempo de prueba, el culpable no debe ejercer sus privilegios, pero no debe faltar a los cultos. El tiempo de prueba puede ser de uno a tres meses, según estime necesario el Comité de Disciplina, pero no debe pasar de este tiempo, salvo en un caso muy grave.

El Comité debe tener cuidado al fijar este período y hacerlo imparcialmente, ya que si se le aplica un período a una persona, y un tiempo más corto a otra, sería mostrar favoritismo.

En el caso de que no se humillara el culpable ante Dios y la iglesia, y no confesara su pecado, será motivo suficiente para borrar su nombre del libro de matrícula. Si la asistencia a los cultos del que no se humilla fuera motivo de escándalo, los oficiales tendrán que tomar la penosa medida de negarle la entrada. I Corintios 5:13. Tal acción sería solamente en casos muy extremos y difíciles.

Si una persona, después de haber sido borrado su nombre de la matrícula, se arrepiente y desea volver a ser miembro en plena comunión, podrá presentar una solicitud por escrito a la Junta Oficial de la iglesia. Se sobreentiende que los hermanos harán todo lo posible para recibirlo y buscarán la manera de rehabilitarlo en la gracia y el servicio de Dios.

IV. *Los derechos de un miembro*

A. Uno de los derechos que tiene el miembro de una iglesia es defenderse contra las acusaciones. Mientras no se haya probado su culpabilidad no se le puede disciplinar. Pudiera ser que en algún caso escandaloso el Comité de Disciplina le suspendieran provisionalmente sus actividades hasta que se realizaran las investigaciones que el caso requiriera, pero hay que aclarar que no es una decisión en firme hasta no considerar la evidencia y oír al acusado. El principio jurídico de "Indubio pro reo", o sea, la duda favorece al acusado, debe aplicarse en estos casos. Mejor es tener un reo libre que un inocente preso. Es mejor proceder con calma con la seguridad de que lo oculto se ha de manifestar. Marcos 4:22. No nos olvidemos de que Dios no puede ser burlado. Gálatas 6:7.

B. El miembro también goza del derecho de ser juzgado por más de una persona. Ningún pastor tiene la facultad de disciplinar, ni de suspender la acción disciplinaria a un miembro sin la autorización del Comité de Disciplina.

V. Extremos que se deben evitar en el ejercicio de la disciplina

A. Restar importancia a la falta. Debemos mirar la falta en su real dimensión. Hay que contemplar las cosas de manera objetiva. A veces la falta de celo hace que se le dé poca importancia al mal cometido. Otro peligro es que por cuestiones de simpatía se incline el Comité a pasar por alto las faltas.

B. Exagerar la falta. La cordura y ecuanimidad son muy importantes. A veces la primera reacción de un miembro de la Comisión de Disciplina es de mucha indignación. Pero tenemos que controlar nuestras emociones y mirar desapasionadamente lo sucedido.

C. El abuso de función o autoridad. Puede ser que la persona agraviada sea pariente del diácono o del pastor y se quiere aplicar todo el rigor posible. En estos casos se requiere mucha madurez y la capacidad de mirar las cosas objetivamente. Hay que recordar el principio jurídico de que no se puede ser juez y parte a la vez. Es aconsejable, por lo tanto, cuando se trata de juzgar alguna falta u ofensa a parientes del pastor o de los diáconos, que se les prive a los tales de participar en el proceso a menos que puedan ser imparciales y correctos.

Si la persona ofendida es el Ministro, de todas maneras la responsabilidad de éste es de actuar como moderador o pacificador como si se tratara de una tercera persona. El tiene que llevar todo a Dios quien juzga con justicia, y proceder con ecuanimidad.

D. Permitir que prejuicios o resentimientos influyan en las decisiones. La tendencia humana es permitir que los prejuicios coloreen todo lo que vemos. Ellos nos pueden hacer ver con más facilidad los defectos que las virtudes. Pero el verdadero siervo de Dios debe actuar con estricta justicia y agotar todas las posibilidades de investigar antes de llegar al momento de tomar decisiones. Demasiado claro es el consejo de Pablo a Timoteo: "...no haciendo nada con parcialidad." I Timoteo 5:21.

Para juzgar con rectitud el Comité de Disciplina necesita conocer los agravantes del caso, como por ejemplo los años en la fe, experiencias, conocimientos y oportunidades que haya tenido el acusado. De la misma manera hay que estar al tanto de los atenuantes, o sea, los factores que aminoran la responsabilidad del acusado, tales como su poco tiempo de convertido, su falta de experiencia o de conocimiento, su carencia de doctrina, sus pocas oportunidades.

E. El deseo de represalia o venganza. Uno de los extremos más reprobables es el de proceder con un espíritu represivo. El hijo de Dios tiene presente lo que dice la Biblia: "No paguéis a nadie mal por mal; ... No os venguéis vosotros mismos, amados míos, sino dejad lugar a la ira de Dios; porque escrito está: Mía es la venganza, yo pagaré, dice el Señor." Romanos 12:17-19.

VI. *La actitud bíblica para juzgar*

A. Considerarse a sí mismo. La toma de una decisión sobre la disciplina de un hermano ha de seguir la guía que el Apóstol Pablo presenta en Gálatas 6:1 y 2.

B. Tener mansedumbre. Todo el proceso de la acusación y disciplina de un hermano en la fe es tan penoso y triste que no se presta para el orgullo, la superioridad o el desdén. Es el momento de aprender de Cristo y preguntarse qué haría él en el mismo caso. Es el momento de manifestar un espíritu de quebranto.

Practicar la "empatía". Este término describe la cualidad de comprender a otro, o de ponerse en el lugar de otro. Si uno trata de sentir los mismos problemas que tuvo el acusado, se podrá tener mejor concepto de la situación y podrá ayudarlo más.

No por ser delicada la cuestión de la disciplina en la iglesia puede el Ministro tratar de evadirla. Después de convencerse de su importancia, debe por encima de todo, dar prioridad al Espíritu Santo para que lo ayude en todo.

---

[1]Algunos puntos de este capítulo se han tomado del *Reglamento Local de las Asambleas de Dios del Perú.*

BOSQUEJO DEL CAPITULO

El Ministro vela por la santidad de la iglesia

I. El fin de insistir en la disciplina
   A. Proveer la manera a fin de que un caído reaccione y deje su pecado
   B. Restablecer al caído
   C. Proteger el buen nombre de la iglesia
   D. Impedir la contaminación de los demás creyentes

II. Varias clases de problemas que amenazan la iglesia

III. La manera de proseguir con los casos de pecado
   A. Nombrar una Comisión de Disciplina
   B. Citar al señalado
   C. Considerar la evidencia
   D. El caso de la falta de un acusado de comparecer
   E. El tiempo necesario para dar prueba de un cambio de actitud
   F. El caso de no pedir perdón

IV. Las garantías de un miembro en propiedad
   A. Poder explicar su caso y presentar lo que estime necesario para su defensa
   B. La consideración de su caso por más de una persona

V. Peligros en que pueden caer los miembros del Comité de Disciplina
   A. Darle poca importancia a la ofensa
   B. Reaccionar indebidamente
   C. Excederse en sus prerrogativas
   D. Dejarse llevar por actitudes discriminatorias
   E. Buscar un desquite

VI. La postura cristiana que deben asumir los miembros del Comité de Disciplina
   A. Tener presente su propia humanidad débil
   B. Un espíritu apacible
   C. Sentir lo que siente el acusado

UN ENCUENTRO CON LAS VERDADES

¿Verdadero o falso? Lea cada afirmación con cuidado. Decida si lo que expone será cierto o no. En el caso de que lo que dice no es verdad, cambie la redacción para que llegue a ser una declaración cierta. Si es verdadero lo que dice, escriba la palabra "verdadero" en el espacio en blanco.

1. El caso de la mujer tomada en adulterio es buen modelo para el procedimiento en casos de disciplina en la iglesia.   1. ....

2. El mal uso de la disciplina de la iglesia produce resultados funestos.   2. ....

3. Un propósito de la disciplina en la iglesia es para dar a un caído su bien merecido castigo.   3. ....

4. La disciplina de un hermano debe tener el propósito de ayudarlo a restablecerse espiritualmente.   4. ....

5. Poco hará la disciplina para detener a un creyente en su camino equivocado.   5. ....

6. La iglesia tiene un deber de mantener su testimonio limpio ante el mundo.   6. ....

7. Pablo enseña que un creyente con pecado en la iglesia puede contaminar a otros.   7. ....

8. A veces la iglesia se ve en la necesidad de tomar acción disciplinaria sobre los que enseñan doctrinas erróneas.   8. ....

9. La experiencia ha mostrado que el Ministro pierde tiempo si espera reunirse con una junta para resolver las cuestiones de disciplina.   9. ....

10. El acusado tiene el derecho de explicar su punto de vista ante la Comisión de Disciplina.   10. ....

11. La Comisión de Disciplina ya ha cumplido con toda su responsabilidad para con el caído al llegar a una decisión en cuanto a la acción disciplinaria.   11. ....

12. Si el caído se humilla y pide perdón, la Comisión de Disciplina tiene la obligación de suspender el tiempo de prueba.   12. ....

13. Es perfectamente aceptable disciplinar a un hermano cuya culpabilidad está todavía por probarse.   13. ....

14. El miembro de una iglesia tiene el derecho de ser juzgado por más de una persona.   14. ....

15. Se necesita mucha madurez para tratar las
cuestiones de disciplina.   15. ....

16. El que tiene que juzgar el caso de un caído
debe recordar que es también débil y po-
dría caer.   16. ....

17. Se debe juzgar con espíritu de ira justa
y celos por la causa del Reino.   17. ....

18. El que juzga debe ponerse en el lugar del
otro.   18. ....

19. El Comité de Disciplina necesita buscar la
dirección y sabiduría del Espíritu Santo.   19. ....

20. Disciplinar es manifestar siempre una falta
de amor.   20. ....

DE LA TEORIA A LA PRACTICA

1. ¿Cuál fue su concepto de la disciplina en la iglesia antes de estudiar este capítulo?

2. ¿Cuál es su concepto de la disciplina ahora?

3. ¿En qué manera ve usted que se podría mejorar el procedimiento disciplinario en su iglesia?

4. ¿Qué tiene que ver la disciplina con el discipulado?

5. ¿Qué tiene que ver el texto "no juzguéis para que no seáis juzgados" de Mateo 7:1 con la disciplina en la iglesia?

6. ¿Qué puede suceder si un padre le quita a un niño sus privilegios por cada falta, olvido y negligencia?

7. ¿Qué puede suceder en una iglesia en la cual se acostumbra privar a los miembros de sus derechos por cualquier cosa?

8. ¿Qué se entiende por el legalismo en una iglesia? Dé algunos ejemplos.

9. ¿Cuál es el peligro de un espíritu excesivamente legalista de parte de los dirigentes de una iglesia?

PROYECTOS PARA LA CLASE

1. Considerar lo que los estudiantes han hecho en sus ejercicios de este capítulo.

2. Presentar un cuadro dramatizado de la manera en que puede ser muy perjudicial la disciplina.

3. Presentar un cuadro dramatizado de la reunión del Comité de Disciplina en que se considera el caso de un hermano que ha caído en pecado. Evaluar el hecho.

4. Presentar un panel de tres estudiantes de lo que el pastor debe hacer si ve que hay personas continuamente bajo disciplina.

5. Asignar al profesor el papel de un acusado y el del pastor a dos miembros en la clase y sin que lo ensayen que hagan sus papeles por diez minutos delante de la clase. Después se debe evaluar lo que realizó cada uno y decidir qué implicaciones tiene lo presentado en el ministerio de los miembros de la clase.

6. Evaluar la disciplina de la institución en que se realizan estos estudios. Procurar encontrar las maneras posibles para mejorarla.

PARTE CUARTA:

EL MINISTRO EN LA
ADMINISTRACION DE LA IGLESIA

JUAN C. MARTINEZ MARTINES desempeña en la actualidad el cargo de Superintendente General del Concilio de las Asambleas de Dios en Guatemala. Está casado con doña Francisca Vázquez y la pareja tiene diez hijos. Antes de ejercer el cargo de Superintendente, fue Pastor en El Adelanto, Jalpatagua, Guacamayasas, El Progreso, Jutiapa y Panajachel. Aceptó al Señor Jesucristo como su Salvador personal en 1939 y poco después comenzó a predicar.

Declara el hermano Martínez Martines que dos experiencias profundas han ejercido fundamental influencia en su vida: la libertad que recibió al convertirse y el bautismo de poder en el Espíritu Santo.

Capítulo 18

EL MINISTRO TRABAJA CON
LOS DEMAS OFICIALES

Por Juan C. Martínez M.

El Ministro puede clasificar sus labores en varios aspectos. Desempeña el oficio de sacerdote y de profeta. Pero tiene otro aspecto de su labor que también es de importancia para asegurarse el crecimiento y progreso del Reino de Dios en este mundo. Me refiero al aspecto de gerente. En la sabiduría de Dios se ha hecho provisión por un pueblo que no solamente oye sino que actúa y trabaja en equipo.

Las empresas modernas son como un reflejo de esta actividad del Ministro. Ellas forman una especie de organización con un presidente y una mesa directiva para conducir la marcha de la compañía. Cada vez que el Ministro ejerce funciones en la organización, pone en acción diferentes cualidades. El hecho de que sabe presentar sus mensajes por radio no es garantía de que sabrá capitanear bien la tripulación en el viaje hacia el puerto. El Ministro debe ser un buen administrador, él es un gerente de la empresa divina, y el éxito de su iglesia dependerá en gran parte de una eficiente administración.

I. *El Ministro como gerente*

El gerente trabaja en unión estrecha con los demás miembros de la mesa directiva, pero casi siempre él es el cerebro que concibe y el brazo que ejecuta. El solo no lleva a cabo la administuación de la empresa. Tampoco es el dueño.

Las empresas comerciales buscan que el que va a servir como gerente tenga una imaginación creadora, que tenga la capacidad de hacerse entender, que sea entusiasta, que conozca bien los elementos con que va a trabajar, que inspire a todos a trabajar, etc.

El Ministro, como gerente, necesita cultivar todas las características de un ejecutivo. Pero a la vez tendrá que añadir otros requisitos debido a que el suyo es un trabajo espiritual y eterno. Como dirigente en las cosas de Dios, debe ser una persona de fe y oración. Debe ser sumiso. Tendrá que ejercer un dominio sobre su propia persona en todo momento. Necesita poder entender la realidad de las cosas, no hacer de una hormiga un elefante. No va a tener éxito si revela una actitud de desconfianza o de agresividad. Lógicamente ha de tener, también, conciencia de las necesidades de la agrupación.

Ser director no quiere decir que se es dictador. El gerente autoritario es el resultado de una persona egocéntrica. Esta actitud es totalmente contraria a los intereses del reino de Dios.

II. La fijación de objetivos

Un ejército no sigue tras un general que no exponga con claridad el objetivo que se persigue. En una organización comercial se establecen metas. Cristo tenía objetivos claros. Sabía lo que necesitaba hacer. Cuando leyó en la sinagoga, dejó entender cuáles eran sus finalidades. Lucas 4:18, 19.

Puesto que los objetivos dan dirección y propósito, éstos se deben establecer sobre las siguientes bases: (1) concretos, (2) prácticos, (3) alcanzables, (4) razonables y (5) flexibles.

De nada le sirve al gerente ni a su mesa directiva fijar metas si éstas no se comunican claramente a los demás. Cada persona que toma parte en la ejecución de estos objetivos deberá entenderlos claramente.

El Ministro, junto con todos los que trabajan a su lado, tiene que llegar a una clara comprensión del énfasis que desea poner sobre cada fase de la obra del Señor. Por lo tanto, establecerán prioridades de trabajo. Prioridad es la importancia o urgencia que se le da a un asunto para ponerlo en primer lugar.

¿Cómo se podrán determinar los asuntos más importantes del momento para comenzar con ellos mismos? Veamos lo que aconseja Melvin Hodges al respecto:

Al analizar el estado de la iglesia para determinar las prioridades, se deben considerar los siguientes factores:

I. Estado actual de la iglesia

1. ¿Qué se sabe sobre la historia de la iglesia? ¿Está compuesta de nuevos convertidos o de creyentes establecidos? ¿Ha tenido un pasado lleno de bendiciones, o han sido muchas las dificultades?

2. ¿Cuál es el nivel espiritual del momento en esta iglesia? ¿Están los miembros llenos de desaliento o son la fe y el optimismo las virtudes que predominan? ¿Han recibido la mayoría de los miembros el bautismo del Espíritu Santo? ¿Se convierten nuevas almas a cada rato?

3. ¿Entienden los miembros sus responsabilidades? (Asistencia fiel a la iglesia, disposición a compartir el trabajo, fidelidad en los diezmos.)

4. ¿Existen problemas grandes a resolver? (Contiendas en la iglesia, grupos divisionistas, falta de disciplina, miembros con mal testimonio.)

5. ¿Es la iglesia activa en el sentido espiritual? (Constante oración, adoración verdaderamente espiritual, actividades para ganar almas.)

II. *¿Cuáles son las posibilidades de crecimiento?*

1. ¿Tiene la iglesia un local adecuado?
2. ¿Existen comodidades adecuadas en la escuela dominical?
3. ¿Existe un plan para enseñar a los maestros de la escuela dominical?
4. ¿Tiene algún plan organizado para evangelismo fuera de la propia iglesia?
5. ¿Están haciendo algún esfuerzo para desarrollar predicadores laicos para los campos blancos?
6. ¿Tiene la iglesia un buen nombre en la comunidad?

Después de obtener una imagen clara del verdadero estado de la iglesia, el pastor estará preparado para establecer los asuntos más importantes y los procedimientos que han de seguirse.[1]

El establecimiento de las prioridades es parte de la ubicación de los objetivos. Las metas generales se adoptan, pero luego se toman decisiones sobre cuáles serán las primeras que se deben alcanzar.

III. *El dirigente necesita de los demás*

Solos no podemos realizar nuestros objetivos. Formamos parte de una interdependencia continua. El gerente necesita de los demás oficiales, y ellos igualmente necesitan de él. Un equipo de fútbol tiene un objetivo: ganar el partido. No lo va a ganar el capitán, sino todos juntos. Es más, hasta el grupo contrario les ayuda a alcanzar sus metas: perdiendo el partido.

Es de suma importancia, no sólo alcanzar el objetivo, sino mantener, también, la unidad del grupo. El Ministro entiende perfectamente que depende de los demás.

Aun cuando el dirigente tome la iniciativa en la formulación de los objetivos, dará oportunidad a los demás de aportar sus propias ideas. Sorprende a veces cómo el Espíritu Santo le dará a un miembro del equipo una magnífica idea que sirve para mejorar considerablemente el trabajo. Vale la pena dar a cada constituyente del grupo voz y voto porque así cooperará con mejor ánimo y aceptará los objetivos en su forma finalizada como propios.

IV. *Las comunicaciones*

El buen gerente tiene mucho cuidado de mantener comunicaciones claras y constantes con los demás. El hombre comunicativo ayudará mucho más en el éxito de la empresa.

Para mantener buenas comunicaciones, se deben aprovechar todos los medios posibles. No hay razón por qué un dirigente se mantenga aislado de cualquier persona que puede y debe cooperar en la obra.

Cristo mantenía buenas comunicaciones con sus discípulos. Incluía datos concretos, evitaba ambigüedades. Hablaba claramente de la cosecha, de la necesidad de obreros, de cómo colaborar, de las recompensas.

No solamente tiene que saber expresarse con toda claridad el dirigente, sino también, tiene que mantener abiertas las líneas de comunicación para que en cualquier momento los miembros puedan expresarse libremente a él. Velará, además, por que todos se sientan libres para comunicarse los unos con los otros.

Si el dirigente no desea dar una oportunidad a los que trabajan a su lado a que se expresen sin pelos en la lengua, ellos se darán cuenta en seguida por su misma actitud cuando intentan decirle algo. No importa que él haya declarado que tienen libertad para hablar. Si ven que él manifiesta señas de irritabilidad, de tener prisa, de prestar poca atención a sus palabras, ellos optarán por reservar sus ideas de ahí en adelante. No hay nada que apague tanto el ánimo de los subalternos como cuando su jefe no quiere escuchar las ideas o razones del grupo.

V. *La motivación*

La motivación es tan importante como la causa misma que se busca. Es lo que hace actuar. Los hombres que han tenido éxito en su empresa han sabido ser fuentes motivadoras para sí mismos y para su personal de trabajo. El Ministro, también, verá sus sueños realizados si sabe motivar a los que le rodean.

Una manera de motivar es asegurarse de que los demás comprendan qué proyecto se quiere realizar. Dios, para motivar a su siervo Moisés, presentó los motivos diciendo: —He oído sus gemidos; he visto sus lágrimas y he descendido para librarlos. Exodo 3:7, 8.

No se puede motivar si el dirigente mismo carece de entusiasmo. Tendrá que presentar sus propósitos con extraordinaria emoción.

El dirigente motiva a los demás, expresándoles que tiene una gran fe en ellos. Nadie quiere trabajar con una persona que le desconfíe. En cambio, el que se convence de que su jefe ha depositado toda confianza en él, hará todo lo posible por cumplir con su misión. Se esforzará hasta lo máximo para no defraudarlo.

Me permito ofrecer otras recomendaciones que mucho pueden servir para aumentar la motivación de un grupo.

1. Expresarles gratitud por el trabajo hecho.

2. No corregirles nunca en público.

3. Inspirarles sin presionarlos.
4. Ser un hombre positivo.
5. Hacerles saber que es su amigo y hermano espiritual.
6. No olvidar el valor de la sonrisa.
7. Crear un ambiente de paz y comprensión.
8. Tratar a todos sin parcialidad.
9. Tratar a cada miembro del equipo con cortesía.
10. Prestar atención a las quejas, tomando todos los datos posibles.[2]

El gerente tiene la necesidad de comprender a sus colaboradores si espera lograr al máximo la motivación. Debe saber si son introvertidos o extrovertidos y cómo trabajar con cualquiera de ellos. El introvertido necesita volverse más sociable con el grupo. El extrovertido debe ser motivado a tener tiempos a solas de meditación, de estudio y de oración.

Cada ser humano tiene sus propios deseos y aspiraciones. Y para que una persona colabore con gusto, habrá que ayudarle a satisfacer esos deseos. Me refiero a la siguiente:

1. El deseo de sentirse cómodo en el trabajo.
2. El deseo de recibir una bienvenida al trabajo en vez de ser mandado.
3. El deseo de trabajar con alguien a quien pueda respetar y en quien pueda tener confianza.
4. El deseo de que se le reconozca importancia no solamente en el trabajo sino también como persona.
5. El deseo de saber que su trabajo es de beneficio.
6. El deseo de saber cuándo ha quedado bien hecho el trabajo realizado.
7. El deseo de estar bien de salud mental, física y espiritual.[3]

Sin duda alguna, la mayor fuerza motivadora es la obra del Espíritu Santo. Según el diccionario Larousse, la palabra "entusiasmo" tiene su etimología en el vocablo griego *enthousiasmos* que significa "inspiración divina". Esperemos y hagamos todo lo posible por que Dios tenga la oportunidad de inspirar continuamente a nuestro grupo por medio de su Espíritu y su Santa Palabra.

VI. *La planificación*

Uno no tiene que profundizarse mucho en el estudio de la Biblia para darse cuenta de que el Constructor del Universo es el planificador por excelencia. Antes de la fundación del mundo Dios había hecho planes sobre lo que haría para la salvación de la humanidad. Diseñó el arca de Noé muchos años antes del diluvio. Programó la salida de Abraham de Ur, el éxodo del pueblo de Israel de Egipto y presentó a Moisés un plano para el Tabernáculo. Las profecías del Antiguo Testamento revelan lo detallado y completo de la salvación planificada por el Altísimo.

¿Qué valor habrá en planificar las actividades y el trabajo? El que lo hace no andará a la deriva. Provee un sentido de seguridad de grupo. Todos saben lo que se piensa hacer y no se sienten en el aire. Se respira un ambiente de confianza. Se evita el nerviosismo. El grupo se siente más preparado para desempeñar sus responsabilidades.

¿Cómo debe el Ministro comenzar la planificación? Para poder estructurar un programa adecuado de los objetivos es imprescindible hacer una evaluación del pasado y del presente. Habrá que conseguir toda la información posible, la cual debe estar basada sobre hechos concretos. Nunca se debe permitir que las ideas se basen sobre rumores o la incertidumbre. Hágase uso de una documentación que contenga datos, estadísticas, los proyectos que fueron puestos en práctica en el pasado. De no haber documentos, se tendrá que consultar a los testigos presenciales.

Después de fijar los objetivos y decidir cuáles serán los primeros, habrá que proyectar un plan para alcanzarlos. Es bueno tener un calendario delante del grupo al comenzar a planificar las actividades.

Hay que estar preparado para lo que pueda suceder durante el desarrollo de cada una de las etapas del programa. Se debe pensar en lo que se hará si falta el personal, problemas con las finanzas, si no llega la literatura o cualquier otro obstáculo.

Lógicamente, en todo el proceso de la planificación, cada miembro del grupo debe seguir buscando la voluntad de Dios. A la vez, habrá que tener presente las normas establecidas, lo mismo que las que se hayan puesto en práctica en el pasado.

Una parte esencial de la planificación es la asignación de responsabilidades ya sea a una comisión o a una persona determinada. Los planes pueden ser excelentes, pero si no se sabe quiénes los deben ejecutar, quedarán por siempre en calidad de planes y nada más.

VII. *La ejecución de lo planificado*

Por muy buenos que sean los planes trazados, llega el momento en que hay que dar acción, ponerle espíritu al plan. Hay que ponerle pies, manos, ojos y cerebro.

Entregar un puesto de responsabilidad sin autoridad, sin embargo, sería igual que querer remolcar diez toneladas de ladrillos con una motocicleta. La jurisdicción de cierta actividad, aunque tuviera un área limitada de esfuerzo, deberá estar respaldada por la autoridad total del Ministro y de toda la congregación.

La persona autorizada es responsable de rendir informes ante quienes la comisionaron, para la buena marcha de la organización. Precisa que se establezca un tiempo definido para recibir los informes.

Una vez que se ponga en marcha el plan, es de sabios hacer rectificaciones de las actitudes y de los métodos empleados. En la organización de una empresa, se deben seguir los mismos cuidados que observa el mecánico que arregla un motor. No le basta haber colocado un conjunto de piezas, es indispensable saber con exactitud que todas estén en su lugar apropiado y que funcione conforme a su propósito.

La organización eficiente necesita ser rectificada periódicamente y que se hagan los ajustes necesarios. Bíblicamente, se ilustra en Hechos 1:15-26 con el nombramiento de Matías en lugar de Judas el traidor.

El dirigente tiene que dar la nota de agradecimiento a los demás oficiales, lo mismo que a todos los que colaboran en la ejecución del plan. Esta práctica incentiva a seguir colaborando. Y esta expresión de gratitud puede ser por medio de la entrega de un certificado al mérito o una mesa servida.

Una gran parte del trabajo del dirigente es coordinar los esfuerzos de sus colaboradores. Es muy recomendable cerciorarse de que cada oficial tenga una responsabilidad definida en la organización. Sería bueno hacer una descripción de sus deberes y privilegios, lo mismo que delimitar las áreas de trabajo.

El que coordina el trabajo tiene que fijarse en el don vocacional y particular de cada participante. Algunas personas son sociables mientras que otras son aisladas e independientes.

No es suficiente saber entregar áreas de trabajo y puestos de responsabilidad. Lo interesante es que las acciones varias no tengan interferencias entre sí y que cada cual tenga tiempo y espacio necesario para desempeñar sus funciones. Para lograr esto será de ayuda valerse de un calendario y hacer un horario para cada grupo. No deben haber fricciones y si surgen, el dirigente es el indicado para hacer la consulta necesaria y hacerles ver a todos que se esfuerzan para alcanzar una meta común.

Se requiere la presencia del dirigente para lograr una coordinación eficiente. Hay que estimular el espíritu de cooperación mediante el contacto personal. Aunque se ha tocado el tema referente a la necesidad de mantener las comunicaciones claras y abiertas, no es por demás volver a insistir que la buena coordinación exige que se mantengan siempre buenas comunicaciones.

VIII. *La evaluación*

¿Qué es evaluar? Es confrontar los objetivos con lo que se ha logrado. Es lo que se hace al tomar un inventario y sacar el balance de un negocio. Es medir el progreso realizado. Es hacer un diagnóstico de la condición del paciente. Es descubrir las fallas para corregirlas.

La evaluación es por naturaleza continua e integral. Es continua porque debe hacerse siempre. Hay que hacer evaluaciones periódicas, por etapas, resúmenes parciales, y cada año se debe hacer una evaluación total del programa. Es integral porque comprende todas las actividades de la iglesia.

Los oficiales deben sentirse con toda libertad para presentar sugerencias a base de una evaluación particular acerca del programa de la iglesia. Y periódicamente, la mesa directiva debe evaluar el programa mismo.

La evaluación no solamente ayuda a mejorar el trabajo, sino también a forjar un carácter firme ya que encierra autodisciplina.

También se puede realizar una evaluación por medio de cuestionarios, entrevistas, reuniones, informes presentados, observaciones personales.

Lógicamente, después de practicar una evaluación, los encargados necesitan tener la capacidad necesaria para analizar los resultados. Imprescindiblemente lo harán con una actitud imparcial y un equilibrio emocional. Tendrán que tener habilidad para interpretar los informes. Habrá que preguntarse si las causas aparentes serán las verdaderas.

Una vez que se establezca lo bien o mal que ha resultado un programa, el grado de cooperación que se haya logrado, el Ministro junto con los demás oficiales tiene que tener el valor de enfrentarse con la realidad y tomar lo más pronto posible las decisiones necesarias para rectificar lo torcido. De nada sirve buscar quiénes sean los culpables del atraso en el desarrollo del programa. Lo interesante es poner en marcha las resoluciones adoptadas después de la evaluación.

¿Qué haremos?

El Ministro que comprende la importancia de desarrollar su capacidad como gerente aumentará sus posibilidades de ser útil en el reino de Dios. Si se esfuerza por desarrollar un espíritu de equipo entre todos los oficiales, verá cómo la obra adquirirá más fuerza y estabilidad. Vale la pena, por lo tanto, dedicarse a la tarea de familiarizarse con los principios de administración y de poner mucho cuidado en llevarlos a la práctica.

---

[1]Hodges, Melvin, El pastor, (Miami: Instituto de Superación Ministerial, sin fecha, mimeografiado), página 13.

[2]Adaptado de una lista presentada por Verne A. Warner en su obra, Principios de administración, (Miami: Instituto de Superación Ministerial, sin fecha, mimeografiado), página 14.

[3]op. cit., páginas 15, 16. (adaptado).

BOSQUEJO DEL CAPITULO

Las responsabilidades del Ministro como gerente

I. El presidente de la organización
   A. Parte integrante del grupo de oficiales
   B. Cualidades necesarias para un buen gerente

II. El establecimiento de las metas de la iglesia
   A. Necesario
   B. Guías para fijarlas
   C. Necesidad de que todos las sepan y comprendan
   D. Decisiones sobre el orden en el cual se ha de procurar alcanzar las metas

III. La interdependencia de los oficiales
   A. Cada uno tiene un papel
   B. La necesidad de la unión

IV. La importancia de mantener a todos enterados
   A. Comunicaciones constantes y claras
   B. El empleo de todo medio de comunicaciones
   C. El ejemplo de Cristo con sus discípulos
   D. La absoluta necesidad del establecimiento de una atmósfera de diálogo libre
   E. Consecuencias negativas de la falta del diálogo
   F. Síntomas de la falta de buenas comunicaciones

V. La incentivación
   A. Su indispensabilidad
   B. Aumentada con un conocimiento claro de las metas
   C. La importancia del entusiasmo del dirigente
   D. La necesidad de establecer un ambiente de confianza en los oficiales
   E. Sugerencias de Verne A. Warner
   F. La importancia de comprender la naturaleza humana
   G. La motivación del Espíritu Santo

VI. La programación de las actividades del grupo
   A. El ejemplo de Dios
   B. Motivos de hacerlo
   C. Cómo hacerlo
   D. Designación de los responsables por cada parte del plan

VII. La realización de los planes
   A. La delegación de responsabilidades con autoridad para actuar
   B. La exigencia de informes

    C. El momento de hacer cambios para un mejor funcionamiento
    D. La expresión de agradecimiento
    E. La coordinación de todas las actividades

VIII. El examen crítico de lo realizado
    A. Definición
    B. Su propósito
    C. La interpretación de los resultados
    D. Las decisiones basadas sobre los resultados

UN ENCUENTRO CON LAS VERDADES

Emparejamiento. En la columna de la izquierda se encuentran los nombres de diez operaciones que un gerente debe llevar a cabo junto con los demás oficiales. En la columna de la derecha se hallan descripciones de trece operaciones. El problema es enlazar la descripción de la operación con su nombre. Por ejemplo, la primera operación de la columna izquierda, "fijar objetivos", es descrita por una frase en la columna de la derecha. Localice la descripción que mejor exprese lo que es "fijar objetivos" y escriba una "A" al lado de su número. Puesto que hay más explicaciones a la derecha que operaciones mencionadas en la columna de la izquierda, se deben dejar en blanco tres de las explicaciones. No se repita ninguna operación de la columna de la izquierda.

A. fijar objetivos .... 1. Tener confianza en los demás oficiales.

B. motivar

C. comunicar .... 2. Estimular interés en los demás para que todos ayuden a realizar algún proyecto.

D. planificar

E. comprender .... 3. Tomar decisiones sobre lo que se desea realizar.

F. ejecutar

G. coordinar .... 4. Hacer un gran esfuerzo porque todos los del grupo sepan lo que se va haciendo.

H. evaluar

I. informar .... 5. Poner en acción los planes con el fin de alcanzar las metas propuestas.

J. delegar

.... 6. Familiarizarse con lo que el hombre busca por lo general para quedar satisfecho con su trabajo.

.... 7. Confrontar los objetivos con lo que ya se ha realizado.

.... 8. Programar los pasos a seguir para llegar a los objetivos.

.... 9. Autorizar a una persona para tomar decisiones relacionadas con el
cargo que desempeña.

...........10. Analizar el estado actual de la iglesia.

...........11. Rendir cuentas de lo que se ha realizado.

...........12. Ocupar tiempo para dar expresión
de gratitud por la colaboración de
los demás oficiales.

...........13. Hacer una descripción de los deberes y privilegios de cada oficial.

Escoger la mejor actitud. A continuación se presentan pares de
actitudes que un Ministro puede tener en relación con diferentes
fases de la obra de Dios. Subraye la frase que indique la actitud
que mejor contribuirá a un avance permanente de la obra. Por
ejemplo, en el número 1, ¿cuál es la mejor actitud, la "A" o
la "B"?

— 1 —

(A) Ayudar a cinco oficiales a desarrollar su ministerio.
(B) Tener a cinco oficiales sacrificándose para que mi propio
ministerio prospere más.

— 2 —

(A) Desear comprender a los demás.
(B) Desear que todos me comprendan a mí.

— 3 —

(A) Buscar aprender de la crítica negativa que otros me hacen.
(B) Amargarme con la crítica negativa que otros me hacen.

— 4 —

(A) Alegrarme al ver que un oficial ha tenido mucho éxito.
(B) Tomar medidas para que otros no me sobrepasen en su ministerio.

— 5 —

(A) Animar al desalentado.
(B) Necesitar que otro me aliente a mí.

— 6 —

(A) Sentirme muy agradecido de la colaboración que me preste la gente.
(B) Regañar continuamente a la gente por no colaborar más conmigo.

— 7 —

(A) Estar dispuesto a reconocer y rectificar cualquier equivocación mía.
(B) Mantenerme en la posición que no debo mostrarme débil ante los demás y por lo tanto no admitir ninguna equivocación.

— 8 —

(A) Mostrar confianza en un oficial nuevo aunque no manifiesta una gran capacidad para llevar a cabo su trabajo.
(B) Tener la idea que es mejor ser franco y decirle de una vez a un oficial nuevo que no va a poder realizar lo que se le ha asignado.

— 9 —

(A) Desear hablar particularmente con una persona acerca de alguna queja o reclamo que otros han presentado de ella.
(B) Estar muy dispuesto a anunciar a la iglesia una decisión tomada con respecto a una persona sin hablar primeramente con ella.

— 10 —

(A) Ver la necesidad de fijar metas para lo que deseo realizar en el futuro.
(B) No querer molestarme con pensar en el futuro, sino trabajar meramente en lo que se presente cada día.

DE LA TEORIA A LA PRACTICA

1. ¿Cómo se siente usted trabajando al lado de uno que desea sinceramente que usted desarrolle más sus talentos?

2. ¿Cómo puede un dirigente motivar a los demás con su propia actitud? Nombre cinco actitudes que pueden acabar con la motivación de un grupo y cinco que pueden ayudar a levantar la motivación.

3. Nombre diferentes maneras de hacer una evaluación de una iglesia. ¿En qué sentido es la crítica una evaluación informal?

4. ¿Qué actuaciones de otros ha visto usted que resultaron en un enfriamiento de la motivación del grupo?

5. Enumere diez características que usted considera las más importantes para asegurar que un Ministro tenga éxito en sus relaciones con los demás oficiales.

6. De las diez características del No. 5, ¿cuáles son las que menos manifiestan la mayoría de los Ministros?

7. De las diez características del No. 5, ¿cuáles son las que más necesita usted cultivar en su propia vida?

8. Describa las características de la persona que más le ha inspirado a desarrollar su ministerio.

9. ¿Cómo puede aprender el arte de animar a los demás?

10. ¿Cuál es el estado de ánimo de los oficiales con quienes trabaja usted?

11. ¿Qué piensa usted hacer para mejorar el trabajo que usted realiza con los oficiales en el lugar donde el Señor lo ha puesto?

PROYECTOS PARA LA CLASE

1. Revisar en clase el trabajo realizado por los alumnos en la sección UN ENCUENTRO CON LAS VERDADES. Analizar por qué fallaron algunos en sus respuestas equivocadas.

2. Preparar un plan para la preparación de maestros de la Escuela Dominical, y un calendario que indica cuándo se ha de llevar a cabo cada etapa del plan.

3. Presentar un cuadro dramatizado de un Ministro que no se da cuenta de que necesita la ayuda que le pueden proporcionar los demás oficiales.

4. Presentar un cuadro dramatizado de un Ministro que sí sabe que necesita toda la colaboración de los demás oficiales.

5. Presentar un cuadro dramatizado de un dirigente que por su actitud revela que no desea que los demás oficiales se expresen con toda libertad, aunque nunca lo dice abiertamente.

6. Celebrar un debate sobre la necesidad de guardar las estadísticas de la obra.

7. Invitar a un gerente de un negocio a compartir con la clase algunas experiencias en sus relaciones con los demás oficiales y trabajadores de la empresa.

8. Asignar a un miembro de la clase la presentación de un breve estudio sobre el concepto sicológico de la empatía y una aplicación de este concepto al trabajo del Ministro.

9. Presentar un alumno una conferencia sobre el concepto sicológico de la ambivalencia, explicando cómo una comprensión adecuada de ella puede ayudar a un Ministro.

JOSE R. SILVA DELGADO ejerce actualmente el ministerio en su ciudad natal Valdivia, Chile, en donde se desempeña como Pastor de la Asamblea de Dios Central. Con anterioridad fue Pastor en las ciudades de Río Bueno y La Unión y en las iglesias de La Palmilla y La Legua, en Santiago de Chile. Fue Profesor en el Instituto Bíblico de las Asambleas de Dios, Tesorero y Secretario Nacional de dicha organización y Presbítero del Distrito Austral. Está casado con doña Cecilia Mancilla Ríos y la pareja tiene seis hijos.

El hermano Silva afirma que lo que ha influido notablemente en el desarrollo de su ministerio ha sido el consejo de San Pablo que dijo: "Ocúpate en leer", lo cual le ha permitido ampliar sus conocimientos espirituales y seculares.

Capítulo 19

EL MINISTRO Y LA ADMINISTRACION DE LAS FINANZAS

Por José Silva D.

Aunque la Biblia trata principalmente de asuntos espirituales, proporciona además orientación sobre el manejo de asuntos materiales como son los fondos de la iglesia. Si añadimos a los principios básicos de las Escrituras la experiencia de este siglo se puede formular una guía completa y sobremanera práctica para la administración financiera de la iglesia.

I. El concepto de administración

Conviene precisar el significado del término "administración". Es la acción de gobernar, regir o cuidar. Otra definición es "la actividad encaminada a procurar la buena marcha de los negocios públicos y privados".

Resultará más fácil comprender este concepto si hacemos un contraste entre un dueño y un administrador. Mientras el primero tiene derechos que le confieren el dominio de los bienes que posee, el administrador carece de ellos. Siempre tendrá que hacer uso de los bienes que se le han confiado de acuerdo con los deseos del dueño.

¿Qué tiene que ver este concepto con el creyente en Cristo? El dueño absoluto de todo es Dios, puesto que la Biblia declara que "de Jehová es la tierra y su plenitud, el mundo y los que en él habitan". Salmo 24:1. En este sentido cada uno de nosotros somos solamente administradores de lo que poseemos. Así lo entendieron los creyentes de la iglesia primitiva, pues "ninguno decía ser suyo propio nada de lo que poseía". Hechos 4:32.

Al distinguir entre el concepto de dueño y el de administrador se hace resaltar la importancia del *principio de dar cuenta*. El administrador tiene que rendir informes sobre su manera de manejar los bienes que se le encomendaron; el dueño no. En San Lucas 16 se nos refiere la difícil situación en que se hallaba un mal administrador cuando supo que tenía que dar cuenta de su administración a su patrón.

Los creyentes deben dar cuenta a Dios sobre la manera en que administran lo que él les ha confiado. Ninguno podría considerarse dueño de sus diezmos y ofrendas, pues según Malaquías 3:8-10 éstos pertenecen al Señor. Sería imposible robar estos bienes a Dios si no le pertenecieran.

Por otra parte, como miembros del cuerpo de Cristo, los creyentes debieran *dar cuenta a la iglesia* sobre la administración de los bienes del Señor. La manera más común de hacerlo consiste en traer periódicamente al alfolí del Señor lo que le pertenece. El vocablo "alfolí" significa "granero". La misma palabra hebrea se traduce "tesoro" en I Crónicas 27:25 y "depósito" en Salmo 33:7. La idea era que los israelitas trajeran sus ofrendas agrícolas a una especie de depósito en el templo, depósito cuyo manejo se asignaba a personas capacitadas para la administración de dichas ofrendas. El plan no consistía en que los sacerdotes recibieran directamente de las manos de los oferentes sus diezmos, sino en que todos los diezmos fueran traídos a un solo lugar y que de allí se hiciera la distribución. Hoy día en una sociedad urbana, el alfolí correspondería a la tesorería de la iglesia.

Un ejemplo patético del principio de dar cuenta a la iglesia se encuentra en Hechos 5. Ananías y Safira defraudaron al Señor, haciéndose los generosos. El apóstol Pedro los desenmascaró al pedirles cuenta de su mayordomía: "Dime, ¿vendisteis en tanto la heredad?" Hechos 5:8. Aún hoy es frecuente ver a personas que presentan como diezmo de sus ingresos lo que sólo es una parte. Hay quienes pisotean este principio de mayordomía al insistir en sus derechos de miembro mientras descuidan sus deberes como administradores del Señor.

Asimismo, los dirigentes de la iglesia, a quienes ésta ha escogido para administrar los bienes del Señor, deben dar cuenta a la congregación sobre la forma en que esos fondos operan. No pueden exigir que los miembros les den cuenta a ellos si no están dispuestos a obrar por el mismo principio de rendir cuentas como todo administrador. Vemos, pues, que la reciprocidad en el principio de dar cuenta, redundará seguramente en prosperidad para la iglesia y armonía en la congregación.

Entre la iglesia y sus dirigentes debe haber armonía y comprensión para una administración feliz. Dos factores lo harán posible: la fidelidad y la confianza. Los dirigentes tendrán que mostrar fidelidad en administrar correctamente lo que la iglesia les ha confiado. I Corintios 4:2. La congregación deberá mostrar confianza en que sus dirigentes procedan con fidelidad. Bien podríamos aquí enunciar un principio: *la fidelidad engendra confianza*.

Se entiende que los dirigentes proceden con fidelidad cuando, además de actuar con honradez, administran las finanzas de la iglesia conforme a los acuerdos tomados por ésta, especialmente en lo que se refiere a la inversión de los fondos. Al dar cuenta a la congregación sobre el estado de las finanzas, ésta podrá verificar que sus dirigentes actúan con fidelidad. Si hubieran surgido sospechas infundadas, se disiparán con el informe y se restaurará la confianza. Todo esto dará por resultado un incremento en las entradas de la iglesia por el apoyo generoso de cada miembro, lo cual contribuirá notablemente al avance de la obra de Dios.

II. La enseñanza de la mayordomía en la iglesia

Para obtener los suficientes recursos financieros que permitan un adecuado sostén de la iglesia, será necesario que cada creyente comprenda sus responsabilidades como mayordomo de los bienes del Señor. Nada mejor, entonces, que enseñarle tales responsabilidades, durante el curso de doctrina o del Reglamento Local. También se puede destacar la importancia de la mayordomía en la vida cristiana programando un curso breve para toda la iglesia.

No es el propósito incluir aquí tal curso, puesto que abundan muy buenos libros sobre la materia. Pero conviene considerar ciertas ideas básicas:

1. Dios es el dueño de todo. Nosotros somos solamente administradores. Salmo 24:1.

2. Dios tiene un plan financiero para el sostenimiento de su obra: los diezmos y las ofrendas. Levítico 27:30; Deuteronomio 18:1-5; Malaquías 3:8-10; I Corintios 16:1, 2.

3. El plan financiero que proporciona la Biblia incluye el sostenimiento de los ministros de Dios. Números 18; I Corintios 9:13, 14.

4. Nadie debe excluirse de este plan presentándose delante de Dios "con las manos vacías". Deuteronomio 16:16.

5. Los esfuerzos especiales en la obra de Dios requieren ofrendas especiales. Exodo 35:4-9, 20-29; 36:5-7; Números 7; Esdras 2:68, 69; Romanos 15:25-27; I Corintios 16:1-2; II Corintios 8, 9.

6. Dios bendice al que participa en su plan financiero. Malaquías 3:10; Lucas 6:38; II Corintios 9:7, 10, 11.

Se da por sentado que será el pastor la persona que enseñará la mayordomía cristiana a su congregación, aunque también podría hacerlo un maestro visitante.

La falta de enseñar fielmente la mayordomía trae un triple daño: a los creyentes, a la iglesia y al pastor mismo. Los creyentes se perjudican porque se les priva de la bendición prometida a los que participan en el plan financiero de Dios. La iglesia sale perdiendo por mantenerse en deplorables condiciones económicas que le impiden cumplir más efectivamente con su misión. El pastor tampoco gana porque no recibirá el sostenimiento adecuado.

Si el pastor es fiel en enseñar y practicar la mayordomía, los que colaboran con él estarán dispuestos a seguir su ejemplo. No es posible que quienes tengan a su cargo la administración de la obra del Señor, no sean fieles administradores de lo que Dios les ha confiado a ellos personalmente. El tesorero de la iglesia, especialmente, debe distinguirse por ser un creyente generoso y un fiel diezmero. Sería absurdo que custodiara los bienes del Señor una persona que lo defrauda.

La meta a la que debe llegar la iglesia, es que cada creyente sea un diezmero. Algunos hermanos consideran el diezmo mas como una obligación con la iglesia que con su Señor. Por eso estiman que comenzarán a diezmar cuando sean aceptados como miembros. Estas personas deben entender que el dar el diezmo es parte de la vida cristiana, como lo es orar, leer la Biblia, asistir a los cultos. Ningún creyente serio consideraría que no puede practicar estas cosas hasta ser miembro de la iglesia.

Otros creyentes arguyen que son demasiado pobres para diezmar. A los tales es necesario hacerles pensar en las palabras del Señor: "... Y ninguno se presentará delante de Jehová con las manos vacías; cada uno con la ofrenda de su mano, conforme a la bendición que Jehová tu Dios te hubiera dado." Deuteronomio 16:16, 17. Los pobres no podían ofrecer un cordero. Pero Dios no les dice que quedan exentos de ofrecer su sacrificio, sino que pueden presentar dos tórtolas. Levítico 5:7; 12:8; 14:21, 22. Ni siquiera José y María pudieron eludir esta obligación y trajeron la ofrenda de los pobres. Lucas 2:24. ¿Y qué del ejemplo de los hermanos macedonios que a pesar de "su profunda pobreza" dieron "más allá de sus fuerzas"? II Corintios 8:1-3.

Hay quienes estiman que no pueden diezmar porque carecen de un empleo. Pero a veces estas mismas personas reciben ingresos, tales como una pensión, un subsidio, una asignación u otra denominación, que si bien no puede considerarse sueldo o salario, es ciertamente una bendición de Dios de la que el fiel mayordomo apartará lo que corresponde al Señor.

III. Las tres fases en la administración de las finanzas

En todo sistema de administración financiera existen tres fases o etapas bien definidas: la recaudación, la custodia y la inversión de los fondos.

Veamos primeramente la recaudación. Si bien no se hace con las ofrendas, se acostumbra en las iglesias evangélicas llevar un registro de los creyentes que contribuyen con los diezmos al sostenimiento de la obra de Dios. Generalmente se utiliza el sistema del sobre, en el que el contribuyente deposita su diezmo. En tal caso es conveniente que el diezmero anote en el sobre la cantidad con que ha contribuido, la que se verificará cuando lo abra la comisión encargada de contar las ofrendas y los diezmos.

Como no se otorga recibo por los diezmos retirados de los sobres ni por las ofrendas corrientes, se hace necesario que el dinero sea contado por una comisión por lo menos de dos personas, preferentemente tres. El tesorero debe ser uno de los miembros de esta comisión. En algunas iglesias se elije, también, un secretario de finanzas, que es la persona que anota los ingresos, cuenta el dinero y lo entrega al tesorero. Para un mejor desempeño de su cometido, la comisión debe llevar un cuaderno o libro en el que anote las ofrendas y otro en el que anote los diezmos de cada contribuyente.

A continuación se ofrece un modelo del registro de diezmeros:

No.	NOMBRE	1er. domingo	2o. domingo	3er. domingo	4o. domingo	5o. domingo	Totales
1.	Alvarez, David	20,50	20,50	26,50	15,00		82,50
2.	Gómez, Alicia	5,00	—	3,00	—		8,00
3.	Martínez, Saúl	12,00	—	82,00	39,00		133,00
4.	Restrepo, Melchor	20,00	38,00	22,00	22,00		102,00
	Totales						325,50

Cuando se hacen erogaciones u ofrendas especiales de cierta consideración, es mejor otorgar un recibo a cada donador, sobre todo cuando se hace una lista de promesas por determinada suma.

A veces sucederá que algunas personas entregarán al pastor su diezmo o su ofrenda, la que obviamente éste entregará al tesorero de la iglesia, salvo que se trate de alguna donación que esa persona quiera hacer expresamente al pastor.

En segundo lugar, consideremos la custodia de lo que se ha recibido. Cuando la iglesia tenga una cuenta bancaria, es conveniente aprovechar este servicio, depositando el dinero que se ha recaudado por concepto de diezmos y ofrendas. De este modo los fondos de la iglesia estarán mejor protegidos.

La cuenta, que puede ser corriente o de ahorros, debe abrirse a nombre de la iglesia y con las firmas del pastor y del tesorero. Este último hará el depósito en el banco, dejando en caja alguna cantidad para cubrir gastos menores. El banco le entregará un comprobante de depósito que le servirá de evidencia ante la comisión revisora de cuentas.

En algunos casos no será posible tener una cuenta en el banco. Podría ser, tal vez, por la exigencia del banco de un depósito inicial y un saldo mínimo de cierta consideración, requisito que una iglesia de pocas entradas obviamente no puede llenar. Una congregación rural estando lejos de una oficina bancaria, tampoco puede mantener una cuenta. En tales casos es necesario que la iglesia tenga una caja de caudales para uso del tesorero. Melvin Hodges en su obra *El pastor* escribe:

> Cierta iglesia rural encontró la solución colocando una caja fuerte en la casa de un miembro respetable, bien

segura y de amplia protección. El dueño de la casa no tenía la llave de la caja fuerte. La caja tenía doble cerradura y otros dos tenían llaves, requiriéndose la presencia de ambos para abrir la caja, de tal forma que para sacar dinero, era necesario que tres personas estuvieran presentes.[1]

Al parecer, las antedichas precauciones son extremas, pero ellas harán que la congregación tenga más confianza en una correcta administración y, consiguientemente, coopere con más generosidad.

La última fase de la administración es la inversión de los fondos. El dinero recaudado se invertirá conforme a los acuerdos tomados por la iglesia, o en su defecto, por la junta oficial. En el primer caso, la junta oficial se limitará a dar cumplimiento a lo acordado por la iglesia. En el último, se entenderá que en sesión previa la mayoría o la totalidad de la junta ha acordado invertir el dinero en los gastos proyectados.

Si se trata del sostenimiento del pastor lo mismo que de gastos menores y rutinarios, tales como luz, agua, artículos de aseo, bastará que la junta oficial autorice permanentemente al pastor y al tesorero para cubrirlos. Cuando se trate, sin embargo, de gastos de mayor cuantía, será necesario tener el parecer de la junta oficial, y a veces de la iglesia en una asamblea extraordinaria.

Cuando la iglesia tiene cuenta bancaria, los pagos deben hacerse con cheque extendido con las firmas del pastor y el tesorero, salvo aquellos gastos que por su pequeña cuantía pueden pagarse en efectivo. Siempre que sea posible, el tesorero debe exigir un comprobante por los gastos efectuados, ya sea factura, nota de venta, recibo, boleto. Naturalmente, habrá cierto tipo de gastos, como taxi, franqueo y otros, por los que no se da comprobante. En tales casos, la persona que cobra el gasto puede firmarle un recibo al tesorero, el que se conservará como comprobante.

IV. *Los procedimientos contables*

En un sistema de administración de finanzas es imprescindible el uso de libros de contabilidad. Como las principales transacciones de la iglesia tienen que ver con movimiento de dinero, será suficiente un *libro de caja*, el que debe estar en poder del tesorero. En iglesias de mayores ingresos o de mayor movimiento financiero, conviene tener además, otros libros como el de *caja mayor*, el de *banco* o *cuentas corrientes* y el de *inventarios*.

Los libros de caja vienen foliados con un número cada dos páginas. En la de la izquierda, que se llama Debe, se registran las entradas o ingresos, y en la de la derecha, llamada Haber, los gastos o egresos.

Los ingresos consisten generalmente en ofrendas y diezmos y, de vez en cuando, en ventas de algunas cosas y devoluciones y retenciones de dinero. Los egresos están constituidos principalmente por los gastos generales de la iglesia, la remuneración del pastor y compra de algunos artículos.

Cierto tipo de ofrendas se entregan en su totalidad a determinada persona o institución; por ejemplo, para un predicador visitante, para un hermano en dificultades económicas, para las misiones o la Sociedad Bíblica. En tales casos, es más conveniente registrar como ingreso la ofrenda recibida por el tesorero y como egreso la misma cantidad cuando éste la entrega a su destinatario. El hecho de registrar esta clase de ofrendas, que desafortunadamente en muchas iglesias no se practica, eliminará en parte la queja de algunos que afirman que la iglesia ofrendó una suma mayor que la que recibieron del pastor o del tesorero.

A continuación se presenta un modelo de asientos o anotaciones en el libro de Caja:

1 Debe			Mes de Mayo de 1975		Haber 1
1	Ofrenda, Est. Bíb.	5,40	3	Viaje del pastor	4,00
4	" Clto. Dom.	18,00	5	Cuenta de luz	14,50
8	" E. Bíb.	4,20	9	Compra de madera	33,70
11	" C. Dom.	10,30	11	Ofr. entregada a Rdo. N. N.	24,20
11	" Rdo. N.N.	24,20	31	Sueldo del pastor	250,00
15	" E. Bíb.	4,50	31	Coop. enviada al Instit. Bíblico	25,00
18	" C. Dom.	9,80	31	Franqueo	1,50
22	" E. Bíb.	4,80			
25	" C. Dom.	11,40			
25	Coop. para Instituto Bíblico	25,00			
31	Ofrendas del mes, local de Pueblo Nuevo	13,40			
31	Ofrendas del mes, local de Piedras Blancas	9,10			
31	Diezmos del mes	458,00			
	Ingresos del mes	598,10		Egresos del mes	352,90
	Saldo de Abril	102,20		Saldo para Junio	347,40
	Sumas iguales	700,30		Sumas iguales	700,30

En la primera columna se indica el día en que se efectuó la transacción. En la segunda se pone el detalle o descripción de la transacción. En la tercera columna se anota el valor y en la cuarta los resultados totales. Además, las cantidades por concepto de ofrendas especiales para el Rdo. N. N. y para el Instituto Bíblico, anotadas en el Debe, aparecen también en el Haber, indicándose así que fueron entregadas o enviadas a quien correspondían. El total de ofrendas de los locales (anexos, misiones o campos blancos), así como los diezmos, se anota al final del mes, pudiéndose llevar en detalle en libros o cuadernos auxiliares.

Al final del mes, el Debe y el Haber del libro de Caja se saldan como se indica en el modelo: la suma de los ingresos y el saldo del mes anterior debe ser igual a la de los egresos y el saldo actual, que será el saldo con que se contará para el mes siguiente.

Conviene tener un saldo al fin de cada mes, aunque hay ocasiones (que por lo demás no deben ser frecuentes) en que los egresos superan a los ingresos. Tales situaciones se producen cuando hay gastos urgentes que no se pueden financiar y alguien los hace prestando el dinero o bien se ocupa transitoriamente parte de los fondos de algún departamento. En semejantes casos, es necesario anotar un préstamo al Debe del libro de Caja para que no haya saldo en contra, préstamo cuya devolución se anotará al haber en el mes siguiente.

Al fin de cada mes, y cuando se ha determinado el saldo que queda para el mes siguiente, es necesario efectuar un *arqueo*, operación que consiste en contar el dinero que hay en caja y en el banco, restando los cheques que aún no han sido cobrados, y ver que el total coincida con el saldo que da el libro de Caja. En caso de no coincidir las dos cantidades, hay que buscar el error y corregirlo.

Cuando es necesario clasificar los ingresos y egresos para la confección de informes, balances y presupuestos, conviene utilizar un sistema de cuentas. Entre éstas se pueden mencionar las siguientes: (1) *Ofrendas Generales*, la que agrupa todas las ofrendas que se reciben en los servicios realizados en el templo y que formarán parte del fondo de la iglesia; (2) *Ofrendas Especiales*, la que incluye las ofrendas, cuotas y donaciones que se entregan o envían a alguna persona o institución determinadas, como ofrendas para predicadores visitantes, para las misiones, para construcción, para el Instituto Bíblico, para la Sociedad Bíblica; (3) *Ofrendas de los locales*, que abarca las que se reciben en los diferentes anexos o misiones de la iglesia; (4) *Diezmos;* (5) *Muebles y Utiles*, que agrupa las compraventas de artículos que se pueden inventariar; (6) *Gastos Generales*, que tiene que ver con los gastos por concepto de luz, agua, aseo, oficina, reparaciones pequeñas y rubros similares; (7) *Gastos de Reparaciones;* (8) *Gastos de Movilización* y (9) *Sueldos y salarios.*

Según la naturaleza del movimiento financiero, se pueden crear otras cuentas para un mejor manejo de la contabilidad.

El mismo movimiento del modelo de Caja se incluye más abajo con las cuentas respectivas para un libro de *Caja Mayor.*

1 Debe		Mes de Mayo de 1975			Haber 1
a Ofrendas Generales		68,40	por Ofrendas Especiales		49,20
31 En el mes	68,40		11 Entreg. a Rdo. N.N.	24,20	
a Ofrendas Especiales		49,20	31 Env. al Inst. Bíb.	25,00	
11 Para el Rdo. N.N.	24,20		por Gastos Generales		16,00
Cuotas para I.B.	25,00		5 Cta. de luz	14,50	
a Ofrendas de los L.		22,50	31 Franqueo	1,50	
31 Local de			por Gastos de Moviliz.		4,00
Pueblo Nuevo	13,40		3 Viaje del pastor	4,00	
31 Local de			por Gastos de Reparac.		33,70
Piedras Blancas	9,10		9 Comp. madera	33,70	
a Diezmos		458,00	por Sueldos y Salarios		250,00
31 En el mes	458,00		31 Sueldos del pastor	250,00	
Ingresos del mes		598,10	Egresos del mes		352,90
Saldo de Abril		102,20	Saldo para Junio		347,40
Sumas iguales		700,30	Sumas iguales		700,30

Toda iglesia, por pequeña que sea, debe tener un inventario de todos sus bienes, tanto muebles como inmuebles. Si los bienes son numerosos, convendrá registrarlos en un libro de *Inventarios*. En caso contrario, bastará hacerlo en un cuaderno o en algunas hojas, todo lo cual se conservará en la oficina de la iglesia. Si con el transcurso del tiempo algunos de estos bienes se deterioran, se dan de baja y así se deja constancia en el libro de Inventarios. Del mismo modo se hará con los bienes que se compren o vendan.

Cada cierto tiempo, como lo estimen necesario la junta oficial y el pastor, conviene hacer un nuevo inventario para verificar que existen los bienes registrados en el libro. Es mejor si se hace anualmente. Asimismo, al asumir su cargo un nuevo pastor, debe recibir conforme el inventario de los bienes de la iglesia y entregarlo de igual modo al término de su administración.

Todos estos procedimientos mostrarán una sana administración y harán que los dirigentes de la iglesia ganen mucha confianza y estima de parte de los feligreses.

A veces surgen errores contables que no se detectan a menos que se efectúe un *balance*. Este se puede realizar una vez al año, aunque también se puede hacer cada semestre. Como el movimiento financiero de las iglesias es más sencillo que el de las empresas comerciales, será suficiente tener un *balance de saldos*. Para efectuarlo, se transcriben y suman por separado los ingresos y egresos mensuales. A la suma de los ingresos se agrega el último saldo del año o semestre anterior al del ejercicio y a la de los egresos, el saldo actual. Los resultados de ambas sumas deben ser iguales. De otro modo significa que hay un error que es necesario corregir.

El siguiente es un sencillo modelo de balance de saldos:

Mes	Ingresos	Egresos
Enero	520,00	353,20
Febrero	486,30	315,70
Marzo	555,50	384,00
Abril	542,00	402,10
Mayo	595,40	389,40
Junio	499,00	411,50
Julio	560,80	340,30
Agosto	612,60	424,00
Septiembre	608,00	456,50
Octubre	654,50	471,60
Noviembre	685,00	425,00
Diciembre	702,40	501,40

Ingresos del año	7.021,50	Egresos del año	4.874,70
Saldo de Dic/1973	955,10	Saldo para Enero	3.101,90
Sumas iguales	7.976,60	Sumas iguales	7.976,60

Un balance similar se puede hacer por cuentas, el que es más práctico para presentar informes o resúmenes.

V. *El uso de un presupuesto*

Algunas iglesias consideran que los gastos e inversiones deben hacerse como lo determinan las circunstancias y no limitados por un presupuesto. Otras estiman que un presupuesto contribuye a poner orden en la administración de las finanzas. Vamos a considerar cómo preparar un presupuesto para ayudar a aquellos que crean que les puede traer beneficios.

Para confeccionar un presupuesto es necesario nombrar una comisión compuesta por hermanos idóneos, entre los cuales debe figurar el tesorero de la iglesia. Después de que la comisión haya elaborado un proyecto de presupuesto, lo presenta al pastor y a la junta oficial, quienes lo estudian y le hacen las modificaciones pertinentes. El próximo paso es presentarlo a la iglesia, la que en su sesión anual tendrá la palabra final al respecto.

Al confeccionar el presupuesto de gastos, la comisión debe hacer un estudio de todos los gastos que ordinariamente efectúa la iglesia y luego debe añadir los nuevos gastos, inversiones proyectadas y una suma que representa los gastos imprevistos. Se entiende que el presupuesto de gastos no debe sobrepasar al de ingresos; de otro modo, la iglesia deberá limitarse a los gastos estrictamente necesarios. Para esto es mejor confeccionar primero el presupuesto de ingresos y así se sabrá con qué recursos se cuenta para cubrir el presupuesto de gastos.

En cuanto al período, más conviene formular un presupuesto anual, aunque para fines prácticos se puede dividir por doce para su aplicación mensual.

Dado que en América Latina la inflación deteriora cualquier presupuesto, será necesario de vez en cuando hacer algunos ajustes luego de consultar con la iglesia al respecto. Si un presupuesto de gastos se elabora en porcentajes en vez de cantidades fijas, se evitará el hacer ajustes con demasiada frecuencia.

Al confeccionar el presupuesto, es necesario velar por que no produzca una duplicación de finalidades con los departamentos de la iglesia. Por ejemplo, si en el presupuesto de la iglesia se incluye una subvención al Instituto Bíblico y el Concilio Misionero Femenino de dicha iglesia acuerda cooperar también con el mismo fin, podría suceder que algunas hermanas estuvieran cooperando dos veces: como miembros de la iglesia y del C. M. F., mientras que las que no pertenecen a este departamento sólo lo estarían haciendo una vez.

Por todo lo dicho, la confección de un presupuesto es una excelente medida financiera, pero está más bien al alcance de iglesias grandes y económicamente fuertes.

A continuación se presenta una sugerencia para un presupuesto:

INGRESOS:	Anuales	Mensuales
1. Diezmos		
a. De los miembros registrados	....	....
b. De los nuevos miembros	....	....
c. De los creyentes cooperadores	....	....
2. Ofrendas		
a. Generales	....	....
b. Especiales	....	....
Total de ingresos	....	....
GASTOS:		
1. A nivel interdenominacional		
a. Sociedad Bíblica	....	....
b. Consejo de iglesias	....	....
2. A nivel denominacional		
a. Misiones	....	....
b. Instituto Bíblico	....	....
c. Fondo Nacional	....	....
d. Fondo del Distrito	....	....

3. A nivel local

a. Gastos Generales ....
b. Gastos de Movilización ....
c. Literatura ....
d. Evangelismo ....
e. Construcciones y reparaciones ....
f. Sueldos y salarios ....
g. Muebles y útiles ....
h. Imprevistos ....

   Total de gastos ....

Transcurrido el primer año que la iglesia trabaje con un presupuesto, convendrá hacer una evaluación antes de confeccionar el presupuesto para el año siguiente. Tal evaluación comprenderá si se ha recaudado tanto como lo que se esperaba, si hubo recursos muy limitados para algunos rubros, si hay que eliminar algunos gastos o postergar otros menos urgentes, o si hay que incluir una nueva categoría de gastos.

VI. *La Comisión de Finanzas*

El apóstol Pablo enseñó a las iglesias a financiar adecuadamente la obra del Señor, y dejó instrucciones bien precisas al respecto. Pero también se nos enseña en el libro de los Hechos que la iglesia eligió a siete hermanos para ocuparse del sustento de las viudas y así dejar que los apóstoles se ocuparan de la oración y el ministerio de la palabra. Esta es la razón por la que algunas iglesias tienen una Comisión que libere al pastor de los aspectos financieros de la iglesia.

La Comisión de Finanzas debe estar integrada por el tesorero, por el secretario, y por algunos consejeros, entre los cuales puede estar el pastor como miembro ex oficio. Todos ellos deben ser elegidos anualmente en la sesión de negocios de la iglesia.

Las funciones específicas de la Comisión de Finanzas pueden ser: (1) confeccionar un presupuesto para la iglesia; (2) administrar el presupuesto modificándolo en caso necesario, luego de consultar a la iglesia; (3) confeccionar un plan para recaudar los fondos que cubran el presupuesto y (4) contar las ofrendas y diezmos al final de cada servicio.

VII. *Los informes y la rendición de cuentas*

El tesorero debe informar mensualmente a la junta oficial sobre el movimiento y estado financieros de la iglesia. Este informe puede incluir la lista de personas que diezmaron o hicieron erogaciones especiales con las respectivas sumas con que contribuyeron así como los ingresos y egresos en detalle y el saldo actual de la Caja. Para lo último puede servir la lectura del libro de Caja Mayor, según el modelo que se presentó anteriormente en este capítulo.

Se debe presentar, también, un informe a la iglesia, el que bien puede ser por escrito y extractado del informe dado ante la junta oficial.

La siguiente es una sugerencia del extracto del modelo de Caja Mayor para un informe a la iglesia:

INFORME FINANCIERO DE LA IGLESIA

Mayo de 1975

ENTRADAS:

Ofrendas Generales	68,40	
Ofrendas Especiales	49,20	
Ofrendas de los Locales	22,50	
Diezmos	458,00	
Suma de los ingresos		598,10
Saldo de Abril		102,20
Sumas iguales		700,30

GASTOS:

Ofrendas Especiales	49,20	
Gastos Generales	16,00	
Gastos de Movilización	4,00	
Gastos de Reparaciones	33,70	
Sueldos y Salarios	250,00	
Suma de los egresos		352,90
Saldo para Junio		347,40
Sumas iguales		700,30

....
              Pastor   Tesorero

4 de Junio de 1975

Una iglesia con un movimiento financiero fuerte, necesitará una Comisión Revisora de Cuentas integrada preferentemente por personas con conocimientos de contabilidad. Esta comisión se reunirá con el tesorero después del período del ejercicio (que es mejor que sea de enero a diciembre) y antes de la sesión anual de la iglesia. El objeto de esta comisión será revisar los libros de contabilidad, talonarios de cheques e informes bancarios y verificar que el saldo que arrojan los libros coincida con el del arqueo. El tesorero de la iglesia deberá proporcionar todos los antecedentes necesarios a la Comisión Revisora de Cuentas, explicar las diferencias o irregularidades. La Comisión Revisora de Cuentas, emitirá un informe a la iglesia junto con el informe del tesorero.

VIII. *El sistema de sostener al pastor*

Hay diferentes maneras de sostener al pastor de la iglesia, según la situación de cada congregación. Algunas consisten en una remuneración variable y otras en una fija. Entre las primeras está la de los diezmos para el pastor y las ofrendas para cubrir los gastos de la iglesia. La de una comisión consiste en un porcentaje de las entradas recaudadas por concepto de diezmos y ofrendas.

Entre las últimas, cabe destacar el sistema de honorarios, consistente en una remuneración fija por los servicios prestados por el pastor y el de sueldo o salario, en el que el pastor recibe una paga sujeta a las mismas leyes sociales que benefician a un empleado que goza de un sistema de seguro o previsión. Otra forma de remunerar al pastor, principalmente en iglesias rurales, es la costumbre de otorgar un honorario que consiste parcialmente en dinero. y el resto en alimentos.

En cuanto al período de pago, la mayoría de las iglesias lo hace cada mes, si bien otras lo hacen semanalmente o cada vez que hay ingresos.

¿Cuánto debe recibir el pastor como sostenimiento? Una manera justa de saber la respuesta es determinar cuánto necesita. Una iglesia que puede sostener adecuadamente a su pastor debe pensar en que éste necesita vivir, si bien no con ostentación, por lo menos holgadamente "para que lo haga con alegría y no quejándose" y a un nivel ligeramente superior al promedio de sus miembros para representar apropiadamente a la iglesia ante los extraños. La iglesia debe considerar, además, que el pastor recibe más visitas y se moviliza más que el promedio de sus miembros, que tiene que vestirse todos los días como un profesional, que debe adquirir continuamente nuevos libros para sus estudios y la preparación de sus enseñanzas. Asimismo un pastor con una familia de cinco personas tiene mayor necesidad que un matrimonio sin hijos. Una norma para determinar lo que debe recibir el pastor podría ser el sueldo promedio que percibe un funcionario de la administración pública o un empleado de oficina más las imposiciones correspondientes por concepto de seguridad social.

Si aumentan los ingresos de la iglesia, es justo que la remuneración del pastor, cuando es fija, se ajuste a la nueva realidad económica, porque sin duda, también los miembros han recibido un aumento en los salarios.

Si el pastor tiene ciertas pretensiones económicas, debe haber un claro entendimiento sobre lo que recibirá de la iglesia a la cual postula. Esto le permitirá retirarse a tiempo si estima que sus aspiraciones no se satisfarían y se evitará una desilusión en caso de ser elegido. De lo contrario, una vez que la iglesia ha elegido pastor, la junta oficial determinará junto con él sus necesidades económicas para llegar a un convenio sobre la suma que recibirá como sostenimiento, convenio que debe ser ratificado por la iglesia.

Si se trata de una iglesia pequeña y de reciente formación, tal vez el pastor y la iglesia acuerden un sostenimiento a base de los diezmos o una comisión. Por ejemplo, se le podría asignar el setenta y cinco por ciento de las entradas para comenzar. Es muy posible que esto no cubra las necesidades del pastor al principio, pero si la iglesia crece, sus ingresos también aumentarán y consiguientemente lo hará el sostenimiento del Ministro. Si la iglesia es grande y económicamente fuerte, es más aconsejable, sin embargo, que el pastor reciba una remuneración fija, sueldo u honorarios, que satisfaga sus necesidades. De este modo la iglesia puede invertir el resto de sus ingresos en las necesidades de la obra.

A veces se presentan situaciones en que han aumentado los ingresos de la iglesia, pero ésta no ha aumentado el sostenimiento del pastor, quien no presenta sus necesidades por el temor de ser considerado "materialista". En tales casos, el pastor puede solicitar la visita del presbítero de su distrito para que él trate su situación con la junta oficial o con la iglesia.

IX. *Campañas de recolección de fondos*

Cuando se presenta la necesidad de recolectar una gran cantidad de dinero, la cual no se podría reunir en una sola ofrenda especial, se acostumbra efectuar una campaña de recolección de fondos. Al iniciar tal esfuerzo, es muy importante explicar claramente el objeto para el cual se solicita el dinero. Tal objeto podría ser por ejemplo, la construcción de un templo o anexo, trabajos de reparación, una empresa misionera, un proyecto de beneficencia o una subvención al Instituto Bíblico. Si es posible, se debe informar sobre la cantidad que se necesita.

Quizás el método más común es el de solicitar "promesas", que consisten en ofrendas con las que los oferentes prometen contribuir generalmente en cantidades periódicas. Cuando hay que comprar un sitio, por ejemplo, para edificar el futuro templo de la congregación, se puede dividir el terreno en metros cuadrados y pedir que cada creyente "compre" uno o más lotes. Algo similar se puede hacer con una construcción pequeña: parte de los creyentes puede contribuir con las paredes, parte con el piso, parte con el techo. A veces los creyentes no pueden contribuir con dinero, pero tienen objetos en desuso que traen para ser vendidos en un "bazar". Se pueden, también, emitir "bonos de cooperación" por diferentes valores, los que los oferentes pueden "comprar" según sus posibilidades.

Cuando se necesita financiar una obra de beneficencia, como un orfanato, hogar, centro de rehabilitación, se puede solicitar, también, la cooperación de los ciudadanos. El método más común es el de una colecta pública, en la cual los recolectores se ubican en lugares estratégicos de la ciudad con sus respectivas alcancías para solicitar la cooperación del público. Puede usarse también, la "campaña del sobre", que consiste en repartir sobres por las casas, los que días después se retirarán con la cooperación que hayan depositado en ellos. Al utilizar estos métodos, conviene primero solicitar el permiso a las autoridades y los recolectores deben usar un distintivo que los identifique. Los principios que expone la Biblia tocante a finanzas son claros y abundantes. En cuanto a las demás ideas presentadas aquí y que la Biblia no especifica, deben servir de guía práctica. Puesto que se trata de los asuntos del Rey más grande y poderoso, todos tenemos una alta responsabilidad de hacer lo que esté a nuestro alcance para administrar en la mejor forma lo que le pertenece. Algún día vamos a tener que presentarle a él nuestros informes.

---

[1]Hodges, Melvin, *El pastor*, (Miami: Instituto de Superación Ministerial, sin fecha, mimeografiado), página 17.

BOSQUEJO DEL CAPITULO

Un planteamiento evangélico sobre
el manejo del dinero de la iglesia

I. El término "administrador"
   A. Definición
   B. Comparación con el término "dueño"
   C. Implica la idea de rendir cuentas
      1. El miembro a la iglesia
      2. Los dirigentes a la congregación
      3. Beneficios logrados

II. La necesidad de impartir instrucción acerca de los deberes de cada creyente como administrador de sus propios bienes
   A. Imprescindible para lograr suplir las necesidades de la obra
   B. Puntos esenciales que enseñar
   C. Clases impartidas por el pastor
   D. El ejemplo de los oficiales para apoyar la enseñanza
   E. Resultados de no hacerlo
   F. El fin de la enseñanza, cada creyente un diezmero

III. Los tres aspectos de la administración
   A. Las colectas
   B. El cuidado de lo colectado
   C. El empleo de lo colectado

IV. La contabilidad
   A. El libro de Caja
   B. El arqueo
   C. Un sistema de cuentas
   D. El libro de inventarios
   E. El balance

V. El presupuesto
   A. Su valor
   B. La manera de prepararlo
   C. Su período de vigencia
   D. Posibles duplicaciones
   E. La evaluación de los resultados obtenidos

VI. La comisión de finanzas
   A. Su propósito
   B. Los integrantes
   C. Sus responsabilidades

VII. Los informes
   A. El informe mensual del tesorero a la junta oficial

B. El informe mensual a la iglesia
C. La Comisión revisora de Cuentas

VIII. El sostenimiento del pastor
    A. Sistemas diferentes
      1. Todos los diezmos
      2. Un porcentaje de todas las entradas al fondo general
      3. Honorario fijo
      4. Sueldo fijo
    B. La cantidad
      1. Determinación de lo que se necesita
      2. Los reajustes
      3. La necesidad de tener un acuerdo claro
      4. El caso de iglesias pequeñas

IX. Esfuerzos especiales para levantar fondos
    A. La necesidad de comunicar los detalles del proyecto
    B. Sistemas que se pueden emplear

UN ENCUENTRO CON LAS VERDADES

Sección múltiple. Lea la primera parte de cada número y luego las cinco frases con que se podría terminar. Decida cuál de ellas termina mejor la primera parte. En algunos casos se podría emplear más de una terminación, pero hay que escoger la que mejor sirve. Subráyela.

.... 1. Para formar un sistema completo y eficiente de administración de las finanzas de la iglesia los evangélicos deben . . .
    (A) hacer solamente lo que manda la Biblia.
    (B) dejar la Biblia a un lado en cuanto a asuntos de finanzas, ya que ella trata principalmente de asuntos espirituales.
    (C) tomar los principios básicos que se encuentran en la Biblia y añadirles algunos detalles que puede ofrecer la experiencia.
    (D) huir de toda organización, ya que tienen el deber de andar en la libertad espiritual.
    (E) dejar todo en las manos de contadores profesionales.

.... 2. Se ve que la Biblia enseña que somos administradores más bien que dueños . . .
    (A) en que Cristo dijo que no debemos dejar que la mano derecha sepa lo que hace la izquierda.
    (B) en que los levitas recibían los diezmos del pueblo.
    (C) en que el salmista dijo que de Jehová es la tierra y su plenitud.

(D) en que Pablo dijo que donde está el Espíritu del Señor, allí hay libertad.

(E) en que Cristo dio apóstoles, profetas, pastores y maestros a la iglesia.

.... 3. En el mundo actual, lo mismo que en los tiempos bíblicos, encontramos que la misma idea de administrar implica el deber de...

(A) rendir informes de lo que se ha hecho.

(B) hacer callar a los que se opongan si uno hace todo para la gloria de Dios.

(C) gozar de la confianza de los que lo nombraron a uno para el puesto.

(D) mandar sabiamente.

(E) edificar templos sin adorno alguno para lograr la mayor economía posible.

.... 4. Lo que más corresponde hoy al alfolí del Antiguo Testamento sería...

(A) el cuarto del templo evangélico donde se guardan los efectos del aseo.

(B) la despensa de la casa pastoral.

(C) el bolsillo del pastor.

(D) la tesorería de la iglesia.

(E) el altar del templo evangélico.

.... 5. Una buena manera para que los oficiales ganen la confianza de la iglesia es...

(A) repartir dulces.

(B) exigir confianza.

(C) no tomar en cuenta a la congregación cuando hay que decidir algo de importancia.

(D) reprender a los creyentes a cada rato.

(E) ser fieles en el desempeño de su responsabilidad.

.... 6. Un buen plan de administración de finanzas imprescindiblemente incluirá...

(A) la entonación de coritos de avivamiento.

(B) la enseñanza sistemática de la mayordomía.

(C) la costumbre de pedir a la gente que pasen adelante para depositar sus diezmos y ofrendas.

(D) un acuerdo común de no pedir nunca ofrendas en público.

(E) la práctica de nunca mencionar nada de diezmos a un nuevo convertido hasta que se bautice n agua.

.... 7. El que ha de impartir enseñanzas sobre la mayordo-
domía cristiana será por lo general...
   (A) un oficial superior al pastor ya que a él le es pe-
noso hacerlo.
   (B) un creyente que nunca diezma.
   (C) una buena película.
   (D) el maestro de la clase de adultos de la escuela do-
minical.
   (E) el pastor.

.... 8. El tesorero de la iglesia debe ser una persona...
   (A) mezquina para que no despilfarre los fondos del
Señor.
   (B) elocuente para que convenza a los ricos de su de-
ber de contribuir mucho.
   (C) insensible para que el pastor no lo pueda mani-
pular como un títere.
   (D) dadivosa para que sea un buen ejemplo.
   (E) altanera para que nadie le haga una amistad que
pudiera traerle problemas más tarde.

.... 9. Debe ser requisito para ser nombrado tesorero que
uno sea...
   (A) casado.
   (B) fiel diezmero.
   (C) partidario de la facción progresista.
   (D) empleado de un banco.
   (E) negociante.

............10. El tesorero debe ser miembro de la comisión...
   (A) de música.
   (B) encargada de hacer los preparativos para recibir
la próxima confraternidad.
   (C) encargada de contar la ofrenda.
   (D) de vida social de la iglesia.
   (E) de literatura.

............11. Se deben tomar medidas de control del manejo de las
finanzas para poder...
   (A) inspirar más confianza.
   (B) vigilar cuidadosamente al tesorero.
   (C) tener puestos suficientes para todos los miembros.
   (D) acabar con el desorden en el templo.
   (E) mantener humillado al tesorero.

............12. El dinero que se recibe en la iglesia debe ser usado de
acuerdo con...
   (A) las ideas del pastor.
   (B) lo que quiere hacer el tesorero.
   (C) el orden en que lleguen los cobradores.

(D) el tamaño de la iglesia.

(E) los acuerdos tomados por la iglesia o la junta oficial.

..........13. Para atender el pago de los gastos menores, el tesorero ...

(A) tiene que conseguir un permiso de la junta oficial para cada asunto.

(B) debe pedir el visto bueno del pastor para cada gasto individual.

(C) puede tener una autorización permanente de la junta oficial.

(D) debe pagar todo con cheque.

(E) debe orar antes de tocar el dinero.

..........14. El tesorero, de ser posible pedirá al pagar cada cuenta...

(A) el comprobante correspondiente.

(B) la autorización por escrito del pastor.

(C) que la gente le tenga más confianza y no pregunte tanto.

(D) un período de espera para efectuar cada pago.

(E) una comisión del diez por ciento para cubrir sus gastos personales.

..........15. En un sistema aceptable de administración de finanzas, es imprescindible el empleo de libros de contabilidad porque ...

(A) así lo exigió Cristo a Judas.

(B) así es más permanente el registro de cada operación.

(C) así es más bonito.

(D) así se puede impresionar a alguna persona pudiente.

(E) así lo hacen las empresas grandes.

..........16. Es de suma importancia hacer un arqueo...

(A) cada quince días.

(B) al final de cada mes.

(C) cuando tenga tiempo de hacerlo el tesorero.

(D) cuando va a visitar la iglesia un oficial de la obra nacional.

(E) anualmente.

..........17. El arqueo consiste en contar todo el dinero que hay en caja, más lo que hay en el banco ...

(A) y nada más.

(B) y luego restar los cheques que todavía no se han cobrado.

(C) y luego restar los cheques no cobrados para comparar el resultado con el saldo del libro de caja para ver si coinciden las dos cantidades.

(D) y luego ver que el total coincida con el saldo del libro de caja.

(E) y luego comparar la suma con el resultado del balance.

..........18. Toda iglesia, sea grande o pequeña, debe tener ...

(A) un presupuesto.

(B) una cuenta de banco.

(C) un inventario de bienes.

(D) una plataforma.

(E) un sistema de sobres para recibir los diezmos.

..........19. Cada junta oficial debe insistir en que se efectúe un balance...

(A) cada año.

(B) al final de cada mes.

(C) cuando se va a celebrar una reunión de negocios para así poder dar un informe financiero a la congregación.

(D) en el caso de que se pusiera en tela de juicio la integridad del tesorero.

(E) al haber un cambio de pastor.

..........20. Una iglesia, después de trabajar un año con un presupuesto, debe ...

(A) olvidarse de eso en el futuro.

(B) seguir con el mismo presupuesto por un año más.

(C) hacer una evaluación de los resultados obtenidos.

(D) buscar un sistema más espiritual y más latino para guiarse en el futuro.

(E) preparar un presupuesto que tenga en cuenta los problemas de la inflación.

..........21. El tesorero debe presentar un informe a la junta oficial...

(A) cada mes.

(B) cada año.

(C) cada semestre.

(D) cuando ésta lo pide.

(E) cada semana.

..........22. Muy recomendable es establecer una comisión revisadora de ...

(A) informes.

(B) el vestuario de los miembros.

(C) cuentas.

(D) entradas.

(E) las finanzas personales del pastor.

...........23. La iglesia debe asignar al pastor para su sostenimiento...

(A) la cantidad que recibe el más humilde de los miembros.

(B) la cantidad que gana el hermano que recibe mayor sueldo.

(C) lo que él pueda.

(D) algo más que el sueldo promedio de los miembros.

(E) lo que reciben los demás pastores en una iglesia de igual número de miembros.

...........24. Al fijar la iglesia lo que ha de recibir el pastor, se debe tener presente...

(A) la posibilidad de que la esposa del pastor se coloque en algún empleo.

(B) que el pastor necesita comprar libros continuamente para seguir estudiando.

(C) que el pastor no es mejor que el más humilde.

(D) que no sería pastor si hubiera podido cumplir con las exigencias de un buen puesto en una empresa.

(E) que tiene un diploma.

DE LA TEORIA A LA PRACTICA

1. ¿Por qué sería bueno recomendar que el candidato a tesorero debe tener solvencia económica?

2. ¿Qué otros requisitos se deben establecer para el tesorero?

3. ¿Qué ventaja tendría la práctica de algunas iglesias de nombrar al tesorero de entre los diáconos en vez de que lo haga la congregación en una elección general?

4. ¿Qué se gana con insistir en que el tesorero presente su informe mensual por escrito en vez de oralmente?

5. ¿Cuáles son las diferentes maneras de presentar el informe mensual a la congregación?

6. De las maneras que usted ha mencionado en el No. 5, ¿cuál prefiere usted? ¿Por qué?

7. Enumere tres cosas que se pueden hacer para enseñar a ofrendar con alegría.

8. ¿Qué cree usted de la conveniencia de pedir que algún oficial del distrito o nacional revise los libros de vez en cuando?

9. ¿En qué lugar se pueden guardar los libros, documentos y demás efectos de la tesorería de la iglesia?

10. ¿Qué motivos encuentra usted para insistir en que cada iglesia tenga un archivador?

11. Para que usted tenga práctica en el sistema de contabilidad presentado en este capítulo, se ofrece a continuación el caso hipotético de las entradas y salidas de una iglesia durante un mes. Tenga la bondad de contabilizarlas correctamente.

Día	1	Saldo del mes anterior	411,00
Día	2	Diezmos recibidos	300,00
		Ofrenda del culto	55,00
		Para el fondo pro-construcción, pagos de promesas	75,00
Día	3	Pago de la mensualidad del préstamo para la casa pastoral	150,00
Día	4	Ofrenda del culto	30,00
		Pago del recibo de luz	28,00
Día	6	Diezmos recibidos	100,00
		Ofrenda de culto	18,00
Día	9	Diezmos recibidos	25,00
		Ofrenda del culto	20,00
		Pago de recibo del agua	15,00
Día	10	Pago aseo del templo	150,00
Día	12	Ofrenda del culto	25,00
Día	13	Gastos, efectos de aseo	15,00
Día	15	Honorario del pastor	400,00
Día	16	Ofrenda pro-construcción	15,00
		Diezmos recibidos	250,00
Día	18	Ofrenda para el Instituto Bíblico	118,00
Día	19	Giro para enviar la ofrenda al Instituto Bíblico	118,00
		Gastos del giro y del porte	2,40
Día	20	Pago de la mensualidad del préstamo de la construcción del templo	250,00
		Ofrenda del culto	9,00
Día	23	Diezmos recibidos	180,00
		Ofrenda del culto	18,00
Día	25	Ofrenda del culto	40,00
Día	27	Ofrenda del culto	19,00
Día	30	Diezmos recibidos	200,00
		Envío de diezmos de las entradas de la iglesia a la oficina nacional	128,90
		Gastos del giro y del porte	2,40
		Honorario del pastor	400,00

PROYECTOS PARA LA CLASE

1. Revisar el trabajo que los estudiantes realizaron en la sección UN ENCUENTRO CON LAS VERDADES.
2. Revisar el ejercicio de contabilidad que realizaron los estudiantes en la sección DE LA TEORIA A LA PRACTICA.
3. Presentar una comisión un informe a la clase sobre algunas maneras de dar más solemnidad al acto de recibir la ofrenda. Que incluyan en el informe motivos para procurar tener un ambiente de adoración durante la ofrenda. Que analicen las oraciones que se acostumbran hacer en la hora de la ofrenda.
4. Celebrar una mesa redonda sobre la fiscalización de los libros de contabilidad de la iglesia.

PARTE QUINTA:

EL MINISTERIO FUERA DE LA IGLESIA

LUCAS MUÑOZ SACHUM ha ejercido el ministerio evangélico durante 34 años. Está casado con Manuela Valdivia, y la pareja tiene seis hijos. Ejerció el pastorado en Laredo, Trujillo la Libertad y "El Templo Apostólico" de Lima. Fue Profesor asimismo del Instituto Bíblico de las Asambleas de Dios en Lima y ocupó el cargo de Vice-Superintendente de dicha organización. El hermano Muñoz ha viajado extensamente por todo el mundo de habla hispana, celebrando campañas evangelísticas y fomentando el interés entre otros ministros, en este campo de actividad.

El hermano Muñoz nació en la ciudad de Trujillo. Nos dice que la vida de los apóstoles, que nos relata el libro de Los Hechos, y las experiencias personales que ha recibido durante la comunión con Cristo, han ejercido un impacto tremendo en su vida.

Capítulo 20

EL MINISTRO ANIMA A LA IGLESIA A EVANGELIZAR

Por Lucas Muñoz S.

Ante los muchos problemas de la obra, responsabilidades y reuniones, fácilmente el Ministro pierde la visión evangelística de Marcos 16:15. Esta gran tarea de evangelizar nuestro mundo tiene que hacerse HOY. La iglesia no puede escapar a la obligación de proyectarse hacia afuera para cumplir con ella. ¿Qué debe hacer el Ministro para animar a su congregación a realizar una efectiva evangelización?

I. *El Espíritu Santo en la evangelización*

No olvidemos que nuestro Señor Jesucristo empezó su ministerio redentor y su trabajo de evangelización después de que el Espíritu Santo descendió sobre él. La evangelización del mundo por la iglesia comenzó con un grupo de creyentes llenos del Espíritu Santo. Cristo les había ordenado no moverse de Jerusalén hasta haber recibido al Espíritu Santo. Así fue que en el Día de Pentecostés experimentaron lo sobrenatural de Dios y quedaron investidos de poder y valor. Dios respaldaba el trabajo evangelístico de ellos con señales y milagros, tal como lo hizo nuestro Señor Jesucristo. Hechos 2:43; Marcos 16:20; Mateo 9:35-38.

A veces se ha intentado evangelizar poniendo énfasis en la organización, técnicas, y demás recursos humanos. Pero con tanta importancia colocada sobre la mecánica de la evangelización, fácilmente se descuida la preparación espiritual y lo imprescindible de una unción renovada del Espíritu Santo. Cuando los resultados no son como se esperaba y los creyentes no muestran interés, surgen protestas, reclamos y represiones en la iglesia. No se siente compasión alguna para evangelizar. Si queremos nosotros realizar un trabajo evangelístico efectivo, tendremos que dar tiempo para que los creyentes actúen bajo la dirección del Espíritu Santo, unos para tener una unción renovada y otros para recibir la nueva experiencia bautismal.

Han pasado casi dos mil años desde el Día de Pentecostés. Nos acercamos al Rapto de la Esposa del Cordero. Es por eso que Dios, como nunca en la historia de la iglesia, derrama su poder sobre casi todas las denominaciones. Reconozcamos, este buen tiempo en que vivimos y permitamos a Dios darnos unción de su poder sobrenatural.

II. *La preparación espiritual para el evangelismo*

La necesidad de la preparación espiritual se hace patente en el libro de Joel. El profeta señala la urgencia de una consagración renovada ante Dios, rectificaciones de lo que no debíamos hacer y hacer aquello que no hicimos. Para realizar un trabajo efectivo de evangelización debemos tomar muy en serio lo que dice Joel 2:11-17, 28, 29. Muchas congregaciones experimentan actualmente avivamientos y están anunciando las buenas nuevas. Nos expone este predicador cinco pasos muy importantes a seguir:

1. Una consideración seria del día terrible cuando el Señor juzgará a los hombres y dará su paga correspondiente al que vivió y murió en sus pecados.

2. El llamado de Dios a una conversión verdadera. Esto no se dirigió al inconverso sino al pueblo de Dios para que sintiera la necesidad de hacer a Dios una consagración seria, sin excusas, disimulos ni claudicaciones. Un examen de sí mismo producirá un espontáneo ayuno, lloro y lamento.

3. El llamado a consagrar los cultos a Dios. Deben celebrarse sin presentaciones superfluas, sin el control de una hora o dos solamente para cumplir con Dios o con nuestra religión. Urge tener cultos en que Dios tenga predominio por su Espíritu Santo y que su presencia se deje sentir.

4. El deseo de Dios en cuanto a los Ministros. El Eterno anhela ver en nosotros, un espíritu de compunción y una carga en el alma por el pueblo de Dios y por el mundo que se pierde.

5. *Después de esto* dice Dios: "Derramaré mi Espíritu sobre toda carne." Versículo 28. Pedro identifica en Hechos 2:17 el Día de Pentecostés como un descenso del poder del Espíritu Santo en los postreros días del cual habla Joel. Esta preparación lógicamente debe comenzar en los Ministros.

No se puede esperar del pueblo de Dios lo que no han alcanzado los Ministros. No basta animar, entusiasmar o programar planes y estrategias si el Ministerio se halla paralizado. A veces el dirigente pierde, sin darse cuenta, el celo de las cosas de Dios. Descuida la oración, el estudio de la Palabra de Dios. Tal actitud debilita el carácter del Ministro y en su trato con los demás, va en retroceso. Precisa renovar nuestro llamamiento, examinar nuestra consagración y buscar un nuevo Pentecostés en nuestra vida personal. Un Ministro renovado producirá una iglesia renovada.

Es claro que la preparación espiritual no solamente es una necesidad para los Ministros sino para todos los creyentes. La consagración, acercamiento al Señor y humillación del pueblo de Dios lo hacen más sensible a la manifestación del Espíritu

Santo. Así se despiertan a la urgencia de la evangelización del mundo.

Cristo empleó tiempos especiales antes de Pentecostés para hacer un trabajo de restauración en sus discípulos. Rescató a Tomás de la incredulidad. A los dos discípulos en camino a Emaús los reprendió por no creer en lo dicho por los profetas y en las Escrituras. Abrió sus ojos para que lo reconocieran. A Pedro lo levantó del desaliento. Cuando desanimados, los discípulos quería volver a pescar, el Señor los amonestó por su incredulidad y dureza de corazón. Después de todo este trabajo recién les ordenó ir al aposento para recibir la experiencia de Pentecostés, y esperar hasta ser llenos del poder del Espíritu Santo para cumplir la tarea de evangelización.

Para llevar a cabo una preparación espiritual de la iglesia con el fin de que puedan los creyentes salir a evangelizar, es necesario que el dirigente provea lo siguiente:

1. Cultos de acercamiento, consagración, confesión delante de Dios y de reconciliación entre los miembros de la iglesia.

2. Temas relacionados con el fruto del Espíritu Santo, la obra del Espíritu Santo en la transformación de la vida del creyente.

3. Estudios relacionados al hogar y las relaciones con la sociedad en que se vive.

4. Enfasis especial sobre la importancia de la oración y el estudio de la Palabra de Dios en la vida devocional.

Si el dirigente de una obra se empeña en prepararse a sí mismo en lo espiritual y provee por las cuatro cosas anteriormente citadas, verá que la iglesia saldrá a trabajar en la evangelización. Y el trabajo será más efectivo.

III. *La movilización de la iglesia en la evangelización*

Una vez que se haya logrado una verdadera preparación espiritual, el pastor y su iglesia podrán cumplir con la misión de evangelizar. Claro que no se va a pensar solamente en una breve temporada de evangelismo. Una iglesia normal mantiene una actividad constante en este trabajo. Se comete un error cuando sólo en contadas ocasiones especiales se anima, se organiza y se prepara a la iglesia para que respalde una campaña evangelística para después volver a la rutina.

La evangelización es un trabajo permanente que da vida y fervor espiritual a la iglesia. Sin ella la iglesia se paraliza. La falta de actividades evangelísticas abrumará a la iglesia disminuyendo sus fuerzas espirituales.

Le queda un campo vasto de actividad a la iglesia. Tiene que promover el discipulado con el fin de que cada creyente haga otros discípulos, enseñando al nuevo convertido para afirmarlo en su vida cristiana y a la vez prepararlo para que se convierta en maestro de otros más nuevos. Esto es algo que la iglesia ha olvidado en gran parte, pero en las congregaciones en que se enseña el discipulado en manera correcta se ven grandes resultados.

El discipulado en Mateo 28:19 es un mandato que Cristo dio a la iglesia. "Haced discípulos." No es un trabajo para ciertas épocas sino que es constante; tanto de parte del pastor como de los miembros de la iglesia.

Una iglesia responsable de su misión de hacer discípulos, coopera en las campañas masivas, en los cultos en las calles, en la visitación, en la distribución de literatura, programas de radio y otros medios de evangelización. Se acostumbra ganar a otros para Cristo, consolidarlos para que ellos a su vez hagan otros discípulos.

Los hermanos que ya no se cuentan entre el grupo de los jóvenes constituyen un elemento que penetra los centros de trabajos manuales e intelectuales y aun en medios de vida elevados en la sociedad. En su propio medio estos creyentes pueden hacer un trabajo muy eficaz de evangelización. Ellos muchas veces se muestran más constantes. Su madurez puede ser una gran ventaja para llevar a cabo el evangelismo. Necesitan ser preparados para evangelizar los lugares donde pasan gran parte de las horas del día.

Tenemos a la juventud con mucha iniciativa y vigor. Los jóvenes son los que pueden hacer campañas de oración, estudios bíblicos y actividades evangelísticas. La juventud vive entre personas que necesitan el evangelio. Muchas veces sus padres mismos no son convertidos. El joven tiene luchas morales contra su fe. Vale la pena tomar tiempo para escucharlo en forma particular y privada, o tener cultos en los cuales se hacen preguntas por escrito o verbalmente. Así las respuestas sirven de ayuda a muchos. Como con cualquier grupo, hay que tomar tiempo para orientar a la juventud, organizarlos y darles una preparación adecuada para el medio donde desempeñan sus responsabilidades.

Otro sector de la iglesia, el de las damas, es de importancia en el evangelismo. Ellas siempre se destacan en visitas a los hospitales, los enfermos, cultos en los hogares, la evangelización de los niños.

La Escuela Dominical ha sido en muchos de los casos la iniciativa de una nueva iglesia. No podemos tener en poco el potencial de un estudio bíblico en un hogar para llegar a ser una iglesia. Se puede comenzar entre niños o adultos o ambos grupos. Los niños son aptos para llevar el mensaje a su propio hogar. De esta manera muchos padres se han convertido al Señor Jesucristo. Los adultos muchas veces están dispuestos a asistir a un estudio bíblico realizado en una casa particular cuando no entrarían nunca en un templo.

IV. *Plantando iglesias*

Una iglesia edificada y con buena salud espiritual, tiene un fuerte espíritu de evangelización. Un trabajo evangelístico efectivo PLANTA IGLESIAS en los barrios, en las zonas urbanas y rurales, a diferentes niveles sociales y aun en los lugares muy apartados.

No se debe evangelizar sólo con el fin de tener una congregación grande, aumentar las finanzas, predicar tres veces por semana y tener la fama de ser el pastor de la congregación más grande del país. Eso sería limitar la misión de la iglesia. HAY QUE PROYECTAR LA IGLESIA HACIA AFUERA PARA EVANGELIZAR Y PLANTAR NUEVAS IGLESIAS. Cristo impartió esa visión a sus discípulos: MIRAD LOS CAMPOS PORQUE YA ESTAN BLANCOS PARA LA SIEGA.

El pastor con esta visión estará dispuesto a seguir los siguientes pasos para continuamente establecer iglesias nuevas:

1. Preparar a la iglesia para que salga a evangelizar.

2. Preparar obreros en la iglesia y asignarles un campo para que ellos ejerzan su propio ministerio.

3. Lograr el respaldo de la iglesia para la obra que se inicia con campañas evangelísticas, literatura, visitación en los hogares, un buen trabajo de discipulado.

4. Respaldar económicamente a la nueva obra que comienza, ya sea en el alquiler de un local o en la compra de un terreno cuando llegue el tiempo de hacerlo.

5. Los miembros que viven cerca de la nueva obra deben respaldar con su presencia y trabajo la obra en el lugar.

6. Dejar para la misma obra las ofrendas que se levanten en el lugar para así comenzar a sostener y adelantar la nueva iglesia en proceso de formación.

7. Ayudar económicamente al obrero local que les ayuda.

8. Ayudar a la iglesia madre hasta donde sea posible en la compra o construcción del nuevo templo.

La plantación de nuevas iglesias es el resultado de una iglesia espiritual con visión evangelística que tiene un discipulado permanente. No hay que tener temores a esta fase del evangelismo, porque mientras más la iglesia se extiende y sus miembros forman nuevas obras, más se multiplica la iglesia madre y más bendición recibe en todo sentido.

Se verán grandes resultados al dar preeminencia al lugar principal del Espíritu de Dios en la evangelización. Para tener una iglesia que sea evangelizadora, habrá que llevar a cabo una preparación espiritual de todos. Luego el dirigente deberá movilizar todos los elementos dentro de la iglesia para aprovechar hasta el máximo cada recurso que Dios provee. Marcos 16:15 nos compromete ante Dios como individuos o en forma colectiva para lanzarnos a la acción de evangelizar. Si bien es un solemne deber, es también un glorioso privilegio que acarrea hermosos dividendos espirituales. La evangelización es una constante siembra que da gozo a la iglesia, pero mucho más gozo da al Señor de la mies que está a las puertas.

BOSQUEJO DEL CAPITULO

La tarea ineludible de evangelizar

I. El móvil del evangelismo es el Espíritu Santo
  A. La tarea de esparcir las buenas nuevas se comenzó después de que la iglesia se revistió del Espíritu Santo
  B. El peligro de relegar la obra del Espíritu a un nivel de menos importancia
  C. El derramamiento universal del Espíritu en estos postreros días

II. La necesidad de una preparación espiritual
  A. Las advertencias de Joel
  B. La importancia de que los Ministros se preparen
  C. La preparación de todo miembro del cuerpo de Cristo
  D. La restauración de personas caídas
  E. Cómo llevar a cabo una preparación

III. La organización de los creyentes en el evangelismo
  A. Un trabajo continuo
  B. Activar un programa de discipulado
  C. Se debe aprovechar la ayuda de todos los departamentos de la iglesia

IV. El establecimiento de iglesias nuevas
  A. El imperativo de hacerlo
  B. Pasos para hacerlo

UN ENCUENTRO CON LAS VERDADES

Selección múltiple. Lea la primera parte de la frase y las cinco diferentes terminaciones con que se podría completar la misma. Escoja la que mejor termine o complete la frase. En algunos casos podrían servir más de una de las terminaciones, pero el alumno debe seleccionar la que *mejor* complete la idea. Aunque ninguna de las cinco le satisfaga del todo al estudiante, hay que escoger siempre la que más pudiera servir. Subraye la terminación escogida.

1. En la obra del evangelismo puede surgir una frustración a menos que se le ponga importancia a la necesidad de...
   (A) usar la versión antigua de la Biblia.
   (B) conseguir el evangelista que más llama la atención de las multitudes.
   (C) estudiar la manera de aplicar los principios de la mercadotecnia.
   (D) la preparación espiritual.

2. Servirá para intensificar nuestra motivación de evangelizar...
   (A) una verdadera comprensión del juicio final.
   (B) un regaño desde el púlpito.
   (C) hacer obligatoria la asistencia del pastor a todos los cultos de entre semana.
   (D) cantar coritos hasta que baje el poder.

3. Joel dice que para prepararse espiritualmente para un derramamiento del Espíritu Santo, el Ministro debe...
   (A) rasgar su ropa.
   (B) pasar dos horas diarias en oración.
   (C) golpear las bancas mientras ora.
   (D) afligirse por haber faltado a Dios.

4. La orden de evangelizar que dejó Cristo es para llevar a cabo...
   (A) si hay tiempo.
   (B) en todo tiempo.
   (C) en ciertas épocas de efervescencia de la iglesia.
   (D) era para el tiempo de los apóstoles.

5. Se prestan para movilizarse en el trabajo de evangelismo...
   (A) los caballeros.
   (B) los jóvenes.
   (C) las damas.
   (D) todos los grupos.

6. La iglesia de buena salud espiritual...
   (A) tiene un fuerte espíritu de evangelizar.
   (B) es grande.
   (C) no se acostumbra criticar a nadie.
   (D) hace lo posible para que sus miembros no salgan para ayudar a iglesias nacientes.

7. Cristo se preocupó...
   (A) por la comida.
   (B) porque sus discípulos se recibieran en una buena carrera.

(C) por las amenazas de sus enemigos.

(D) por la restauración de un discípulo con debilidad espiritual.

8. Al irse un evangelista, la iglesia debe...

(A) volver a la rutina acostumbrada.

(B) tratar de despedir a su pastor e instalar al evangelista.

(C) seguir evangelizando.

(D) hacer planes para otro esfuerzo evangelístico en el año siguiente.

9. El indicado para doctrinar a un nuevo convertido es...

(A) el evangelista.

(B) el pastor.

(C) él mismo.

(D) algún hermano de la iglesia.

10. La iglesia no cumple con su misión de evangelizar si no...

(A) celebra un tiempo de testimonios durante el culto en el templo.

(B) insiste en que las mujeres guarden silencio.

(C) establece otras iglesias.

(D) instala lámparas de buena calidad.

DE LA TEORIA A LA PRACTICA

1. ¿Cómo se sabe si una iglesia está bien enseñada en cuanto a su responsabilidad de evangelizar?

2. ¿Cómo se sabe si el pastor cree de veras en el valor de la oración por los perdidos?

3. ¿A qué grupos o departamentos de su iglesia les falta una visión y fervor evangelístico? ¿Qué piensa usted hacer para remediar este problema?

4. ¿Qué parte de la sesión anual de negocios de su iglesia se dedica al evangelismo?

5. ¿Qué tiempo de la última convención nacional se ocupó en la necesidad de evangelizar regiones nuevas del país y en planes para llevarlo a cabo?

6. ¿Qué papel hace la literatura en el evangelismo?

7. ¿Qué ha hecho usted para crear una conciencia entre los creyentes de la necesidad de una buena literatura?

8. ¿Qué lugar tiene la música en la evangelización?

9. ¿Qué coros serían los más aceptables para una campaña en un barrio nuevo?

10. ¿Qué porcentaje de los creyentes de su iglesia estima usted que dedican diariamente un tiempo para estudiar la Biblia y orar a solas?

11. ¿Qué concepto tiene la mayoría de los creyentes de su iglesia acerca de su responsabilidad con las personas que acaban de recibir a Cristo como su Salvador?

12. ¿Cuál fue el último estudio serio que realizó su iglesia sobre el evangelismo personal?

13. ¿Cuál fue el último estudio que se dio a la iglesia sobre la obra del Espíritu Santo?

14. ¿Cuál fue el último estudio que su iglesia recibió sobre el hogar cristiano?

15. ¿Cuál es la meta de la Escuela Dominical de su iglesia en cuanto al establecimiento de nuevas escuelas filiales durante este año?

16. ¿Cómo se compara el fervor evangelístico de su iglesia con el de algunas sectas falsas en su localidad?

17. ¿Con qué ideas de Joel 2 le ha impresionado el Espíritu Santo en su propia alma?

18. ¿Qué decisiones ha tomado usted después de estudiar este capítulo?

PROYECTOS PARA LA CLASE

1. Pedir a dos voluntarios de la clase que celebre cada uno una entrevista con algún adepto de una secta falsa que tenga celo en la programación de sus doctrinas con el fin de averiguar qué hacen para esparcir sus ideas, cuánto tiempo consagran a la labor y por qué lo hacen. Después podrán informar a la clase sobre las impresiones recibidas.

2. Que algún estudiante realice una investigación de la visión evangelística de Juan Wesley.

3. Celebrar una mesa redonda para evaluar el estado de ánimo actual en la iglesia nacional para el evangelismo.

4. Nombrar una comisión para recomendar a la clase los títulos y autores de diez libros que se prestan para evangelizar entre la clase media.

5. Analizar en clase el factor del tiempo necesario para celebrar una campaña en una localidad nueva que tiene la mira de lograr una iglesia que pueda sostenerse al terminar la campaña.

6. Analizar el evangelismo que se realiza cuando un creyente lleva un alma nueva a la iglesia. ¿Qué preparación debe el creyente hacer antes de que la visita llegue a la iglesia? ¿Qué efectividad tendrá el sermón si la persona no ha recibido explicación alguna de lo que es el evangelio?

JUAN ALBERTO BENAVIDES SOSA, salvado-
reño, aceptó al Señor Jesucristo como su Salvador
personal a los 8 años de edad. Se crió en un hogar
cristiano y cursó estudios en el Instituto Bíblico
en donde el Señor lo llamó para que se dedicara
exclusivamente al ministerio evangélico. Ha ejercido el pastorado en las iglesias de Efeso en la
ciudad Barrios, Pasaquina, Departamento de la
Unión y el Templo Betel en San Miguel. Actualmente es Presbítero de más de 90 iglesias en la zona de Oriente y Vice-Superintendente General de
las Asambleas de Dios en El Salvador. Está casado
con doña Blanca Isabel de Benavides y la pareja
tiene ocho hijos.

El hermano Benavides afirma que el apoyo moral y material que le han prestado su señora esposa y sus ocho hijos han sido un factor importantísimo del desarrollo de su ministerio.

Capítulo 21

EL PAPEL DEL MINISTRO EN EL ESTABLECIMIENTO DE OBRAS NUEVAS

Por Juan Alberto Benavides S.

Cada día nos sacuden el materialismo, el ateísmo y el indiferentismo. Los habitantes de nuestros países en América Latina van en aumento. De hecho el porcentaje de inconversos desfilando vertiginosamente hacia la eternidad sin fe, sin Dios y sin esperanza, crecerá a menos que la iglesia redoble sus esfuerzos para establecer obras nuevas con toda rapidez.

Todos estamos conscientes de que hemos faltado al cumplimiento de la comisión que nos dejó nuestro Señor: "Por tanto, id y haced discípulos a todas las naciones, bautizándoles... enseñándoles que guarden todas las cosas que os he mandado." Mateo 28:19, 20. ¿Qué haremos? No nos queda otro remedio sino enfrentar la realidad y tomar decisiones para solucionar el problema.

I. El Ministro ante el aumento de los incrédulos

En la era apostólica vemos a los creyentes vendiendo sus propiedades, para así entregarse totalmente a la causa del evangelio. Ocupaban su tiempo, sus energías y sus haberes en el propósito divino. Para ellos no había cosa más importante que Jesucristo y su reino. No había condiciones, peros, excusas. No postergaban el propósito divino. ¿Será que eso fue un impulso divino para que ellos comenzaran la iglesia pero que nada tiene que ver con nosotros?

No podemos aceptar que Dios se conforme con que nosotros tengamos menos motivación para abrir obras nuevas. Si la iglesia primitiva aceptaba el señorío de Cristo en su vida, tendremos que hacer lo mismo. En el idioma original del Nuevo Testamento la palabra "Señor" (kurios) significa amo, dueño. Se le decía "Señor" (kurios) al emperador. Los ministros con tanta facilidad pronunciamos la palabra "Señor" en nuestras oraciones y predicaciones. Pero si vamos a entrar en una relación seria con Cristo y aceptarlo como nuestro dueño o amo, debemos subordinar nuestros deseos, nuestras ambiciones y nuestros caprichos a la voluntad de Aquel que ordena nuestra vida.

El Señor Jesucristo en sus propias palabras confirma el hecho de que era el Señor del reino. "Vosotros me llamáis Maestro y Señor; y decís bien porque lo soy." Juan 13:13. Sigue en el versículo 16 diciendo: "El siervo no es mayor que su señor, ni el enviado es mayor que el que lo envió." Parece que no hemos entendido estas palabras ya que a veces deseamos ordenar al Señor. Deseamos decirle a El lo que no conviene y lo que conviene a su reino. Pero más claro no puede ser. "El siervo no es mayor que su señor." Somos nosotros quienes tenemos que recibir las órdenes de El, y por ende tenemos que subordinar todos nuestros caprichos y nuestros deseos a su voluntad.

Ante el aumento de los incrédulos la iglesia tendrá que redoblar sus esfuerzos para establecer obras nuevas, y los Ministros somos personas claves en este trabajo. ¿Estaremos dispuestos a "sacrificar" algunos miembros de nuestra congregación para este fin? Después de predicar del Señorío de Cristo, muchos le dicen que no pueden ayudar a abrir obras y le dan muchos motivos por no hacerlo. ¿Qué tendrá que hacer nuestro Señor para que veamos la necesidad de que nuestra iglesia haga un esfuerzo, que dé de sus finanzas y tiempo para plantar otras iglesias?

II. ¿Por qué establecer otras iglesias en la región?

Desde niño fui aficionado a la apicultura, o sea, el arte de criar abejas. Sin tener ninguna experiencia sobre este arte empecé a formar mis primeras colmenas pero con poco resultado. Seguí insistiendo, sin embargo. Consulté con otros y leí folletos que daban información sobre el particular. Descubrí que cada colonia o colmena con sus medidas normales tiene aproximadamente 30,000 abejas que trabajan en forma maravillosamente organizada. Cuando aprendí a hacer las divisiones para formar nuevos núcleos, aumentó el enjambre y de hecho la producción. El apicultor que empieza a estirpar los albiolos de reina para evitar los enjambres verá que la abeja se vuelve perezosa y hasta resentida. La colmena llega al tope de su producción. Irremisiblemente debe hacerse la división para evitar una actitud de indiferencia de las abejas obreras y el estancamiento del proceso normal de la colmena.

Cada Ministro podría aprender grandes lecciones con el estudio de todo el proceso de una colmena. La experiencia con mis abejas me ha servido de inspiración para pensar en el establecimiento de nuevos núcleos donde ya se ha establecido una iglesia. He visto iglesias que han crecido hasta cierto punto, pero luego han quedado estancadas por años. En cambio otras que se han esforzado para establecer nuevos núcleos o filiales, siguen creciendo. No entiendo por qué algunos pastores no le dan importancia a la formación de nuevos núcleos cuando es el más grande ideal de la iglesia. El que esté en dudas, que haga la prueba y verá surgir vigorosa su propia iglesia.

El Ministro no solamente debe procurar que los creyentes se mantengan siempre con el entusiasmo de evangelizar sino también con el fervor de plantar iglesias nuevas para no malograr la semilla sembrada. ¿Qué logramos con visitar las poblaciones, aldeas o barrios cercanos para llevar las buenas nuevas si no proveemos la manera de ayudar al que acepta a Cristo a crecer espiritualmente? Los hermanos deben aceptar cualquier invitación en el lugar que visitan, para celebrar un culto con la fe de que se han de convertir las almas y que pronto se formará un nuevo núcleo de creyentes. Es claro que tarde o temprano se verán en la necesidad de usar un lugar más amplio.

La formación de nuevas iglesias en la misma región provee también la oportunidad para que los creyentes que viven distantes de la iglesia central puedan asistir a un templo cercano. Una familia que vive en un barrio muy retirado del templo tiene grandes dificultades en asistir fielmente a los cultos. Cuanto mayor es la distancia, más problemas tendrá para llegar a la iglesia. El Ministro con clara visión sabe que cada barrio necesita su propia iglesia.

III. *Un plan para el establecimiento de iglesias nuevas*

El pastor y el cuerpo oficial deben de planificar el establecimiento de obras nuevas siguiendo los métodos neotestamentarios.

Equivocadamente, algunos creyentes suponen que cumplen con el gran propósito si un grupito se reúne todas las noches en determinado lugar para un culto de rutina. Luego regresan a casa con la conciencia tranquilizada, ya que "cumplieron". Se cuenta de un hermano que testificaba todas las noches en los cultos de su iglesia. El pastor, habiendo observado esto, lo invitó cierto día a dar un paseo por el centro de la ciudad llena de gente. En ese momento el pastor le pidió a su acompañante que testificara como hacía en la iglesia. El hombre respondió que no estaba acostumbrado a hacerlo fuera del templo. ¡Qué concepto equivocado tenía de lo que es testificar!

El plan de extensión debe incluir el adiestramiento adecuado de la iglesia. El pastor es llamado a convertir el templo en un centro de adiestramiento. Que no diga como algunos: "Hermanos, todos tienen la responsabilidad de evangelizar", pero sin orientarlos. Es lo mismo que si el dueño de una carpintería dice a sus empleados que todos comiencen a trabajar pero sin explicarles lo que deben hacer o cómo hacerlo.

Luego, el plan debe especificar metas. ¿En qué lugares se podrán levantar obras nuevas? ¿Cuándo? La iglesia debe orar por esos lugares.

IV. *Actitudes necesarias para la formación de nuevas obras*

En realidad, es un alto privilegio ser colaborador de Dios en esta hermosa tarea de redimir al hombre. Lo que a nosotros nos toca es seguir la iniciativa divina. Para lograrlo, tenemos que ser henchidos y controlados por el Espíritu. Esmerarnos en recibir y obedecer la dirección divina. Felipe obedeció la orden de abandonar la cómoda ciudad de Samaria para ir al desierto. Si se le hubiera dejado a la mera voluntad de Pablo, lo más probable es que no hubiera ido a los gentiles. Pero él vivía lo suficientemente cerca de Dios como para conocer la dirección del Espíritu Santo.

El que funda iglesias debe ser un hombre de visión. Verá posibilidades donde otros solamente ven obstáculos. Su visión descansa en el apoyo de una sólida fe para realizar este trabajo.

Siempre recordamos a un pastor empeñado en establecer un anexo a varios kilómetros de la iglesia madre. No solamente estimulaba a los laicos a visitar el lugar. El mismo frecuentaba el lugar para ayudar en la empresa. Muchas veces la lluvia lo sorprendía en el camino. Las montañas eran tan empinadas y resbaladizas, que debía subirlas arrastrándose sobre sus manos y rodillas. En algunas ocasiones volvió a su casa a las dos y media de la madrugada, cubierto de barro. La iglesia madre que pastoreaba era generosa y él no sufría necesidad económica; así es que no se podía pensar que fundaba esta nueva iglesia movido por algún apremio económico. Lo obligaba su amor a la obra. Poco tiempo después la nueva iglesia quedó establecida. ¿Y qué hizo este pastor? Instaló como pastor de la obra del campo a uno de sus obreros laicos. Algunos dirán que este Ministro perdió mucho sin recibir beneficio alguno. Perdió mucha energía, muchas horas, mucha comodidad, pero fundó la obra. Perdió la asistencia a la iglesia madre de los hermanos que iban a cooperar en la nueva obra. Perdió al buen obrero local que quedó de pastor en la iglesia filial. Pero lo que no había perdido era la visión de cumplir con su Señor.

Otra actitud vital en la fundación de una obra nueva es la constancia de los encargados. Una vez establecidos los cultos, los que están al frente de la iglesia naciente tienen que cumplir con sus responsabilidades con absoluta fidelidad. De otra manera, los principiantes pierden interés. Como los obreros encargados hacen las veces de pastores, tienen que desempeñar sus labores cuando todo les va bien lo mismo que cuando todo va en su contra.

Y otro detalle importante es que la nueva congregación siente su responsabilidad de ofrendar para que la obra siga adelante. Aun cuando la iglesia madre contribuya para los gastos de la obra nueva, el grupo debe sentir la satisfacción de cumplir su parte. Si desde el principio las ofrendas se anuncian con la misma naturalidad con que se anuncia cualquier otra actividad, los creyentes irán acostumbrándose a ofrendar. Sabrán que Dios bendice la liberalidad.

V. La predicación en el lugar nuevo

Los mensajes que se predican en el lugar en gran parte determinarán la calidad de la iglesia que nace. El fundador de iglesias debe predicar la verdad redentora tal cual aparece en la Palabra escrita de Dios, para que los creyentes lleguen a ser un "pueblo del Libro".

Tiene que ser Cristocéntrico el mensaje de aquel que quiere fundar iglesias fuertes. Gran parte del mensaje del evangelio consiste en explicar quién es Jesucristo, lo que hizo en la tierra, cuál es el resultado de su muerte y resurrección, cuál será su futuro triunfo universal. Las buenas nuevas que redimen al hombre y fundan iglesias se hallan en estas verdades básicas del evangelio. El pecador debe oír la voz tonante de Dios contra su pecado, para despertarlo a su necesidad de un Salvador.

Pero todo esto no pasa de ser una acción preliminar tendiente a señalar al verdadero Salvador. Cuidémonos de dar la impresión de que ser evangélico consiste en no hacer ciertas cosas. El hecho de que una persona no beba, no fume, no baile, no lo hace un hijo de Dios como tampoco lo hace la ropa que viste o deje de vestir ni las joyas con que se adorne o el maquillaje con que haga su arreglo facial. Lo único que puede salvar es la fe en un Cristo que vive. A este factor hay que darle preeminencia. Nunca debemos olvidar en todo intento de fundar una iglesia que es obra de Dios. No dará resultado la mera prohibición de ciertas cosas.

VI. Las relaciones entre la iglesia fundadora y la naciente

Durante el tiempo en que la iglesia filial está en el proceso de desarrollo, la iglesia madre debe velar por la estabilidad de aquélla.

Conviene que el pastor de la iglesia madre haga visitas para estimular al grupo y hacerles sentir su apoyo. El pastor debe orientar a los obreros locales que son los encargados de la nueva obra. Ellos van a necesitar ayuda en la administración.

El fundador de iglesias puede ser un hombre que ha dedicado toda su vida a la actividad ministerial, pero también una iglesia puede ser el resultado de los esfuerzos de un laico que preocupado por los demás, testifica entre sus amigos y vecinos. Dentro de poco levantará un grupo de personas que han aceptado el evangelio en virtud de su fidelidad al Señor. Aun así, tal creyente haría bien en pedir la ayuda de pastores experimentados para establecer la nueva iglesia sobre bases sólidas.

Será necesario el nombramiento de un cuerpo oficial provisional de entre el grupo local, aunque todavía les falte madurez a los candidatos. Deben comenzar a adquirir experiencia en el manejo de los fondos. Debe acostumbrarse a informar al grupo de sus actividades y del estado de la tesorería. El conocimiento de cómo se manejan los fondos de la obra crea un ambiente de confianza en la congregación. Como resultado, los creyentes cooperarán sin duda más fielmente con la iglesia.

Los miembros de la iglesia madre que vivan en la proximidad de la nueva obra ya habrán recibido ánimo de su pastor para asistir a los cultos de ésta. Ellos, al igual que él, sentirán una verdadera carga por la extensión del Reino de Dios. La congregación madre se acuerda de que las abejas producen más y mantienen una mejor salud, cuando la reina sale con un grupo de obreras en un enjambre para comenzar una nueva colmena. Cuando ya el grupo ha crecido o tiene las posibilidades de sostener a su pastor, y ha demostrado una capacidad de gobernarse, se sesiona con ellos para hacer los arreglos pertinentes. El pastor y diáconos de la iglesia madre se deben presentar al comité directivo nacional de la obra para llegar a un acuerdo en todas las esferas. Así queda la iglesia entregada y reconocida legalmente como una nueva iglesia.

Desde el momento en que la nueva obra queda desmembrada de la iglesia madre, se constituye en una iglesia organizada. Para que esto sea más impresionante y atractivo se debe celebrar un culto especial en que estarán presentes los oficiales de la iglesia madre y otros invitados.

Si cada pastor tuviera la visión del apicultor que ve la necesidad de dividir las colmenas para mantener a las abejas contentas y saludables, dentro de poco tiempo la obra se extendería en una manera asombrosa. Entonces se podría decir que se multiplican con más fuerza los miembros del cuerpo de Cristo que la población del país. Dichoso el Ministro que se convence de esta verdad y la lleva a la práctica.

BOSQUEJO DEL CAPITULO

La responsabilidad del Ministro en la reproducción de la iglesia

I. La responsabilidad del Ministro ante el aumento de los incrédulos
   A. La actitud de la iglesia primitiva
   B. El señorío de Cristo en la vida personal
   C. La necesidad de una disposición de hacer sacrificios

II. Algunos motivos de formar iglesias nuevas
   A. El ejemplo del colmenar
   B. La formación constante de nuevos núcleos mantiene la salud de la iglesia madre
   C. La necesidad de conservar los resultados de los esfuerzos evangelizadores

D. La ventaja para el creyente de tener una iglesia en su propio barrio

III. Un plan para la extensión

A. Las organizaciones comerciales tienen sus planes
B. Idea equivocada de los propósitos de la iglesia
C. Adiestramiento de nuevos obreros

IV. Las actitudes necesarias en la obra de extensión

A. La necesidad de seguir la dirección del Espíritu Santo
B. El tesón del dirigente
C. La constancia de los encargados de la obra
D. La comprensión de los nuevos de su deber de ofrendar

V. La predicación en un lugar nuevo

A. Determina cómo será la iglesia
B. Debe enfocarse sobre la persona de Cristo
C. El elemento negativo en la predicación

VI. Las relaciones entre las iglesias madre e hija

A. La necesidad de la obra nueva del calor de la fundadora
B. El nombramiento de un cuerpo oficial provisional
C. Los creyentes de la iglesia madre que viven cerca de la obra nueva deben permanecer con ella
D. Los arreglos para la organización oficial de la nueva iglesia
E. El culto especial de reconocimiento público de la nueva iglesia.

UN ENCUENTRO CON LAS VERDADES

¿Verdadero o falso? Lea cada afirmación con cuidado. Fíjese si lo que expone es cierto o no. En el caso de que lo que dice no es verdad, cambie la redacción para que la declaración llegue a ser cierta. Si es verdadero lo que dice, escriba la palabra "Verdadero" en el espacio en blanco.

1. El Ministro es una persona clave en el establecimiento de iglesias nuevas.   1. ....

2. Lógicamente, Dios aceptaría que nosotros en este siglo tengamos menos motivación para la extensión de la iglesia que la que tenían los creyentes de la iglesia apostólica.   2. ....

3. La palabra traducida "señor" en el Nuevo Testamento se ponía ante el apellido de un hombre cualquiera como hoy se hace entre nosotros.   3. ....

4. El señorío de Cristo tiene que ver solamente con los miembros laicos de la iglesia.   4. ....

5. El templo debe llegar a ser un centro de adiestramiento de los creyentes para que cumplan con la Gran Comisión.

5. ....

6. Para poder cumplir con su tarea, el pastor tendrá que preparar futuros Ministros.

6. ....

7. La división de una colonia de abejas aumentará la producción.

7. ....

8. La formación de nuevas iglesias en la misma región debilita la iglesia madre en cada caso.

8. ....

9. Un motivo de establecer iglesias en los barrios es la dificultad que tienen los creyentes que viven lejos del templo central de asistir con fidelidad a los cultos.

9. ....

10. Los miembros laicos pueden fundar iglesias nuevas.

10. ....

11. Hace falta tener una visión de los resultados finales para animar a plantar iglesias nuevas en medio de circunstancias difíciles.

11. ....

12. El encargado de la obra nueva debe asistir a los cultos solamente cuando siente grandes deseos de hacerlo.

12. ....

13. Para bien de la obra y para lograr un ambiente grato, es aconsejable esperar la introducción de las ofrendas hasta que la obra esté bien establecida.

13. ....

14. Los mensajes que se predican tienen mucho que ver con la calidad de la iglesia que comienza a formarse.

14. ....

15. El predicador debe cuidarse de dejar la idea de que la aceptación del evangelio consiste únicamente dejar de hacer varias cosas.

15. ....

16. La iglesia naciente necesitará el estímulo y apoyo de la iglesia madre.

16. ....

17. El pastor de la iglesia fundadora debe insistir en que los miembros antiguos que viven cerca de la obra nueva se mantengan fieles a la iglesia madre donde se convirtieron.

17. ....

18. Es peligroso tener una junta oficial provisional en la iglesia naciente.

18. ....

19. Los creyentes de la iglesia madre que vivan
cerca de la obra nueva deben ser animados a
ayudar en la obra donde viven. 19. ....

20. Para organizar la obra nueva en una iglesia reconocida, se ha de llegar a un acuerdo con los
ejecutivos de la obra nacional. 20. ....

DE LA TEORIA A LA PRACTICA

1. ¿A qué se debe el éxito que muchos negocios han logrado por
el establecimiento de muchas sucursales?

2. ¿Cuál es el temor inevitable de un pastor ante la posibilidad
de establecer una iglesia en un barrio en que viven miembros
de su iglesia?

3. ¿A qué lugar le es más fácil asistir a un trabajador después de terminar el día? ¿A un lugar distante o cerca de su
casa?

4. ¿Cómo se fortalece la obra en general si se les facilita la manera a los hombres sostenedores de hogares de asistir a los cultos
de entre semana?

5. ¿Por qué tendrá una persona capacitada más inclinación de
manifestar un espíritu de crítica negativa si es inactivo que
si desarrolla su propio ministerio en una obra filial?

6. ¿Cuántas obras filiales ha iniciado la iglesia suya en los últimos doce meses?

7. ¿Cuántos barrios habrá en la ciudad donde usted ejerce su
ministerio que no tienen ninguna iglesia evangélica?

8. ¿Cuántas obras nuevas proyecta su iglesia formar en el próximo año?

PROYECTOS PARA LA CLASE

1. Invitar a un pastor que ha tenido éxito en dirigir a su iglesia
en la empresa de fundar obras nuevas a que exponga a la clase
sus motivos de ocuparse en esto.

2. Dividirse en grupos para que cada uno se encargue de preparar un mapa de una región especificada del país o un plano de
una ciudad. Se deben indicar los barrios que tienen iglesias
evangélicas y los que no.

GEZIEL NUNEZ GOMES, nació en Maranhao, Brasil. Ha ejercido el pastorado en las iglesias de Olaria, Río Comprido y actualmente es copastor de las Asambleas de San Cristovao. Es también Director del Departamento de Evangelismo. Ha desempeñado los cargos de Secretario de Misiones Nacionales, Jefe de Redacción del órgano oficial de la iglesia "Mensagiero da Paz" y ha sido Secretario del Comité Ejecutivo de las Asambleas de Dios de Brasil. Geziel Nunes Gomes es autor de cinco libros y co-redactor de las lecciones bíblicas de las Asambleas de Dios del Brasil.

Declara el hermano Nunez Gomes que ha ejercido profunda influencia en el desarrollo de su ministerio la comprensión del ilimitado poder del Espíritu Santo.

Capítulo 22

EL TRABAJO SOCIAL DE LA IGLESIA VISTO POR EL MINISTRO

Por Geziel N. Gomes

Traducido por Ilidio da Silva

Sin perjuicio de sus tareas eminentemente espirituales que resultan de carácter místico y de un ministerio sobrenatural, la iglesia tiene responsabilidades definidas en el área del trabajo social. Resta que sus líderes, con amplitud de espíritu y de criterio, definan las pautas que el pueblo de Dios debe seguir, para cumplir la gran comisión. No pueden menos que mirar a la criatura humana sufriendo necesidades que afligen al cuerpo, al alma y al espíritu.

I. La misión principal de la iglesia

Cuando se afirma que "la misión principal de la iglesia es evangelizar", no se insinúa que el pueblo de Dios no tenga otra responsabilidad. No se pretende restar importancia a las otras tareas que la iglesia debe desempeñar. En otras palabras, la responsabilidad de predicar las buenas nuevas tendrá precedencia sobre las demás labores, pero no las eliminará.

Los miembros de la iglesia primitiva consideraban como responsabilidad fundamental, también, el culto que se rendía al Creador. Cristo mismo enseñó que Dios busca quienes le adoren en espíritu y en verdad. Juan 4:23, 24.

Enseñar igualmente, es tarea básica de la iglesia del Señor Jesús. A la enseñanza dedicó el Maestro una tercera parte de su fructífero ministerio. Mateo 4:23. Este ejemplo modelo e insustituible del Señor recomienda que sus seguidores enseñen y prediquen. Pero la iglesia no solamente impartirá ideas teóricas, sino también una demostración práctica de que el evangelio es indudablemente una fuente viva de experiencias abundantes y maravillosas.

II. La Iglesia y los problemas humanos

Si la iglesia actual desconoce los problemas del hombre contemporáneo, va en camino peligroso. El Ministro debe atender los problemas existentes de toda índole. Deberá estar poseído de una unción divina para conducir a la iglesia y la sociedad que lo rodea a la solución de sus dificutades. No se trata, claro está, de convertir el mensaje del evangelio en una industria de ofertas y facilidades. Pero sí, el creyente debe convencer a los demás que la práctica del amor cristiano posee recursos maravillosos y suficientes para contrarrestar los males.

El Ministro debe ser esencialmente un hombre de visión. Tendrá que ser ungido con una capacidad de contemplar, de comprender el medio ambiente. Pero después de tener la visión clara de los problemas, tendrá que discernir la voluntad peculiar de Dios para su propio ministerio y qué camino escoger para su solución.

El desentendimiento entre familias, la miseria, la orfandad desprotegida, conflictos obreros prácticamente sin solución, fricciones entre clases, ancianos desamparados, todo esto necesita consideración a la luz de un denominador común: el alejamiento de Dios.

La naturaleza de los problemas es una cuestión teológica, y el problema social contemporáneo se reviste de una cualidad escatológica, o sea, profética. Este sufrimiento de la raza humana se agrava a la medida que se aproxima el fin del gobierno humano. Los días de Noé fueron difíciles, y también problemáticos fueron los días de Lot. Los nuestros se van haciendo tan serios y complejos como aquéllos. Si los problemas que nos envuelven son cada día peores, tenemos que escudriñar las recomendaciones bíblicas y buscar inspiración espiritual y la dirección divina que nos ayuden a solucionarlos.

El Ministro diligente y responsable debe estar permanentemente alerta. El criterio de sumisión a la Palabra de Dios y a la vocación de ortodoxia de que están poseídos los verdaderos heraldos del evangelio debe ser más importante que la mera fascinación por ideas y corrientes, que aunque parecidas a la verdad, van muy lejos de ella.

En los últimos años ha surgido un movimiento excesivamente liberal que pretende reducir la capacidad espiritual del evangelio a un simple programa social. Se presenta ante el siervo de Dios la tentación de introducir en la vida ministerial las bases de un evangelio social sobre el pretexto de atender mejor a las necesidades de la época. De seguirla, sin embargo, llevaría a la iglesia a un desvirtuamiento de su verdadero propósito. Ninguna articulación que promueva la retirada de la iglesia de su centro. verdadero es digna de ser aceptada y practicada. La sucesión de la iglesia como entidad se vincula a su fidelidad a los conceptos bíblicos de siempre. Los mismos problemas sociales deben ser encarados a la luz de soluciones espirituales.

Ya hemos dicho que la Biblia claramente indica que la responsabilidad de predicar las buenas nuevas ha de tomar la precedencia sobre las demás labores. Si la iglesia cumple con este deber de primer orden, ¿qué tan lejos va de una obra social? Al predicar el evangelio, ¿qué se realiza para ayudar a la humanidad sufriente?

Pensemos por un momento lo que sucede en la vida de una persona que abraza el evangelio. ¿Qué hábitos destructivos va abandonando? ¿Qué mejoría resulta en las relaciones hogareñas? ¿Cómo cambia su actitud hacia el trabajo? ¿Cómo le va a ayudar su nuevo deseo de actuar con honradez? El padre que nunca manifiesta cariño a sus hijos ni les da de su tiempo para ayudarles en sus problemas, ¿qué hace después de su conversión, al seguir las normas bíblicas? ¿Qué le sucede al borracho empedernido al aceptar al Señor como su Salvador? No en vano el Maestro de Galilea aconsejaba buscar primeramente el Reino de Dios y su justicia antes de preocuparse por las necesidades materiales.

Ni por un momento podremos permitir que una crítica negativa nos lleve al punto de creer que no hacemos obra social al predicar el santo evangelio. Al contrario, toda la comunidad se da cuenta de cómo los que aceptan a Cristo se regeneran. Mientras las autoridades públicas lamentan el hecho de que es tan poco lo que se puede hacer en la verdadera rehabilitación de los narcómanos, los evangélicos les predicamos del Salvador que murió por ellos y oramos con ellos hasta que con la ayuda del Espíritu Santo se libran de tan nefasta vida. Los penalistas y sicólogos preparan programas de rehabilitación de los presos, pero ven frustradas sus mejores intenciones ya que pocos son los criminales que de veras llegan a convertirse en ciudadanos ejemplares. Pero la iglesia lleva la Palabra de Dios a los encarcelados y el más facineroso que decide asirse de Cristo puede testificar de una gloriosa regeneración. ¿Qué mejor obra social que ésa?

Como ya hemos dicho, las iglesias tienen compromisos con la sociedad envuelta en problemas. El desvincularse de estos problemas significaría una irresponsabilidad en nombre de la propia Deidad. Sería absolutamente caótico e imperdonable. La iglesia puede intentar, si quiere, encontrar soluciones para sus problemas basándose en las teorías de la sociedad contemporánea. Pero puede establecerse su propio patrón de actividades a la luz de una inspiración específica con sorprendentes resultados.

III. *La política de algunas iglesias conservadoras del Brasil*

El Brasil ha experimentado grandes cambios en el orden político y social en los años recientes. La iglesia evangélica ha obtenido posiciones nunca antes alcanzadas. Hay un desafío serio para ser cumplido debido a su participación ya manifiesta en la coyuntura nacional. Aunque no existe una política global y organizada para actividades de naturaleza social, las iglesias en su mayoría han seguido un plan de actividades fructíferas.

Tradicionalmente las Asambleas de Dios del Brasil han ejecutado sus actividades sociales completamente desvinculadas de la maquinaria gubernamental. En general, ciertos tipos de compromisos de esta índole limitarían la acción espiritual de la iglesia y la sacrificarían en muchos sentidos. Las asambleas, por lo tanto, han organizado sus propios métodos para aliviar el sufrimiento de sus adherentes.

Decenas de grandes iglesias en el Brasil cuidan de sus huérfanos con sus propios recursos. Existen actualmente orfanatos en muchas ciudades, como Porto Alegre, San Pablo, Río de Janeiro, Recife, Belo Horizonte. La asistencia espiritual que se les administra a los internos les ayuda a prepararse para los días futuros. Muchos de esos orfanatos ejecutan programas satisfactorios de entrenamiento profesional.

Existe, también, en el Brasil un sistema peculiar de atención a personas necesitadas. En esta área están situadas la mayoría de las iglesias esparcidas por todo el país. Se trata de una atención de carácter no organizacional a millares de personas necesitadas. Algunas iglesias como las de Belén, Pará, San Cristóbal, Río de Janeiro y San Pablo dedican una parte definida de su presupuesto a este tipo de asistencia. Viudas, enfermos desempleados y otros necesitados tienen sus nombres clasificados en las tesorerías de las iglesias y mensualmente reciben la ayuda que la iglesia les dedica. Periódicamente, de acuerdo con las variaciones del costo de la vida, esos auxilios reciben sus reajustes.

Muchas iglesias mantienen sus asilos. Costean su presupuesto y los internos reciben asistencia médica, social y espiritual.

Las iglesias brasileñas no se han inclinado a la construcción de hospitales. La experiencia nos ha hecho sentir que ese es un trabajo que compete al gobierno. Traería, además, consecuencias poco importantes para la iglesia el envolverse en esta área. Existen, sin embargo, varias sociedades religiosas que administran redes de hospitales, casas de salud o centros ambulatorios de asistencia médica.

Muchas iglesias del Brasil abandonaron la idea de construir escuelas. ¿Qué es más útil y productivo: escuelas evangélicas con profesores ateos, o profesores evangélicos en escuelas seculares? ¿Debe la iglesia confiar el rebaño a los lobos o debe enviar su luz a las espesas tinieblas?

¿A dónde iremos?

La iglesia en su trabajo social debe estar consciente de sus posibilidades y de su ideal. Ningún Ministro que posea una visión unilateral podrá alcanzar éxito total. Los medios deben analizarse teniendo en cuenta su objetivo. Cualquiera que sea la tarea que una iglesia desempeñe, no olvide el Ministro que el cuerpo de Cristo tiene vocación espiritual y eterna. Nuestros compromisos con Dios se realizan en esta vida, pero se completan en la eternidad.

BOSQUEJO DEL CAPITULO

El Ministro contemplando el trabajo social de la iglesia

I. Las responsabilidades primordiales del pueblo de Dios
   A. Comunicar el evangelio
   B. Adorar a Dios
   C. Enseñar la Biblia

II. El Pueblo de Dios frente a los males del hombre
   A. La necesidad de enfrentarse con el sufrimiento del hombre
   B. La necesidad de la sabiduría divina
   C. La causa de todo problema social es la separación de Dios
   D. La necesidad de encontrar la pauta bíblica para solucionar los problemas
   E. Los peligros de la solución propuesta por la teología liberal
   F. El cambio social que resulta de la predicación del evangelio

III. El sistema de algunas iglesias brasileñas conservadoras
   A. Aparte del gobierno
   B. Los orfanatos
   C. Ayudas para los pobres
   D. Poco interés en construir hospitales
   E. Desistimiento de tener escuelas

UN ENCUENTRO CON LAS VERDADES

Escoger la mejor terminación. Lea cada frase y decida qué frase la termina mejor. En algunos casos más de una terminación podría servir, pero hay que escoger la que MEJOR termine la frase.

1. La iglesia debe mirar a un ser humano como...
   (A) perteneciente a la especie superior de todos los animales.
   (B) parte de un conjunto que tiene problemas tanto espirituales como físicos.
   (C) una criatura que no puede entender las verdades espirituales mientras padece hambre.
   (D) un alma espiritual que es la única cosa por la cual un hijo de Dios debe preocuparse.
   (E) una unidad de enorme capacidad intelectual.

2. La responsabilidad de predicar el evangelio...
   (A) es la única que tiene la iglesia de nuestro Señor Jesucristo.
   (B) es de poca urgencia.
   (C) es de igual importancia como la de ayudar al prójimo en un sentido práctico.

(D) es la que toma preferencia sobre otros deberes.

(E) no se debe llevar a cabo con creyentes de poca experiencia.

3. La iglesia ha de enseñar el evangelio...

(A) con un ejemplo vivo de servir al hombre.

(B) pidiendo que todos repitan de memoria los bosquejos de las lecciones dadas.

(C) en aulas con aire acondicionado y bien equipadas.

(D) usando solamente la técnica pedagógica del discurso, ya que es la más bíblica.

(E) principalmente por la radio.

4. La aplicación de los principios del cristianismo tiene el potencial de...

(A) hacer rico a cada creyente diezmero.

(B) mejorar la suerte de cada creyente.

(C) contrarrestar los males que padecen los hombres.

(D) formar un gobierno perfecto.

(E) eliminar la necesidad de los gobiernos humanos.

5. Los males de la vida resultan de...

(A) la rebelión contra Dios.

(B) los microbios.

(C) la falta de una alimentación adecuada y un medio ambiente hostil.

(D) la falta de enseñanza y educación.

(E) el egoísmo.

6. Debido a la naturaleza teológica de los problemas sociales, la mejor manera de resolverlos es...

(A) acudir a los teólogos.

(B) estudiar la sociología.

(C) dejar que ellos mismos desaparezcan con el tiempo.

(D) analizar lo que aconsejan las Sagradas Escrituras.

(E) por medio de la violencia.

7. Para darse cuenta de una influencia insidiosa que puede desviar a la Iglesia del camino trazado por la Biblia, el Ministro tiene que...

(A) ser graduado de un seminario reconocido y de prestigio.

(B) aceptar la autoridad de la Biblia como la más alta.

(C) ser muy inteligente y sabio.

(D) ayudar a los pobres en una manera práctica.

(E) repetir los nombres de las personas de la Santísima Trinidad.

8. El simple programa social que desean muchos de los cristianos de tendencias liberales resultaría en...

(A) un abandono de la responsabilidad de evangelizar a los perdidos.

(B) un paraíso terrenal.

(C) aliviar los problemas del mundo.

(D) una Iglesia de más espiritualidad.

(E) tomar la marca de la bestia.

9 El creyente que se aleja de los problemas sociales ...

(A) actúa de acuerdo con los principios bíblicos.

(B) adquiere más espiritualidad.

(C) huye de sus responsabilidades cristianas.

(D) lo hace por carecer de suficientes recursos económicos.

(E) trae gloria al bendito nombre de Dios Padre.

10. Las Asambleas de Dios del Brasil han llevado a cabo sus obras sociales ...

(A) independientemente del gobierno.

(B) en asociación íntima del gobierno.

(C) formando su propio partido político.

(D) dejando a la conciencia de cada creyente lo que debe hacer.

(E) con puras campañas de oración.

DE LA TEORIA A LA PRACTICA

1. ¿Qué textos bíblicos hacen ver que el creyente tiene que cumplir con sus deberes sociales?

2. ¿Qué evidencias puede dar usted para mostrar que la buena alimentación no asegura que un hombre prestará más atención al evangelio?

PROYECTOS PARA LA CLASE

1. Analizar las respuestas de los miembros de la clase de la sección UN ENCUENTRO CON LAS VERDADES. Considerar lo que motivó a algunos a escoger una terminación que no es la mejor.

2. Llevar a cabo una encuesta entre creyentes de varias iglesias para recoger ideas de posibles proyectos sociales que podrían aliviar los problemas más urgentes de los creyentes de su región.

3. Preparar los planes para un proyecto de trabajo social para las iglesias de una ciudad escogida por la clase.

4. Invitar a la presidenta nacional del Concilio Femenino para que presente a la clase una conferencia sobre el trabajo social que deben desempeñar las hermanas de la iglesia.

5. Celebrar una mesa redonda sobre la posibilidad de la iglesia de ayudar a los necesitados no convertidos.

JERONIMO PEREZ CASTRO nació en Matagalpa, Nicaragua. Está casado con Virginia Reyes y la pareja tiene siete hijos. Entre otros cargos, el hermano Pérez ha desempeñado el de Presbítero, Presidente Nacional de los Embajadores de Cristo y Vice-Superintendente del Concilio Nicaragüense de las Asambleas de Dios. Actualmente es Superintendente Nacional de dicha organización en su país, y Director del Instituto Bíblico de las Asambleas de Dios en Managua. Ha ejercido el pastorado en Río Escondido, Getsemaní en León, Bethel en León y ejerce el ministerio de Evangelista. Desempeña el ministerio evangélico desde hace más de 17 años.

El hermano Pérez Castro nos dice que las experiencias de su padre, ministro evangélico, han ejercido notable influencia en su propio ministerio.

Capítulo 23

EL MINISTRO EN SU COMUNIDAD

Por Jerónimo Pérez C.

Sufren algunos ministros un complejo de ermitaños. Quieren vivir aislados. Se cruzan por las calles de la ciudad ignorando a los demás. Evitan el participar en cualquier actividad que no sea la de predicar desde el púlpito, suponiendo erróneamente que el pastor no debe rozarse con nadie.

No nos dio Cristo ese ejemplo. Fue objeto, por el contrario, de severas críticas de parte de los fariseos por la relación amistosa y popular que sostuvo con la gente de su comunidad. Mateo 9:11; Lucas 5:30; 7:34. (En este estudio entendemos por comunidad el grupo de personas con quienes vivimos en el barrio o ciudad.)

Un saludo, una sonrisa a las personas de nuestra vecindad no cuesta mucho, pero SI hace mucho. La Escritura nos exhorta a ser AMIGABLES. I Pedro 3:8. Esta relación de amigos nunca debe llegar al punto de confundirnos con ellos como si fuéramos los mismos. Tampoco hemos de ser superiores, sino distintos. El Señor Jesús nos observó: "No son del mundo, como tampoco yo soy del mundo." Juan 17:16. Esto deja establecido que debemos saber que hay una distancia que guardar.

I. *El Ministro frente a los actos sociales*

Uno de los primeros problemas con que se tiene que enfrentar el Ministro es la demanda sobre su tiempo que hacen las muchas invitaciones a eventos sociales de la comunidad. Nunca faltan las celebraciones de cumpleaños, bodas, comidas, graduaciones. Si los que realizan la fiesta son creyentes y mayormente miembros de la iglesia, el pastor tiene la responsabilidad de estar presente no sólo como un cumplido social sino para que su presencia garantice el mejor desarrollo de la misma. Puede aprovechar la ocasión para alcanzar a alguien con el mensaje de Cristo.

Pero se dará el caso de que el Ministro sea invitado a un acto social por personas no evangélicas de su comunidad. La tendencia más natural es evadir la invitación, pero, ¿es lo mejor? ¿No es acaso nuestro anhelo alcanzar almas para Cristo? ¿No es ésta una oportunidad que podemos aprovechar para ser una influencia a favor del Salvador? Todo Ministro sabio puede sacar gran ventaja a favor del evangelio asistiendo a acto sociales en los cuales con su comportamiento y actitud puede dejar bien sentado el testimonio de un verdadero cristiano.

Pero por supuesto que no todo acto social es adecuado para asistir. Cada caso deberá ser considerado separadamente si conviene o no. En ninguna ocasión debe vacilar el Ministro cristiano en rehusar una invitación si sabe que su asistencia comprometerá su ministerio o el buen nombre de la causa de Cristo. En esta circunstancia tomemos en cuenta lo que dice San Pablo en I Corintios 6:12: "Todas las cosas me son lícitas, mas no todas me convienen."

II. *El Ministro frente a los programas de acción social*

Tienen que ver los programas de acción social con obras de beneficio material realizadas a favor de otros. La mayor parte del pueblo evangélico y sus ministros lamentablemente han descuidado el ejercicio de esta fase del cristianismo.

¿Quién ha dicho que no nos toca hacer algo en este sentido? Dios, cuando menos, no lo ha dicho. Antes bien, escribe San Pablo a Timoteo que mande a los ricos "que hagan bien, que sean ricos en buenas obras, dadivosos, generosos". I Timoteo 6:18. Le encarga a Tito que insista con firmeza "que los que creen en Dios procuren ocuparse en buenas obras... para los casos de necesidad, para que no sean sin fruto". Tito 3:8, 14. Se decía de Dorcas que abundaba en buenas obras y en limosnas. Hechos 9:36-39.

El Ministro se limitará en algunos casos a ayudar en proyectos promovidos por las autoridades de la ciudad: en un hospital, prisión, colegio u orfanatorio. Pero puede y debe tomar la iniciativa, respaldado por los miembros de su iglesia, para acciones sociales propias de la iglesia. A fin de prestar la oportuna ayuda a personas necesitadas, puede participar en un programa de alimentación para víctimas de un terremoto, inundación, incendio o accidente. Este es el amor práctico del cristiano de que habla Santiago. Santiago 2:14-17.

No olvide el Ministro que lo que en este sentido haga no es la función principal que le corresponde realizar. Tiene que dar prioridad en su ministerio para su comunidad, a lo ESPIRITUAL. La función social es secundaria y en todo caso no debe ser un fin, sino un medio solamente. Mateo 6:25-33. No somos filántropos que mezclamos nuestras obras con un poquito de fe, sino Ministros espirituales que llevamos también una cantimplora en la mano.

III. *El Ministro frente a los programas culturales*

Vivimos en una época decisiva. La gente quiere saber, quiere conocer más. Por todos lados se ven grupos de personas escuchando a alguien. Pero en el mayor número de casos, los Ministros se marginan a sí mismos. Se reducen al templo cuando podrían hacer contactos con muchos por medio de programas culturales. Todo Ministro debe ser una persona estudiosa para lograr que sus conocimientos culturales sean los más amplios posible. Así podrá emplearlos en beneficio de su comunidad.

Se presenta muchas veces la oportunidad a un Ministro de estar en un Centro Escolar para disertar temas que orienten a nuestra confusa juventud e instruyan a los padres y esposos con conferencias especiales que contribuyan al desarrollo integral de la comunidad. Quien esto escribe ha tenido la oportunidad de hablar en un teatro, auditorio o escuela y ha visto resultados satisfactorios.

Por otro lado es factible colaborar en el desarrollo intelectual de la comunidad estableciendo una biblioteca en la prisión local, en el centro comunal o en el anexo al Templo. Se llevan libros de historia, ciencia, geografía. Sobre todo se ha de colocar el Libro excelente, la Santa Biblia, y un buen surtido de obras cristianas. Se debe escoger especialmente las de enfoque evangelístico y de doctrina fundamental. A Dios gracias que la publicación de literatura cristiana en español abunda más cada día. Hay que aprovecharlo.

La mayor parte de las poblaciones han organizado una biblioteca pública. El pastor inteligente aprovechará ese lugar para colocar en dicho centro cultural un buen surtido de libros cristianos. Los bibliotecarios siempre se alegran de recibir donaciones de buenos libros. Otra posibilidad de hacer una donación de libros es a niños pobres de un colegio. Además de un aporte al desarrollo intelectual de la niñez, podría ser el medio de entrar posteriormente a su hogar para llevar a la familia al conocimiento del Gran Maestro.

Y cuando en la ciudad haya un concurso literario ¡qué bueno sería que entre los escritos fuera uno con la firma del pastor local! Esta es una oportunidad de orientar a la comunidad en cuanto al punto de vista cristiano. Conozco el caso de un pastor que hizo esto. Ganó el premio y se le abrió como resultado la puerta para entrar en relación con varios profesionales. Ganó posteriormente a algunos para Cristo.

No decimos con esto que se pase el Ministro todo el tiempo escribiendo para clasificar en concursos, pero sí que debe saber aprovechar algunas oportunidades especiales. Su fin no es el de ganar premios, sino proyectar a Cristo.

IV. *El Ministro frente a la política*

No podemos ignorar en forma absoluta las distintas corrientes de ideología política. Si nos examinamos nos daremos cuenta de que por una u otra razón nos inclinamos a determinadas posturas o líneas de pensamiento. Debemos, sin embargo, saber balancear nuestra posición, ya que la historia se encarga de hacernos saber que la participación directa en los asuntos políticos siempre ha dejado consecuencias negativas a Ministros en particular. Ha comprometido a organizaciones enteras, también, las cuales han llegado a desviar la prioridad de su misión. Algunos ministros o grupos de creyentes han tomado participación política con uno de los partidos de su país, cosa que les cerró las puertas para poder ganar a sus adversarios políticos para Cristo. Fueron objeto, además, de amenazas y ultrajes cuando se produjo un cambio del gobierno. Se ve que nuestra tarea principal sigue siendo la evangelización de este mundo perdido.

La posición de Jesucristo es nuestro mejor ejemplo. El no participó en ningún movimiento político a pesar de que en su tiempo de permanencia en la tierra, su patria y su pueblo estaban subyugados por una despótica opresión. El imperio romano que dominaba a Israel, toleraba desigualdades sociales. Los ricos vivían en la opulencia, hacían grandes banquetes. Pero a los pobres llagados como Lázaro se les negaban aun las migajas. Se cobraban impuestos en forma inmisericorde, se explotaba al jornalero y se practicaba la esclavitud.

Los judíos estaban en espera de que el Mesías los libertara. Por eso, cuando apareció Jesús quisieron hacerlo rey. Pero El se les escapó. Y a una pregunta que le hicieron sobre si era lícito dar tributo a César, declaró: "Dad a César lo que es de César." Luego cuando Pilato lo interrogó sobre la acusación que le hacían de haber afirmado ser rey de los judíos, El contestó: "Mi reino no es de este mundo", dejando por sentado su no participación en las cuestiones políticas de su época.

Algunas personas dicen que José figuró políticamente en Egipto y que en su tiempo Daniel se destacó en el gobierno de Nabucodonosor y sus sucesores. Pero viéndolo bien, nos damos cuenta de que ellos no fueron activistas de partidos políticos, sino funcionarios que llegaron a esa posición como resultado de un plan divino para desempeñar un trabajo sin seguir consignas políticas. Génesis 41:28-44; 45:4, 5; Daniel 6:1-5.

El no participar en la política no quiere decir que el Ministro debe silenciar su voz para no predicar sobre asuntos como la explotación, ultrajes, injusticias contra los pobres y débiles. Esto es parte de "todo el consejo de Dios". Isaías 1:16, 17; Santiago 5:1-6. Pero no lo predique como *activista de un partido político* o para congraciarse con un partido, sino como Ministro del reino de Justicia, el reino de Dios. Juan 18:33-37.

V. *El Ministro frente a actos y deberes cívicos*

Si alguien debe ser un buen conocedor de las leyes, es el pastor. Su iglesia no debe sufrir ultrajes o pérdidas por ignorar la ley. Su comunidad debe recibir una sana orientación para saber sus responsabilidades y privilegios.

En algunos países el voto para la elección de autoridades es obligatorio. En tal caso el Ministro está en la obligación de orientar a su congregación sobre lo más conveniente. No es que se dedicará a hacer propaganda a determinado candidato, sino que expondrá a su iglesia cuáles son los verdaderos valores a tomarse en cuenta antes de dar su voto a algún candidato. La participación serena y madura del pueblo cristiano en el voto para elegir sus autoridades puede ser la diferencia para tener buenos gobernantes.

¿Y qué de los impuestos? Pues, hay que pagarlos. Eso fue lo que dijo Cristo cuando le preguntaron si era lícito dar tributo, o sea, impuestos, a César o no. "Dad a César lo que es de César", respondió. Las autoridades están designadas por Dios para demandar impuestos del pueblo. Romanos 13:6, 7. Cristo mismo, por eso, se sometió al pago de los impuestos. Mateo 17:24-27.

Esto no inhibe al predicador, naturalmente, de opinar sobre lo justo o injusto de un impuesto. Cristo lo comentó cuando dijo a Pedro: "¿Qué te parece, Pedro?" Podría el pastor, por consiguiente, procurar en forma legal disertar solicitando la regulación de un impuesto, pero dc no lograrlo, no debe esquivar su pago.

Otra clase de actividad cívica consiste en la participación de los programas de las "juntas comunitarias". Dichas juntas se organizan en la comunidad para obras de progreso, tales como instalaciones de agua potable, servicio eléctrico, pavimentación de las calles, establecimiento de una escuela, fundación de una cooperativa de ahorro o consumo y múltiples servicios más de gran beneficio a la comuna. El Ministro no habrá de participar en todo personalmente, pero sí promoviéndolo y realizándolo con la colaboración de los elementos adecuados de la iglesia, siempre y cuando tales movimientos cívicos no comprometan los principios bíblicos.

VI. *El Ministro ante las huelgas*

Se ha hecho muy común el sistema de huelgas de parte de los trabajadores, ejerciendo así presiones para lograr aumento de sueldos, expulsión o reingreso de un jefe, o bien huelgas estudiantiles en demandas múltiples. No todas las huelgas son legales, como tampoco es una huelga lo más indicado en algunos casos. Vale la pena por lo tanto, tener en cuenta que como cristianos no hemos de identificarnos con posturas caprichosas e injustas.

En todo caso, de tomar parte en un paro, no debe ser en forma violenta. Muchas de esas huelgas son promovidas por intereses políticos. El Ministro debe analizar la situación para aconsejar lo más indicado a su comunidad. Asegúrese de que no llegue a ser conocido como un agitador.

VII. *El Ministro frente a los movimientos de trabajadores*

La formación de sindicatos en forma general se ha aceptado, aunque muchos líderes políticos lo han utilizado lamentablemente en forma equivocada y para fines personalistas. El motivo de organizar a las personas en sindicatos es hacer un frente unido a injusticias, explotación o ultrajes. Claro está que hay gran provecho en ello. Vale la pena que se defiendan así los intereses mutuos. Pero a la vez el Ministro debe orientar a la comunidad a fin de que no se desvíen los objetivos para adoptar luego posturas intransigentes.

Si el Ministro tiene la oportunidad de hablar a un sindicato, hágalo. Exponga las bases de honradez, rectitud y lealtad que deben formar parte de la estructura sindical. Plantee la posición bíblica y divina sobre el tema. I Pedro 2:18; Tito 2:9, 10.

En fin de cuentas vemos que todo Ministro tiene que adoptar alguna postura referente al tipo de relaciones para con su comunidad. Debe estudiar bien la actitud a asumir, desde el extremo de hacerse el ermitaño, al de confundirse con los activistas radicales. Sea lo que fuere su decisión, debe basarse sobre un fundamento sólido que resulte de un estudio serio y bien razonado. No es cuestión de pensar lo que puede hacer de acuerdo con su gusto personal, sino lo que puede redundar más para la gloria de Dios y la extensión de su Reino.

BOSQUEJO DEL CAPITULO

El papel del Ministro en la sociedad

I. ¿Qué actividad debe realizar el Ministro en los eventos sociales?

A. La asistencia obligatoria a los eventos celebrados en honor a un creyente

B. La asistencia a otros eventos de la comunidad

II. ¿Qué papel tiene el ministro en los proyectos para el beneficio de los necesitados?

A. La responsabilidad de la iglesia

B. Programas de la iglesia

C. No es la misión principal de la iglesia

III. ¿Qué actitud tendrá el Ministro hacia proyectos culturales?

A. La superación del Ministro en la esfera cultural

B. Oportunidades para la participación

IV. ¿Qué actitud asumirá el Ministro en cuanto a la política?
   A. El problema de una participación directa
   B. El ejemplo de la neutralidad que dio Cristo
   C. Los casos de hebreos quienes fueron funcionarios públicos
   D. La predicación sobre algunos temas de la política que se tratan en la Biblia

V. ¿Qué papel debe hacer el Ministro en las actividades cívicas?
   A. Conocer las leyes
   B. El ejercicio del sufragio
   C. Los impuestos
   D. Las juntas comunitarias

VI. ¿Qué debe el Ministro opinar acerca de las huelgas?
   A. Un problema complejo
   B. La obligación de evitar la violencia

VII. ¿Qué relaciones debe tener el Ministro con los sindicatos?
   A. Los fines positivos del sindicalismo
   B. La doctrina bíblica del trabajo

UN ENCUENTRO CON LAS VERDADES

Respuesta alterna. Subraye la palabra que complete correctamente cada expresión.

1. La asistencia a reuniones sociales puede llegar a ser un problema por el (dinero, tiempo) que demanda.

2. Se puede aprovechar un acto social para dar el mensaje de Cristo a una persona que no (asiste a los cultos, quiere escuchar).

3. El Ministro no debe vacilar para rechazar la invitación a una reunión social en que su (ministerio, tiempo) quedaría comprometido.

4. Pablo aconseja que los ricos (sean generosos, se deshagan de sus riquezas).

5. Pablo le dice a Tito que el creyente debe procurar hacer algo para ayudar en los casos de (necesidad, guerra).

6. El Ministro tiene que dar prioridad a (los programas de acción social, lo espiritual) en su ministerio.

7. El Ministro debe superar en sus (conocimientos, críticas) culturales.

8. Se puede tener un ministerio y a la vez adelantar la cultura estableciendo una biblioteca en una (prisión, universidad).

9. El pastor debe esforzarse por animar a la iglesia a hacer donaciones de buenos libros evangélicos a la (librería, biblioteca) del municipio.

10. El Ministro que se ha adiestrado como escritor podría participar en algún concurso literario para presentar el punto de vista (político, evangélico).

11. El tomar parte en las actividades de un partido político podría hacer difícil que un Ministro ganara a un miembro de la (secretaría, oposición) para Cristo.

12. Cristo no se afilió a ningún movimiento (cultural, político).

13. Las condiciones bajo el imperio (romano, judío) daban mucho motivo para participar en una oposición organizada.

14. José, hijo de Jacob, no era (activista, funcionario) de ningún partido político.

15. El Ministro debe predicar todo el consejo de (Dios, su partido).

16. Tiene el Ministro la necesidad de estar familiarizado con las (leyes, ciudades) de su país.

17. La Biblia no le da al Ministro la exención del pago de los (seguros, impuestos).

18. El Ministro debe respaldar proyectos de la junta comunitaria siempre que con ello no comprometa los principios (políticos, bíblicos).

19. El Ministro debe tener cuidado de no tomar parte en forma (alguna, violenta) en algún paro.

20. Un sindicato debe estar fundado sobre la rectitud, honradez y (conveniencia, lealtad).

21. El Ministro necesita basar su postura ante la (iglesia, comunidad) sobre el fundamento razonado y serio de los principios cristianos.

DE LA TEORIA A LA PRACTICA

1. Relate alguna experiencia propia o de otro Ministro en que la asistencia a un acto social resultó en beneficio para la obra de Dios.

2. ¿Qué consejos concretos dan Pedro y Pablo a los trabajadores?

3. ¿Cuándo fue la última vez que usted escuchó un sermón sobre la doctrina del trabajo?

4. ¿Cuándo será una ocasión oportuna para predicar sobre la doctrina del trabajo?

5. ¿Qué puntos ofrece Pablo para formar una doctrina del empresario?

6. ¿Cuándo ha oído usted un sermón sobre los deberes del empresario?

7. ¿Cuántos libros evangélicos ha colocado usted en alguna biblioteca pública?

8. ¿Tiene usted una tendencia hacia la postura de un ermitaño o de uno que se identifica con la comunidad? ¿Por qué?

9. ¿Qué ideas nuevas se le han ocurrido como resultado del estudio de este capítulo?

PROYECTOS PARA LA CLASE

1. Revisar el trabajo realizado por los alumnos en la sección UN ENCUENTRO CON LAS VERDADES.

2. Celebrar un debate sobre el tema "La buena cultura aumenta la atracción del Evangelio".

3. Nombrar una comisión para hacer una encuesta entre cinco Ministros para ver exactamente lo que han hecho para promover un interés entre el pueblo evangélico en la buena literatura. Llegar a conclusiones al respecto.

4. Nombrar una comisión para analizar el interés actual que se ve en el Instituto Bíblico por el descubrimiento y adiestramiento de escritores evangélicos.

5. Presentar un cuadro dramatizado de la aplicación de los consejos del Nuevo Testamento para el trabajador a una situación que se pudiera presentar en la vida diaria. Incluir los puntos de la idea popular de descuidar el equipo, mobiliario y pertenencias de la empresa o del patrón, de ocupar el tiempo de trabajo en actividades ajenas a la empresa. Analizar entre todos la presentación y decidir si servirá para presentar en un culto de jóvenes en una iglesia local.

6. Presentar un cuadro dramatizado para ilustrar los deberes de un patrón o empresario con sus empleados. Analizar entre todos los miembros de la clase la presentación. Decidir si valdría la pena presentarlo en alguna iglesia.

Nos agradaría recibir noticias suyas.
Por favor, envíe sus comentarios sobre este libro
a la dirección que aparece a continuación.
Muchas gracias.

Vida@zondervan.com
www.editorialvida.com